АКАДЕМИЯ НАУК СССР
СИБИРСКОЕ ОТДЕЛЕНИЕ

Академик Г. И. БУДКЕР

ОЧЕРКИ

ВОСПОМИНАНИЯ

Ответственный редактор
академик А. Н. СКРИНСКИЙ

Редакционная коллегия выпуска

члены-корреспонденты АН СССР Г. И. ДИМОВ, Э. П. КРУГЛЯКОВ,
Д. Д. РЮТОВ, В. А. СИДОРОВ, Б. В. ЧИРИКОВ,
доктор физико-математических наук И. Н. МЕШКОВ

НОВОСИБИРСК
«НАУКА»
СИБИРСКОЕ ОТДЕЛЕНИЕ
1988

ББК 22.3 д
  А 38
УДК 53(092)

Р е ц е н з е н т ы
академики *Л. М. Барков, Ю. Н. Молин*

Утверждено к печати
Институтом ядерной физики СО АН СССР

А 38   **Академик** Г. И. Будкер. Очерки. Воспоминания/Сост.: Круг-

ляков Э. П., Мешков И. Н.— Новосибирск: Наука. Сиб. отд-ние,
1988.— 190 с.
  ISBN 5—02—028608—7.

Сборник подготовлен к 70-летию со дня рождения выдающегося советского физика, лауреата Ленинской премии и Государственной премии СССР академика Г. И. Будкера (1918—1977). В воспоминаниях его учеников и друзей, советских и зарубежных коллег живо представлены яркая личность ученого и организатора науки, история создания Института ядерной физики Сибирского отделения Академии наук СССР, рождение и реализация оригинальных идей Г. И. Будкера. В сборник включены несколько научно-популярных и публицистических статей Г. И. Будкера, а также большое число фотографий.

Книга адресована широкому кругу читателей, интересующихся историей отечественной науки.

А $\dfrac{1402000000—793}{042(02)—88}$ 101—87—IV   ББК 22.3 д

ISBN 5—02—028608—7   © Издательство «Наука», 1988

ПРЕДИСЛОВИЕ

Эта книга — сборник воспоминаний о выдающемся советском физике, академике Герше Ицковиче (Андрее Михайловиче) Будкере, написанная его учениками, товарищами, учеными, знавшими его по совместной работе, зарубежными коллегами.

Сравнительно недолгую — немногим более тридцати лет, но очень яркую жизнь прожил в науке Андрей Михайлович. Однако сделанное им за это время составило не одну славную страницу в летописи отечественной физики.

Фронтон главного корпуса Института ядерной физики в Новосибирске украшает световая дорожка, которую включают обычно в праздничные дни. И тогда над зданием бегут навстречу друг другу два светящихся пятна, чтобы, встретившись в середине дорожки, вспыхнуть яркой звездой. Это символическое изображение встречных пучков и одновременно эмблема Института ядерной физики Сибирского отделения АН СССР, который дал мировой науке наиболее эффективный сегодня метод исследования структуры микромира. А тогда, в конце пятидесятых, нужны были дерзость Андрея Михайловича, его неукротимая вера в успех, которой он заразил своих сотрудников, чтобы взяться за реализацию такой казавшейся в те времена абсолютно безнадежной идеи встречных электрон-электронных пучков. И так было все эти годы. Он предлагал то, что «трезвомыслящие» скептики, «реалисты» немедленно объявляли фантастикой, плодом воображения теоретика, далекого от техники физического эксперимента. Как ни удивительно это звучит сегодня, Андрей Михайлович был действительно физиком-теоретиком, хотя подавляющее большинство его работ относится к экспериментальной физике, где им сделано большое число оригинальных предложений, изобретений, обогативших технику физического эксперимента.

Пожалуй, наиболее показательный пример «безумных» идей Будкера — электронное охлаждение, метод, позволяющий получать плотные («холодные») пучки тяжелых заряженных частиц — протонов, антипротонов, ионов. Пока этот метод не был продемонстрирован в ИЯФе, ни одна лаборатория мира не рискнула взяться за такую, хотя и весьма многообещающую, но казавшуюся безнадежно сложной проблему.

Научные интересы Андрея Михайловича лежали в двух областях — в физике высоких энергий и физике управляемого термоядерного синтеза. На первый взгляд они кажутся очень далекими друг от друга. И нужен был талант ученого, его дар предвидения, чтобы со временем стало ясно, как много общего у этих двух разделов физики, имеющих дело прежде всего с заряженными частицами. Любопытно, что теперь даже в научной «номенклатуре» появилась специальность «Физика пучков заряженных частиц и ускорительная техника», которую присваивают ученым, работающим как в одной, так и в другой из этих областей.

В наше время стало общепринятым понятие «ученый-организатор». Иногда этот титул относят к людям, которые не очень сильны как исследователи, не сделали каких-либо выдающихся открытий, но умеют организовать других. Для Андрея Михайловича обе составляющие — и Ученый, и Организатор — были неразделимы. Вся структура Института ядерной физики, формирование стиля работы, взаимоотношений в коллективе — это результат его оригинальных идей в области организации научных исследований. ИЯФ часто называют «Институтом Круглого стола» — придуманный и осуществленный Андреем Михайловичем способ постоянного живого общения научных сотрудников всех рангов. И так во всем — от экспериментального производства и отдела снабжения до научных лабораторий и конструкторского отдела. Даже в штатном расписании Института прослеживаются идеи Будкера: экспериментальные лаборатории, близкие по тематике работы, сведены не в отделы, а в объединенные лаборатории. «Отдел — от слова отделяться, а мы должны объединяться в своей работе»,— не раз говорил Андрей Михайлович.

И на первом месте — кропотливая, ежедневная работа с сотрудниками, разрешение всевозможных проблем, конфликтов только в неразрывной связи с делом. Всюду тщательный, строго индивидуальный подбор исполнителей, инициирование творческого начала во всем и везде. «В нашем производстве даже токарь, вытачивающий какой-нибудь болт, должен понимать, что он не просто болт точит, а делает Ускоритель»,— любил говорить Андрей Михайлович.

Сборник открывается серией научно-популярных и публицистических статей А. М. Будкера. Следует особо отметить его очерк «Возраст познания» — страстный призыв к молодежи, его жизненное кредо: «Бойся штиля!», которое с особой силой звучит в наши дни.

Коллектив авторов воспоминаний чрезвычайно широк, это люди разного характера и темперамента, разных, порой противоположных точек зрения, объединенные желанием сохранить в памяти дорогие черты их учителя, друга, коллеги. Редакционная коллегия при подготовке материалов сборника стремилась максимально сохранить своеобразие авторского стиля. Порядок расположения статей определяется хронологией воспоминаний. Прекрасные фотографии предоставили Р. И. Ахмеров, В. Н. Баев, В. Н. Давиденко, А. И. Зубцов, Г. Д. Кустов, В. Т. Новиков, В. В. Петров, А. Н. Поляков, А. П. Усов, А. И. Шляхов. Большинство фотографий публикуются впервые. К сожалению, авторов некоторых из них установить не удалось.

Редакционная коллегия выражает глубокую признательность всем принявшим участие в подготовке сборника.

*А. П. Александров, Л. М. Барков, С. Т. Беляев,
Я. Б. Зельдович, Б. Б. Кадомцев, А. А. Логунов,
М. А. Марков, Д. Д. Рютов, В. А. Сидоров,
А. Н. Скринский, Б. В. Чириков*

ПАМЯТИ АКАДЕМИКА БУДКЕРА *

1 мая 1978 г. исполняется 60 лет со дня рождения выдающегося советского физика, академика Герша Ицковича (Андрея Михайловича) Будкера, организатора и директора новосибирского Института ядерной физики, лауреата Ленинской и Государственной премий.

Андрей Михайлович родился 1 мая 1918 г. в с. Мурафа Шаргородского района Винницкой области в семье сельского рабочего. Окончив в 1936 г. винницкую среднюю школу, он поступает на физический факультет Московского университета.

Новая физика с ее диковинными теориями захватила Андрея Михайловича с самого начала. Он принял ее сразу, без оглядки на «здравый смысл» и классические представления. Впоследствии он всегда отрицательно относился к попыткам возврата к «старому доброму времени» классической физики. Вместо этого он сумел развить свое воображение настолько, что теория относительности и квантовая механика, которые он понимал тонко и глубоко, стали для него не просто понятными, но естественными и наглядными, стали теориями, с которыми можно «работать». Недаром один из разделов спецкурса, который Андрей Михайлович читал в последние годы в Новосибирском университете, назывался «Релятивистские конструкции».

Свою первую научную работу Андрей Михайлович выполнил еще в студенческие годы под руководством И. Е. Тамма. Она была посвящена проблеме отыскания тензора энергии-импульса электромагнитного поля в движущихся средах. Быть может, уже в этой задаче Андрей Михайлович почувствовал огромные скрытые трудности и вместе с тем красоту и неисчерпаемые возможности сложных систем, которые впоследствии он так искусно исследовал и покорял в своих работах по сильноточным ускорителям и термоядерным реакторам.

Андрей Михайлович окончил университет в 1941 г. и прямо с последнего госэкзамена ушел в действующую армию. В полевой зенитной части он сделал свое первое изобретение, усовершенствовав

* Статья опубликована в журнале «Успехи физических наук».— 1978.— Т. 124, № 4.— С. 731—735.

систему управления зенитным огнем. Командир части назвал созданный им прибор АМБ.

После окончания Великой Отечественной войны Андрей Михайлович поступает в теоретический отдел Лаборатории № 2, знаменитой «двойки», руководимой И. В. Курчатовым (ныне Институт атомной энергии имени И. В. Курчатова). Еще совсем молодым физиком он принимает активное участие в решении атомной проблемы. Под руководством И. В. Курчатова и А. Б. Мигдала он выполняет цикл работ по теории конечной уран-графитовой решетки, а также по кинетике и регулированию атомных реакторов.

В связи с сооружением рекордного по тем временам протонного ускорителя на Большой Волге (ныне г. Дубна) интересы Андрея Михайловича переключаются на теорию циклических ускорителей. Он первым обратил внимание на резонансные процессы в ускорителях и подробно их исследовал, разработал методику расчета шиммирования магнитного поля, предложил оригинальные способы эффективного вывода пучка из ускорителя. Эти работы были отмечены в 1949 г. Государственной премией СССР. Однако сам Андрей Михайлович уже ясно понимал, что дальнейшее развитие ускорительной техники невозможно без учета коллективных процессов в ускоряемом пучке частиц. Вместе со своими первыми учениками он начинает энергично развивать теорию таких процессов, заложив, по существу, основы новой области физики — физики релятивистской плазмы. В частности, была создана теория релятивистского кинетического уравнения и найдены его решения в так называемом антидиффузионном приближении (при редких столкновениях).

Андрей Михайлович никогда не был «чистым» теоретиком. Помимо особенностей его характера в этом сказалось огромное влияние школы И. В. Курчатова. Поэтому он сразу же стремится использовать замечательные свойства релятивистской плазмы для решения насущных проблем ускорительной техники. Причем — и это уже, несомненно, одна из наиболее ярких особенностей творческой личности Андрея Михайловича — его никак не удовлетворяет постепенное усовершенствование существующих ускорителей, он упорно ищет принципиально новые подходы и решения в этой области. И ему удается обнаружить теоретически удивительно красивое образование из релятивистских электронов и ионов, которое он назвал стабилизированным электронным пучком. После сообщения об этих работах на Женевской конференции 1956 г. имя А. М. Будкера стало широко известным, а его идеи вызвали большой интерес среди физиков многих стран.

Примерно в это же время Андрей Михайлович предлагает оригинальный подход к решению другой животрепещущей проблемы физики — проблемы управляемого термоядерного синтеза. Его подход был основан на использовании плазменной ловушки с «магнитными пробками» и положил начало всем так называемым «открытым» термоядерным системам.

Андрей Михайлович горит желанием немедленно приступить к осуществлению всех этих идей. Однако идеи слишком сложны, почти фантастичны, а сам он — всего лишь теоретик. И тогда он делает, вероятно, самый важный в своей жизни шаг, очень смелый и необычный, лучше сказать, не шаг, а «прыжок» в неизвестность — он решается возглавить группу энтузиастов, экспериментаторов и инженеров, которые готовы осуществлять его идеи. Андрей Михайлович сделал этот шаг не без внутренних колебаний и даже страха, и все-таки он решился, решился вопреки настойчивым советам и увещеваниям многих близких друзей. Не имея никакого опыта в организации экспериментальных исследований, но и не скованный традициями, Андрей Михайлович выдвигает свои оригинальные идеи и в этой области: как должен жить и развиваться творческий научный коллектив. Так родилась школа Будкера. Вначале, в 1953 г., это была небольшая группа, всего из 8 человек. Но результаты не заставили себя ждать — уже через несколько лет был создан ускоритель бетатронного типа с током до 100 А, что на два порядка превышало токи лучших ускорителей того времени. Маленькая группа Андрея Михайловича разрастается в одну из самых больших лабораторий (лабораторию новых методов ускорения) Института атомной энергии, а в 1958 г. превращается в самостоятельный Институт ядерной физики молодого Сибирского отделения Академии наук СССР.

И все же создать стабилизированный пучок не удалось — технические трудности оказались непреодолимыми; эта задача еще ждет своего решения в будущем. Андрей Михайлович понял это, вероятно, раньше всех. Что делать? Довольно большой уже коллектив напряженно работает с полной отдачей. Как быть? Куда направить этот поток творческой энергии? И он находит решение — встречные пучки! Идея столкновения двух ускоренных пучков уже упоминалась в литературе, ясны были огромные энергетические преимущества встречных пучков в создании новых тяжелых частиц. Однако идею рассматривали скорее как курьез или недостижимую мечту. Ведь роль плотной мишени обычного ускорителя играет здесь разреженный встречный пучок, плотность которого на несколько порядков меньше, чем плотность самого высокого (в то время) вакуума. Однако накопленный в лаборатории Андрея Михайловича опыт — изучение физики и создание новой техники интенсивных релятивистских пучков — открыл дорогу для решения и этой фантастической задачи — получения встречных пучков электронов, а затем — электронов и позитронов. Конечно, взяться за такую работу было большим риском, но риском оправданным, без которого не бывает и серьезных достижений. Решение о создании установок со встречными пучками было принято не сразу. Большую поддержку в этом оказал И. В. Курчатов, поверивший в смелые идеи Андрея Михайловича и творческие силы его коллектива. Так возникло основное направление исследований Института ядерной физики и новое направление экспериментальной физики элементарных частиц. Андрей Михайлович был одним из пионеров этого направления в мировой физике.

Первая установка со встречными электронными пучками (ВЭП-1) была закончена уже в Новосибирске. В 1965 г. на ней были выполнены первые эксперименты по проверке квантовой электродинамики до расстояний порядка 10^{-13} см. Между тем Андрей Михайлович выдвигает новую, еще более захватывающую идею создания установки со встречными электрон-позитронными пучками. Центральной проблемой являлось здесь накопление значительного (десятки миллиампер) позитронного тока, для чего требовалось обеспечить «производство» позитронов в большом количестве. Андрей Михайлович настойчиво ищет решение этой задачи, перебирая десятки различных вариантов, изобретая, анализируя, усовершенствуя. И вот рождается простая схема многократного накопления позитронов на магнитной дорожке с использованием радиационного стягивания пучка вследствие синхротронного излучения. Решающим элементом этой схемы была светосильная позитронная оптика, использующая оригинальные параболические линзы и обеспечивающая эффективный сбор позитронов после конвертера. Так возникла установка ВЭПП-2, на которой в 1967 г. были проведены первые в мире эксперименты со встречными электрон-позитронными пучками. Это направление оказалось очень плодотворным, и сегодня значительная часть всей фундаментальной информации об элементарных частицах получается именно в таких экспериментах. В частности, этот метод оказался весьма эффективным для проведения «чистых» экспериментов и по изучению сильных взаимодействий. В 1967 г. Андрей Михайлович и его сотрудники были удостоены за эти работы Ленинской премии.

Работы по встречным пучкам были впервые доложены в 1963 г. на Международной конференции по ускорителям в Дубне и вызвали большой интерес. Сразу же после конференции Институт ядерной физики посетила первая группа иностранных ученых. Это положило начало тесному и плодотворному сотрудничеству Института со многими научными центрами Европы и Америки, сотрудничеству, которое с тех пор постоянно расширяется и углубляется и которому Андрей Михайлович всегда придавал большое значение.

В 1974 г. начались эксперименты на новой установке ВЭПП-2М, которая в старой области энергии (до 2×700 МэВ) обладает очень высокой «светимостью», а значит, высокой частотой столкновений электронов с позитронами. Светимость ВЭПП-2М ($2 \cdot 10^{30}$ см$^{-2} \cdot$ с$^{-1}$) до сих пор более чем на порядок превышает светимость всех других установок в этой области энергии. Такой результат был достигнут за счет формирования неправдоподобно узких пучков: в месте встречи их высота составляет всего 10 микрон!

В 1966 г. Андрей Михайлович предлагает эффективный метод демпфирования некогерентных колебаний в пучках тяжелых частиц, для которых радиационное затухание практически отсутствует. Идея метода очень проста: параллельно пучку тяжелых частиц движется пучок электронов с той же средней скоростью и достаточно низкой температурой. Тогда частота парных столкновений резко увеличивается, и тяжелые частицы «охлаждаются», передавая энергию электронам. Этот метод получил название электронного охлаждения. Эффективность метода была продемонстрирована на экспериментальной установке НАП по охлаждению пучка протонов с энергией около 100 МэВ: в течение одной десятой секунды протоны удается охладить в этих условиях до температуры 1/20 эВ.

Многие физики с нетерпением ожидали этого результата. Ведь метод электронного охлаждения позволяет сжимать в поперечном направлении пучки тяжелых частиц и, следовательно, производить многократное накопление таких частиц на магнитной дорожке, что открывает возможность создания установок со встречными протон-антипротонными пучками. Известие об успешной реализации электронного охлаждения быстро распространилось среди физиков многих стран. Несколько научных центров приступили в сотрудничестве с ИЯФ к освоению этого метода.

Рассматривая различные варианты протонного ускорителя для будущих протон-электронных и протон-антипротонных встречных пучков, Андрей Михайлович предложил новый метод перезарядной инжекции. Идея метода состоит в том, чтобы инжектировать в ускоритель отрицательные ионы водорода, которые затем, теряя электроны, превращаются в протоны и, таким образом, необратимо захватываются на магнитную дорожку. Эксперименты, проведенные в ИЯФ, подтвердили высокую эффективность этого метода. Андрей Михайлович предложил также компенсировать циркулирующий в ускорителе пучок протонов электронами с тем, чтобы превысить предел по пространственному заряду протонов. Эксперименты показали, что при определенных условиях, в частности при достаточно плотной плазме внутри пучка, последний остается устойчивым. Таким методом был накоплен ток, на порядок превышающий предел по пространственному заряду некомпенсированного протонного пучка.

Еще при создании первых установок со встречными пучками Андрей Михайлович предложил использовать уникальные свойства синхротронного излучения таких пучков для проведения широкого класса экспериментов в области химии и биологии. В настоящее время в ИЯФ функционирует центр синхротронного излучения, в котором работают сотрудники многих организаций из различных городов Советского Союза. На установках ВЭПП-2М и ВЭПП-3 построены специальные каналы синхротронного излучения, оснащенные уникальной регистрирующей аппаратурой, также созданной в ИЯФ. Характерным примером таких исследований являются проводимые совместно с Институтом биологической физики АН СССР эксперименты по изучению динамики структурных перестроек молекул живой мышцы лягушки в процессе ее сокращения. В течение цикла сокращения, длящегося около 0,1 сек, удается получить 60 последовательных во времени рентгенограмм.

Выдвинув идею удержания горячей плазмы в ловушке с магнитными пробками, Андрей Михайлович постоянно возвращался к ней, рассматривая различные аспекты «открытых» термоядерных систем. После начального периода разочарований, вызванных обилием плазменных неустойчивостей, Андрей Михайлович одним из первых сконцентрировал усилия в этой области на более глубоком и серьезном изучении физики плазмы. Он предложил, в частности, исследовать поведение термической плазмы, находящейся с самого начала в термодинамическом равновесии, чтобы избежать турбулизации, характерной для нагрева плазмы мощными электрическими разрядами.

Прошло около 10 лет интенсивных исследований физики плазмы, проводившихся во многих лабораториях мира. Теперь Андрей Михайлович приходит к заключению, что наступила новая фаза решения термоядерной проблемы. В 1968 г. на III Международной конференции по физике плазмы и управляемому термоядерному синтезу, проходившей в Новосибирске, он призвал физиков приступить непосредственно к разработке термоядерного реактора. Его мысль состояла в том, что физика плазмы изучена уже достаточно хорошо, чтобы можно было искать решение для первого физического термоядерного реактора. Этот призыв оказал большое влияние на развитие термоядерных исследований и, в частности, положил начало серьезному изучению инженерных проблем будущего термоядерного реактора.

Сам Андрей Михайлович выдвинул новый подход к решению этой задачи, суть которого состояла в том, чтобы использовать магнитное поле лишь для уменьшения поперечной теплопроводности плазмы, тогда как удержание ее давления осуществляется обычными стенками. Для уменьшения теплопроводности вдоль поля предполагалось применить оригинальную «многопробочную» конфигурацию магнитного поля. Идея состояла в том, что скорость расширения плазмы в продольном направлении резко сокращается, если длина свободного пробега частиц становится порядка расстояния между соседними пробками. Проведенные в ИЯФ эксперименты подтвердили эффективность такого метода термоизоляции плазмы.

По идеям Андрея Михайловича в ИЯФ были созданы мощные генераторы импульсных релятивистских пучков, впервые использованных для нагрева плазмы. Существенную роль при этом сыграло применение сверхчистой воды в качестве диэлектрика в накопителях энергии для генераторов таких пучков. Эти работы оказали существенное влияние на развитие техники сверхмощных источников энергии.

Вся эта многогранная деятельность должна была, казалось бы, полностью поглотить Андрея Михайловича. Но ему этого было мало — и это тоже, несомненно, одна из наиболее ярких черт его характера — он упорно ищет немедленных приложений, использования всего того, что знает и умеет его Институт, к сегодняшним насущным проблемам народного хозяйства, и находит — промышленные ускорители! Эти скромные установки не поражают воображение ни своими размерами, ни энергией частиц. Однако они очень нужны промышленности, и Андрей Михайлович отдает значительную часть своего времени, своей энергии и изобретательности на развитие этого направления в Институте. Начиная с 1963 г. под его непосредственным руководством разрабатывается и изготавливается целая серия специальных электронных ускорителей со средней мощностью от нескольких киловатт до мегаватта и энергией электронов от нескольких сотен киловольт до 2 МэВ для радиационной обработки материалов. Это позволяет перейти на принципиально новую технологию производства в самых различных областях народного хозяйства. Вот несколько характерных примеров: резкое повышение термостойкости полиэтиленовой изоляции; изготовление специальных термоусаживающихся шлангов из полимерных материалов, «запоминающих» свои первоначальные размеры; дезинсекция зерна; обеззараживание сточных вод; резка и сварка металлов и многое другое.

Так возникла и развивается своеобразная научная тематика и организационная структура Института. Необходимо подчеркнуть, что успехи и достижения Института, широко известные как в нашей стране, так и далеко за ее пределами, явились результатом не только основополагающих идей Андрея Михайловича, но и его повседневной неутомимой работы, неустанного поиска, оригинальных решений множества частных, на первый взгляд мелких задач, без которых не обходится ни одно крупное дело.

Андрей Михайлович считал, что лучшим методом решения сложной проблемы, будь то в физике, технике или организации, является коллективный поиск путем постоянных всесторонних обсуждений всех возможностей, даже самых фантастических. Такое коллективное творчество должно, конечно, дополняться интенсивной индивидуальной работой каждого из участников. Сам Андрей Михайлович работал исключительно напряженно, всегда и везде, не зная отдыха, даже в последние годы жизни, когда был уже тяжело болен. Как правило, он и находил нужное решение.

Андрей Михайлович был не только выдающимся физиком, но и замечательным Учителем. Потребность учить других его любимой науке, открывать не только физические законы, но и человеческие таланты и воспитывать из них будущих исследователей была неотъемлемой чертой его многогранной личности. Андрей Михайлович начал преподавание еще совсем молодым физиком на только что организованном физико-техническом факультете Московского университета. Именно здесь он отобрал своих первых учеников. С переездом в Новосибирск Андрей Михайлович принимает активное участие в организации Новосибирского университета. Он поставил оригинальный курс общей физики, организовал и возглавил кафедру общей физики, а затем и кафедру ядерной физики. По его инициативе в Новосибирском электротехническом институте был создан специальный физико-технический факультет, подготовивший немало талантливых инженеров-физиков. Андрей Михайлович и его ученики активно участвуют в организации и проведении Всесибирских физико-математических олимпиад школьников, преподают в физико-математической школе при Новосибирском университете. Но, конечно, главная школа будущих исследователей и инженеров — это Институт ядерной физики, это полноправное участие студентов в научной работе, это семинары, дискуссии, споры. И уж особенно повезло тем, кому посчастливилось работать непосредственно с Андреем Михайловичем. Он не признавал в науке ни табелей, ни рангов и требовал только одного — не «сотрясать воздух», а вкладывать в каждое слово мысль, не оставаясь в плену формальных силлогизмов. В награду за это он щедро раскрывал свои самые сокровенные мысли, выношенные многими ночами напряженных раздумий, оригинальные представления, неожиданные параллели и аналогии, мудрые назидания человека, прожившего большую и сложную жизнь. Особенно интересно проходили заседания Ученого совета Института, который собирается в каждую среду в 12 часов за Круглым столом, символизирующим недопустимость административных решений в науке. Стремясь привлечь к обсуждению и решению важнейших научных и организационных вопросов работы Института как можно больше сотрудников, в том числе и совсем молодых, Андрей Михайлович создал в последние годы еще три тематических Ученых совета, которые собираются также еженедельно.

Институт был любимым детищем Андрея Михайловича. Он никогда не был просто директором. Институт — это воплощение его творческих замыслов в физике, технике и организации науки. Институт — это также и новая научная школа в физике высоких энергий, ускорительной технике и физике плазмы, школа со своими традициями, принципами и идеалами. Но Институт — это еще и огромный коллектив научных сотрудников и инженеров, рабочих и служащих, коллектив со своей сложной жизнью, которую так хорошо понимал и так умело направлял Андрей Михайлович. Он соединял в себе ученого, изобретателя, организатора. В этом плодотворном синтезе — основа Института и залог его успехов, прошлых и будущих.

ИЗБРАННАЯ ПУБЛИЦИСТИКА А. М. БУДКЕРА

НАУКА РАЗДВИГАЕТ ГОРИЗОНТЫ
ЭКОНОМИКА МИКРОМИРА *

Вспоминается одно совещание, проходившее 20 лет назад, после запуска первого синхроциклотрона в Дубне. Подводились итоги строительства. Из зала заседаний было видно таинственное бетонное здание — огромный куб высотой в многоэтажный дом, но без окон, без дверей. Внутри его машина, генерирующая частицы, энергия которых в сотни раз более концентрирована, чем энергия ядерных реакций. На этот первый большой ускоритель возлагалось много надежд.

— А не снять ли нам теперь железную дорогу? — предложил кто-то из участников совещания.

Железнодорожная ветка была проложена для монтажа установки, и надобность в ней практически отпала.

— Как это снять? — возмутился один из строителей здания, оскорбленный в лучших чувствах, — а продукцию на чем вывозить будете?

Он не очень разбирался в ядерной физике (дело в то время новейшее), но не сомневался, что столь сложный объект — чудо строительной техники — должен тоннами давать что-то очень полезное. Между тем «продукция» ускорителя за 20 лет — это фотографии ядерных реакций, несколько кривых и чисел, характеризующих свойства частиц. Все это в конечном счете может поместиться в одном портфеле. Ускоритель «производит» мысль, знание — основную ценность нашего времени.

И все-таки так ли уж не прав строитель, задавший вопрос о весомой продукции ускорителя?

Казалось бы, перейдя от химической энергии к ядерной, человек должен остановиться и осмотреться. Слишком уж велик был скачок. Но нет, его увлекла еще более могущественная сила.

Из глубин Вселенной на Землю падали космические лучи с энергией, во много раз превышающей энергию ядерных реакций. Эти лучи рождали в атмосфере новые неизвестные частицы, давая понять физикам, что атомное ядро — не край познания. Но человек пока не управляет Вселенной, и космические лучи падают на Землю не по его усмотрению. К тому же они неудобны для экспе-

_____

* Статья опубликована в газете «Правда».— 1969.— 27 февр.

римента. Физики поэтому создали собственные генераторы космических лучей. Первый ускоритель на энергию свыше миллиарда электронвольт так и назывался — «космотрон».

Сегодня в мире функционируют ускорители значительно больших энергий, например 30-миллиардный в Брукхэйвене (США), 28-миллиардный в Женеве и, наконец, наш самый большой в мире — 70-миллиардный — в Серпухове. Ускорители сверхвысоких энергий позволили сделать много открытий, принесли науке качественно новые понятия и сведения. С их помощью были обнаружены, например, антипротоны и антинейтроны. Этим доказано существование антивещества — необыкновенного состояния материи — горючего будущего, в миллиарды раз более эффективного, чем современное ракетное топливо.

Развитие науки требует применения частиц с еще более высокой энергией. Большие энергии — это более крупные ускорители. Но куда же больше? Современные ускорители — это многотонные магниты протяженностью в несколько километров, установленные на мощных фундаментах с точностью до нескольких микрон. Эти машины настолько сложны и дороги, что их сооружение часто становится общенациональной задачей. Сооружаемый в Соединенных Штатах ускоритель на 200 миллиардов электронвольт так и называется «национальным».

Между тем ускоритель на высокие энергии в конечном счете всего-навсего прибор, «микроскоп» современной физики. Есть что-то неестественное в том, что создание одного прибора требует усилий целой нации. Огорчение вызывает и то обстоятельство, что в ускорителях используется лишь малая часть добытой с таким трудом энергии частиц. Представим себе паровоз, налетающий на муху. Вряд ли он потратит на это столкновение заметную часть своей энергии. Так и летящая почти со скоростью света частица, масса которой согласно теории относительности увеличивается в тысячи раз, расходует на взаимодействие с покоящейся частицей лишь незначительную часть своей энергии. Такая неэффективность столкновений увеличивается с ростом энергии ускорителя и в конце концов кладет предел возможностям обычных методов ускорения.

Выход был найден в так называемом методе встречных пучков. Будем сталкивать две частицы, движущиеся навстречу друг другу. Ничего, что масса их растет со скоростью, они встречаются как равные, и вся вложенная в них энергия расходуется на взаимодействие, на рождение новых частиц. Этот метод не допускает расточительства — все, на что потрачены усилия, идет в дело. Но потребовалось почти десять лет напряженного труда, много терпения и искусства экспериментаторов для его освоения. Два года назад в Новосибирске были проведены первые эксперименты на установке со встречными электронными и позитронными пучками. Годом позже аналогичная установка начала работать во Франции, а недавно — в Италии.

Наиболее захватывающие перспективы в физике частиц высоких энергий откроются с пуском ускорителя со встречными протонными и антипротонными пучками, который сооружается сейчас в новосибирском Академгородке. В нем будут сталкиваться частицы, составляющие основную массу вещества и антивещества. Энергия частиц в каждом из пучков достигнет 25 миллиардов электронвольт. В таких реакциях могут рождаться новые частицы и античастицы, например кварки, если они существуют, ядра антивещества, тяжелые мезоны, гипероны. Для осуществления таких реакций обычным способом понадобился бы ускоритель с энергией 1300 миллиардов электронвольт. Стоимость такого ускорителя по мировым стандартам превышает миллиард долларов. Стоимость же установки, сооружаемой в Новосибирске, значительно меньше.

Все это ни в коем случае не означает, что время ускорителей с прямым пучком уже прошло. Много важных экспериментов, в том числе и с таинственной частицей «нейтрино», могут быть выполнены только на таких ускорителях. Однако нет сомнений, что будущее физики самых высоких энергий — это встречные пучки.

Думается поэтому, что настала пора изменить положение, когда незначительная часть средств расходуется на создание установок со встречными пучками.

Институт ядерной физики Сибирского отделения АН СССР начал сооружение установки со встречными протон-антипротонными пучками своеобразным экономическим методом. Условно его можно назвать методом непосредственной самоокупаемости фундаментальной науки.

В процессе работы над нашими основными установками были созданы промежуточные — ускорители на средние и низкие энергии. Нам было разрешено реализовать свои разработки в виде готовой продукции по цене, не превышающей цены на изделия аналогичного назначения. Полученные средства можно было обращать на развитие фундаментальных исследований.

Небольшой ускоритель, перевозимый на автомашине, во включенном состоянии дает радиоактивность, эквивалентную тоннам радия, и абсолютно безопасен и безвреден, когда выключен. Спрос на эти установки быстро рос. За три года были заключены хозяйственные договоры на 15 миллионов рублей, и сейчас объем этих работ в рублях превышает ассигнования по бюджету, получаемые институтом от Академии наук.

Луч ускорителя оказался хорошим тружеником. Под воздействием облучения полиэтилен, например, становится прекрасной пластмассой и, сохраняя свою дешевизну, технологичность, великолепные изоляционные качества, приобретает также стойкость к высоким температурам. Облучены уже тысячи километров кабеля. В ближайшее время ряд кабельных заводов будет оснащен подобными ускорителями.

В институте хранится стальной лист толщиной в три сантиметра, на котором электронным лучом, выпущенным в воздух, выжжен полуметровой длины восклицательный знак. Он словно «восклицает», обращаясь к металлургам: «Вам предлагается новое мощное средство для сварки, резки и плавки!».

Большое значение мы придаем и работам по дезинсекции в элеваторах и зернохранилищах. Во всем мире огромное количество зерна погибает от амбарных вредителей. Между тем можно подобрать абсолютно безопасные для хлеба дозы облучения зерна, при которых амбарные вредители перестанут размножаться. Этой осенью будет проведен первый крупномасштабный эксперимент на юге страны. Не надо быть экономистом, чтобы представить себе общую стоимость сбереженного продукта. Достаточно сказать, что все капитальные затраты окупятся за один сезон.

Важное применение могут получить ускорители протонов на энергию 200 миллионов вольт. Теоретически и экспериментально доказано, что лечение рака протонами гораздо эффективнее применяемой в настоящее время рентгено- и гамма-терапии. Однако обычные ускорители протонов на такие энергии очень сложны, дороги и недоступны для широкого использования в клиниках даже самых развитых стран. Поэтому создание дешевого и простого в обращении ускорителя протонов — важное и благородное дело.

Удивителен луч ускоренных частиц. Он ищет полезные ископаемые и стерилизует медикаменты, консервирует продукты и обеззараживает сточные воды. С его помощью можно передавать энергию на расстояния и просматривать толщину бетона и металла, создавать новые молекулы и даже атомные ядра, которых нет в таблице Менделеева. Наконец, с его и только с его помощью можно создать антивещество и новые элементарные частицы. Это кажется невероятным, но это так. Если же вдуматься, то здесь нет ничего странного. Небывалая концентрация энергии дает новое качество.

Ярко светящийся луч ускорителя, выпущенный в атмосферу, окружен клубами бурого дыма. Это горит воздух: хорошо известный процесс соединения азота с кислородом. Высокая эффективность и большая мощность новых ускорителей делают процесс получения азотной кислоты из воздуха и воды экономически выгодным. Недалеко время, когда из огромных кубов высотой в многоэтажное здание поезда станут вывозить продукцию ускорителя — тысячи тонн азотных удобрений.

Но как ни ценна будет эта многотонная «отдача», продукция ускорителя, построенного 20 лет назад, помещающаяся в одном портфеле, по моему мнению, все-таки ценнее. Не только потому, что на ее основе создаются современные промышленные ускорители, но и потому, что в ней заложено многое для будущего.

КУПИТЕ УСКОРИТЕЛЬ! *

До сих пор ускорители, как правило, делались для исследовательских целей — для изучения строения материи. Однако в проникающей радиации таятся большие практические возможности. Назову некоторые из них.

* Статья опубликована в журнале «Огонек».— 1969.— № 19.— С. 17.

Свойство частиц преодолевать любые преграды, достигающие иногда нескольких метров толщины, используется в интроскопии, или внутривидении.

На способности частиц высоких энергий возбуждать и разрушать молекулы вещества, что приводит к образованию новых материалов, основана новая перспективная наука — радиационная химия.

Смертоносное действие определенных доз радиации на бактерии и насекомых можно использовать для дезинсекции и дезинфекции зерна, стерилизации медикаментов, консервирования пищевых продуктов, обеззараживания сточных вод и так далее.

Радиационное излучение служит верным помощником врачам и биологам, когда они стремятся стимулировать полезные для жизни процессы в живой клетке и приглушить вредные. Хорошо сфокусированный луч, несущий в себе огромную концентрацию тепловой энергии, можно использовать для резки и плавки металла, бурения горных пород. И, наконец, тут таится решение еще одной интереснейшей проблемы — трансляции энергии на большие расстояния.

В столь широком практическом применении открытого учеными нового явления нет ничего странного. Так бывает всегда. Так было, например, с электричеством. Мог ли Фарадей предположить, что весьма скоро электричество будет использоваться в быту и на транспорте, в медицине и металлургии, для передачи речи и изображения и, наконец, для моделирования процессов, родственных мышлению?

— Радиоактивность открыта десятилетия назад, и уже довольно давно известны радиоактивные изотопы. Почему же только теперь стали говорить о широком применении этого явления в промышленности и сельском хозяйстве?

— Тут существует несколько причин. Во-первых, применение радиоактивных изотопов очень эффективно, если речь идет лишь о небольших дозах облучения. Приборов же (и это вторая причина), представляющих собой мощный, но безопасный в обращении источник дешевой радиации, просто не было. Сейчас они появились.

Но есть еще третья причина, я бы сказал, психологического характера. Существует страх перед радиацией, тень водородной бомбы витает над этой проблемой. Но, право же, никто не откажет себе в удовольствии посидеть у телевизора или побриться электрической бритвой только потому, что существует казнь на электрическом стуле.

Не надо смешивать радиацию с радиактивностью. Радиоактивные элементы, излучающие радиацию неконтролируемо и непрерывно, чрезвычайно опасны. Сколь-либо заметное их количество в воздухе или воде приводит, попадая в организм человека, к нежелательным последствиям. Ускорители, созданные в нашем институте, дают радиацию только в нужном месте и в нужный момент: в нерабочем состоянии они так же безопасны, как выключенные рентгеновский аппарат или трансформаторная будка. Что касается самих облученных материалов, включая продукты питания, то они не содержат никакой наведенной радиоактивности, пользоваться ими так же безопасно, как держать в руках рентгеновский снимок ваших легких или желудка... Созданные в нашем институте ускорители абсолютно безопасны, дешевы, высокоэффективны и просты в обращении.

— Но как случилось, что именно Ваш академический институт, занимающийся, казалось бы, очень далекими от нашей повседневной жизни научными вопросами, стал разрабатывать, по существу, народнохозяйственную проблему? Как отразилось это на вашей основной деятельности?

— Промышленные ускорители родились как побочный продукт при разработке установок для исследования структуры материи и антиматерии. Можно было, конечно, не отрывать людей от решения основной задачи. Но победило естественное для каждого изобретателя стремление полнее использовать результаты своих работ.

Однако не так просто было убедить промышленность взяться за новое дело. И тогда мы решили сами (создав в институте две новые лаборатории, по существу, при том же штате сотрудников) попробовать не только разработать конструкции таких столь нужных стране ускорителей, но и выпускать их и внедрять в народное хозяйство.

Довольно быстро мы оказались втянутыми в весьма интересный экономический эксперимент в духе нашего времени. И что любопытно: эта деятельность не только не вступила в противоречие с основной работой института, а позволила совсем по-другому поставить вопросы организации и финансирования науки. В институте средства от реализации созданных у себя ускорителей мы пускаем на развитие большой науки. Уже сегодня часть расходов мы покрываем за счет этих средств, что позволяет развивать дело быстрее, динамичнее. Это потребовало развертывания при институте большого опытного производства — мастерских и конструкторских бюро, которые, в свою очередь, сделали наш научный институт, постоянно нуждающийся в сложнейших исследовательских приборах, независимым от промышленности и более мобильным, чем это было до сих пор.

Все большее число лабораторий включается в стиль новой жизни. Мы разрабатываем ускорители для нужд химической промышленности, сельского хозяйства, медицины. Например, для протонной терапии рака, что более эффективно, чем терапия с помощью гамма-лучей.

Я хочу специально остановиться на важнейшей хозяйственной проблеме — дезинсекции зерна. Во всем мире огромное количество зерна, уже собранного в хранилищах, погибает от мелких амбарных насекомых. Между тем облучение зерна при засыпке его в хранилища дозами, во много раз меньшими, чем при консервировании продуктов, полностью прекращает размножение этих вредных насекомых. Я думаю, что стоимость сбереженного таким образом хлеба (только за один год!) будет больше всех расходов на академическую науку.

— Считаете ли Вы, что все академические институты должны включиться, говоря вашими словами, «в стиль новой жизни», то есть встать на хозрасчет?

— Ни в коем случае! Ученые не могут становиться рабами своих заказчиков. Бывает, что научный поиск требует десятков лет безрезультатного труда. Большая наука в любой стране, а в нашей, социалистической особенно, должна финансироваться, как это и делается, за счет общегосударственного бюджета.

Однако разумное варьирование необходимо. Мое утверждение состоит в том, что в тех институтах, где в данный момент сложилась ситуация, обеспечивающая самоокупаемость научных исследований, должна быть юридическая и практическая возможность осуществлять ее на деле. Это будет выгодно для института, чрезвычайно важно для промышленности и полезно для государства в целом.

Проблема, которую мы обсуждаем, носит общегосударственный характер, чрезвычайно важна и затрагивает интересы очень широкой аудитории. Ваш журнал — один из самых популярных и массовых в стране. Я хочу воспользоваться двухмиллионным тиражом «Огонька» как трибуной, чтобы еще и еще раз заявить: необходимо рассеять атмосферу недоверия, связанную с использованием радиации в народном хозяйстве, преодолеть некий психологический барьер. Я хочу, чтобы руководители предприятий и ведомств, инженеры и врачи, геологи и работники пищевой промышленности знали, что пришло время широкого внедрения этого нового явления, что оно сулит огромные выгоды хозяйству нашей страны, большие блага людям.

ЧЕРЕЗ АНТИПЛАЗМУ К АНТИМАТЕРИИ *

Одна из основных тенденций в развитии современной физики — получение все более и более высоких энергий на ускорителях заряженных частиц, чтобы повысить энергию реакции взаимодействия частиц. Со времен Резерфорда схема таких экспериментов не менялась: пучок быстрых частиц бомбардировал неподвижную мишень. Но эта схема очень неэффективна при высоких энергиях, когда частицы разгоняются до околосветовых скоростей. Масса «частиц-снарядов» при такой скорости резко увеличивается и становится существенно больше массы частиц мишени. Когда тяжелый снаряд ударяет в легкую частицу мишени, то лишь незначительная часть его энергии, полученной такой дорогой ценой, идет на саму реакцию. «Львиная доля» расходуется просто на движение обеих частиц.

Мы решили идти по другому пути — сделать мишень подвижной и сталкивать два пучка частиц, разогнанных до одинаковой энергии. В этом случае массы «снаряда» и «мишени» остаются рав-

* Статья опубликована в газете «За науку в Сибири».— 1970.— 14 янв.

ными, и они могут всю свою энергию превратить в энергию взаимодействия.

Очень важно, что при скоростях частиц, близких к скорости света, эффект взаимодействия встречных частиц увеличивается не вчетверо, как следовало бы по механике Ньютона, а в значительно большее число раз. Например, при столкновении двух электронов, мчащихся навстречу друг другу с энергией в миллиард электронвольт, эффект взаимодействия оказывается таким же, как у обычного ускорителя на энергию в 4000 миллиардов электронвольт.

Сама по себе идея ускорителей на встречных пучках не нова, и в ней нет никаких научных откровений. Это простое следствие теории относительности Эйнштейна. Многие высказывали эту идею и до нас, но, как правило, пессимистически относились к возможности ее реализации. И это понятно. Ведь плотность «подвижной мишени» — пучка частиц в обычных ускорителях в сотни миллионов миллиардов (единица с семнадцатью нулями) раз меньше плотности неподвижной мишени. Столкнуть две частицы — задача по сложности примерно такая же, как «устроить» встречу двух стрел, одну из которых выпустил бы Робин Гуд с Земли, а вторую — Вильгельм Телль с планеты, вращающейся вокруг Сириуса. Но выгоды встречных пучков по сравнению с обычными методами столь велики, что мы решили все-таки преодолеть трудности. Для этого потребовалось увеличить плотность пучков и заставить их много раз проходить друг через друга.

Наш первенец на встречных электрон-электронных пучках (сейчас для нас это уже далекое прошлое) состоял из двух колец радиусом всего 43 сантиметра, а по энергии взаимодействия электронов был эквивалентен ускорителю на 100 миллиардов электронвольт. Такой энергии не дает пока ни один из существующих ускорителей классического типа.

Следующей была установка со встречными электрон-позитронными пучками, по 700 МэВ в каждом из них. На ней ведутся сейчас эксперименты по рождению новых частиц в процессе аннигиляции электронов и позитронов — электронов антиматерии. С этой установки, по-видимому, начался процесс систематического изучения материи и антиматерии. Подобный ускоритель годом позже был введен в строй во Франции, а в этом году — во Фраскати, в Италии. В 1970 году такие установки, но со значительно большими энергиями пучков (до 3,5 миллиарда электронвольт) начнут работать в Стэнфорде (США) и Новосибирске. Таким образом, ускорители со встречными пучками получили не только право на жизнь, но и достаточно широкое распространение. Однако их подлинное соревнование с классическими ускорителями началось с момента сооружения установок, где должны встречаться пучки тяжелых частиц — протонов с протонами или, что еще интереснее, с антипротонами. Дело в том, что при столкновении легких частиц даже самая маленькая установка, как уже говорилось, по энергии взаимодействия вышла за пределы возможностей обычных ускорителей, и это направление открыло новую область в физике высоких энергий легких частиц.

Между тем большая часть современной физики высоких энергий связана с тяжелыми частицами. И тут область энергии встречных пучков пока что пересекается с классической.

Европейская организация ядерных исследований в Женеве (ЦЕРН) строит два больших накопительных кольца для встречи пучков протонов. Поставлять частицы в эти кольца будет знаменитый церновский синхротрон. В результате встречи пучков эта установка станет эквивалентной ускорителю с энергией, в 50 раз большей, чем энергия синхротрона. Установка на ту же энергию, но в которой встречаются протоны и антипротоны — частицы, несущие основную массу материи к антиматерии, сооружается сейчас в Новосибирске.

Мы, естественно, — горячие патриоты нового метода. Однако нельзя забывать, что классические ускорители при бомбардировке плотной мишени дают интенсивные пучки вторичных частиц, которые необходимы для целого ряда важных физических экспериментов.

Ускорители на встречных пучках и классические не исключают, а дополняют друг друга. Если бы вопрос стоимости ускорителей не играл никакой роли, то, может быть, строили бы только классические ускорители.

Если в области энергий до нескольких тысяч гигаэлектронвольт обычные ускорители протонов еще могут соперничать с ускорителями со встречными пучками, то сверхвысокие энергии — область только встречных пучков. Вот почему сегодня сибирские физики обсуждают проект установки со встречными пучками протонов и антипротонов, эквивалентной ускорителю с энергией 2 миллиона миллиардов электронвольт. Диаметр такого ускорителя в классическом исполнении превышал бы диаметр земного шара, а стоимость — национальный доход планеты.

Советский Союз в соревновании с другими странами имеет несомненный приоритет в области встречных пучков. У нас в Новосибирске строящихся и действующих ускорителей на встречных пучках приблизительно столько же, сколько во всех других странах, вместе взятых.

Наиболее интересная из строящихся у нас установок — ускоритель на встречных протон-антипротонных пучках с энергией по 25 миллиардов электронвольт. Это эквивалентно обычному ускорителю на 1200 миллиардов электронвольт. С его помощью можно будет получать все известные частицы и вести поиск новых, масса которых может примерно в четыре раза превышать массу частиц, рождаемых сегодня на самых крупных ускорителях. Если реально существуют кварки — истинно элементарные частицы, из которых, как считают некоторые теоретики, образованы все остальные «кирпичи» мироздания, и если масса кварков не превышает 25 масс протона, их можно будет обнаружить на этом ускорителе.

Кроме того, новый ускоритель будет своеобразным комбайном, на нем можно будет не только ускорять тяжелые протоны и антипротоны, но и сталкивать пучки электронов и позитронов, ускоренных до 6 миллиардов электронвольт.

Эксперименты с легкими частицами на этой установке будут чрезвычайно важны для проверки квантовой электродинамики. Можно будет уточнить границы применимости этой единственной пока стройной теории, объясняющей бо́льшую часть физических явлений.

Может быть, не самый важный, но чрезвычайно интересный эксперимент мы собираемся провести с антиматерией. Как известно, еще совсем недавно вообще сомневались в ее существовании. Потом в космических лучах были открыты антиэлектроны — позитроны. Затем с помощью больших ускорителей получены ядра антиводорода — антипротоны. Впервые кусок антиматерии в заметном виде, который ярко светился и был виден невооруженным глазом, мы получили в Новосибирске на установке ВЭПП-2. Пучок позитронов существовал часами. Это уже нечто реальное и ощутимое не только для физиков, но и для любого человека. Пожалуйста, смотрите, вот он — свет античастиц!

Установка на встречных протон-антипротонных пучках позволит нам накапливать в кольце до 10 миллиардов антипротонов. Это большое количество.

Мы хотим попробовать создать в лаборатории антиматерию, то есть получать не просто античастицы, а антиатомы. Для этого вдоль узкого пучка антипротонов предполагается пустить пучок позитронов с такой же скоростью, тогда образуется антиплазма антипротонов и позитронов, в которой будут рождаться атомы антиводорода. Мы надеемся получить достаточно заметную струю антиводорода, способную, скажем, прожечь лист бумаги. Так что можно будет изучить свойства антиводорода, в частности исследовать его спектр. По всем теориям он ничем не должен отличаться от спектра обычного водорода, но ни один экспериментатор не упустит возможности проверить это утверждение. Если они вдруг будут отличаться, это вызовет целый переворот в наших представлениях о природе материи. Сейчас астрофизики спорят, есть ли во Вселенной антигалактики, равноправны ли материя и антиматерия. Может быть, наши эксперименты станут «судьей» в этом споре.

ХОРОШИЙ СТУДЕНТ — ХОРОШИЙ УЧЕНЫЙ *

(ОТВЕТ АКАДЕМИКА А. БУДКЕРА
НА ПИСЬМО СТУДЕНТА Ю. СМИРНОВА
В ГАЗЕТУ «ИЗВЕСТИЯ»)

Ю. Смирнов:

Хочу задать вопрос: нужны ли отличники?

Что такое отличник? Человек, отлично усвоивший программу. На большее у него просто не хватает времени. Отсюда и выражение: «Отличник должен быть в меру ленив» (чтобы не делать ничего лишнего, иначе «зашьется»). Отличником быть трудно. А какой в этом смысл? Никаких

---

* Статья опубликована в газете «Известия».— 1972.— 10 февр.

преимуществ у него практически нет. Даже при поступлении в вуз. Там на отличников смотрят, как на карьеристов, и редко кто из них сдаст первый экзамен на пятерку — режут.

Далее — отличники в вузе. В основном это люди, которые собираются стать научными работниками. Не знаю статистики, но мне кажется, не они образуют костяк современной науки. На мой взгляд, тройка рядом с пятеркой скорее признак таланта, чем сплошные пятерки.

Диплом с отличием? Но и за ним не следуют никакие реальные блага или повышенные возможности.

Я сам пятнадцать лет был отличником, окончил школу с золотой медалью, оканчиваю институт, где за пять лет так и не получил ни одной четверки. Только прозрел поздно. Слишком поздно понял, что никому это не нужно. Не за пятерками надо было гнаться, а развивать способности в какой-нибудь одной области. «Что-то — обо всем, и все — о чем-то» — вот каким должен быть принцип воспитания способностей.

Отличников потому и мало, что они не нужны. А нужны даровитые люди, не стиснутые узкими рамками пятерочничества. Поэтому пятерки поощрять нечего. Поощрять надо знания.

Ю. Смирнов, студент

Казань

Академик А. Будкер:

Вопрос об оценке знаний — лишь малая часть большой проблемы: кого, чему и как учить сегодня.

Автором письма, несомненно, руководило благое стремление помочь усовершенствованию образования. Однако я усмотрел в письме и, если угодно, излишний практицизм. Такой подход отражает, очевидно, соотношения реальной жизни, хотя здесь нельзя забывать, что, говоря о мощном факторе материального стимулирования, мы никогда не поощряем рвачества.

Автор письма утверждает, что из плохих студентов вырастают хорошие ученые. Не знаю. Среди моих знакомых таких нет. Из плохих студентов в лучшем случае могут выйти неплохие администраторы от науки.

Мне представляется, что есть связь между успехами сегодняшнего студента и завтрашнего ученого. Большинство хороших ученых в школьные и студенческие годы учились хорошо, процент выхода хороших ученых из хороших студентов и учеников достаточно высок. Из тысячи отличников вышло куда больше хороших ученых, чем из тысячи средних студентов. Бесспорно, такая связь существует, хотя и не закономерная. С тов. Смирновым сегодня полемизируют академики М. А. Лаврентьев и С. Л. Соболев — крупнейшие ученые в своих областях знания *. Сергей Львович всегда учился с легкостью, на все пятерки. Михаил Алексеевич же не попал в гимназию, потому что ему не всегда давались иностранные языки. Но оба великолепно успевали по физике и математике. А опыт моих сверстников? Многим из них, ныне талантливым ученым, не стать физиками, если бы они поступили в МГУ несколькими годами позже, когда на конкурсных экзаменах предъявлялись излишне жесткие требования к сочинению (на всех факультетах

---

* В этом же номере газеты напечатаны статьи академиков М. А. Лаврентьева и С. Л. Соболева.

без исключения). А вот Александр Сергеевич Пушкин, непревзойденный талант и интеллект, был не в ладах с математикой...

О связи между хорошими оценками и хорошими знаниями. Бывает, молодые люди обладают великолепными знаниями, однако не стремятся к хорошим оценкам: не всегда готовят уроки и задания, не всегда удачно отвечают. И есть молодые люди, которые при весьма посредственных знаниях гонятся за отличными оценками во что бы то ни стало (кстати, школьники и студенты обычно очень точно определяют природу той или иной пятерки). И все-таки существует ярко выраженная зависимость между отличными знаниями и отличными оценками. Тем бóльшая, чем теснее живые связи учителя, преподавателя со своими учениками. Умный, опытный наставник достигает достаточно высокой степени соответствия оценки действительному положению вещей. В каждом конкретном случае он знает, идет ли речь о знаниях, способностях или об оценочном карьеризме.

С уверенностью можно сказать одно: если образование носит формальный характер, то формальны и оценки. И наоборот: творческое преподавание, как правило, гарантирует истинность и индивидуальность оценок.

Я учился в школе в период крупных экспериментов. У нас была двухбалльная система («уд» и «неуд»), трехбалльная (добавили «вуд» — весьма удовлетворительно), четырехбалльная, пятибалльная и даже стобалльная. До сих пор помню одну из своих оценок — 97,3 процента и до сих пор не могу понять, какими соображениями были продиктованы эти три десятые процента. При всем разнообразии системы мы не замечали практической разницы в результатах усвоения знаний. Правда, введение бригадной системы (когда отметки всей бригады зависели от ответа одного) дало мне неожиданную возможность получать отличные оценки по немецкому языку и двойки по математике...

Как ни важна истинность оценок с точки зрения воспитания, неизмеримо важнее их роль, когда они определяют судьбы людей. В этот момент они приобретают социальное значение. При распределении на работу студентов НГУ, так же как и в некоторых других вузах, удалось снивелировать последствия возможного несоответствия оценок способностям. Молодые люди на трех последних курсах проходят практику в академических институтах и распределяются на работу в зависимости от результатов этой практики. Оценки, полученные на сессиях, играют при этом вспомогательную роль.

По той же причине и приемные экзамены в вузе, мне кажется, не должны быть конкурсными. Их надо заменить конкурсом студентов на первых трех курсах.

Что касается тезиса «понемногу — обо всем и все — об одном», то он, на мой взгляд, приобретает в наши дни все большую силу. Появление энциклопедистов типа Леонардо да Винчи или Ломоносова сейчас исключено. А пересечение наук — это поначалу пересечение интересов и сотрудничество ученых. На этих пересечениях может возникнуть новая наука, и тогда для ее развития снова потребуются узкие специалисты. Биохимик — это ведь не тот, кто в совершенстве владеет и биологией и химией, а специалист в биохимии.

Мне показалось, что тов. Смирнов хотел бы получить точный рецепт поведения. Искать его — все равно что искать философский камень. Но если уж говорить о какой-то формуле, то она читается так: разум, такт, добрая воля, высокое чувство ответственности.

ОЖИДАЕМЫЕ НЕОЖИДАННОСТИ *

...Теперь наши вопросы директору Института ядерной физики Сибирского отделения АН СССР лауреату Ленинской премии, академику Андрею Михайловичу Будкеру:

— Каким Вы представляете себе будущее технического прогресса, а следовательно, и цивилизации на планете?

— Будущее естественным образом заложено в нашей сегодняшней цивилизации.

Технический прогресс, начавшийся лет 500 назад, в наше время протекает особенно бурно. В этой связи, я думаю, и возникают всевозможные трудности: энергетический кризис, продовольственный кризис, засорение среды обитания и прочее. Но не напоминает ли все это страх питекантропа, которому кто-нибудь показал бы нашу жизнь? Представьте: зажать ноги в колодки-сапоги, отказаться от лазания по деревьям, запереться в каких-то клетках, именуемых квартирами...

Я хорошо знаком с суждениями зарубежных специалистов, подобными тем, что приведены на соседней странице. Не могу согласиться с ними, и вот почему.

Нельзя смешивать сам прогресс с сопутствующими издержками корыстного и бесконтрольного хозяйствования. Энергетический кризис, охвативший сейчас капиталистический мир, надо отнести именно к таким издержкам. Не вызывает сомнения, что при рациональном и плановом ведении хозяйства можно было бы сколь угодно длительное время избежать и энергетического кризиса и засорения среды обитания даже без применения атомной энергии, а лишь используя древние известные источники энергии — воду, ветер, солнце, уголь, нефть. Но это было бы возможно лишь ценой задержки технического прогресса. А вместе с ним и прогресса общества.

Атомная энергия, по-видимому, единственный источник, гарантирующий абсолютные энергетические возможности, а вместе с ними и абсолютные возможности дальнейшего неограниченного роста промышленного прогресса.

---

* Статья опубликована в газете «Неделя».— 1974.— № 1.

Разговор об отравлении атмосферы и порче Земли при использовании ядерной и атомной энергии относится только к тому случаю, когда этими источниками энергии пользуются бесконтрольно, непродуманно. При продуманном и тщательном решении этой проблемы не существует каких-либо существенных трудностей с утилизацией их отходов.

Мы никуда не можем деть триллионы кубометров углекислого газа, который выделяется при сжигании угля и нефти и медленно превращает земную атмосферу в венерианскую. Но я уверен, что для нас не будет неразрешимой проблемой утилизация отходов атомной энергии, как бы широко она ни внедрялась в дальнейшем. Энергоемкость атомного топлива в миллион раз больше обычного, и количество отходов здесь тоже в миллион раз меньше.

Количество атомной энергии на Земле огромно, хватит на многие сотни лет. А термоядерного топлива (ведь это просто вода) при сколь угодно мыслимом развитии прогресса на Земле практически хватит на миллионы лет. Тогда проблема источников энергии исчезнет из сферы человеческих проблем.

Термоядерная энергия должна начать работать в ближайшие десятилетия. То, что она до сих пор не используется, это некий нонсенс. Довольно редкий случай в физике: ученые тридцать лет бьются над одной проблемой и до сих пор ее не решили. Однако решат. И в ближайшее время. Более того, есть надежда, что физики одновременно с термоядерной проблемой решат и задачу прямого превращения энергии термоядерной в электрическую, поскольку высокотемпературная плазма, в которой должен протекать ядерный синтез,— идеальный объект для этого.

У человечества появится практически неограниченный источник электроэнергии. Люди станут всесильными.

— Андрей Михайлович, каким Вы представляете в своих мечтах облик планеты, скажем, в середине третьего тысячелетия?

— Будущее планеты я увязываю с развитием атомной промышленности. Не только потому, что атом — безграничный источник энергии, но и мощная преобразующая сила. Всякое атомное производство требует огромных выделений энергии. Особенно много ее понадобится в «алхимии» нашего времени — при получении новых элементов. Каждое вещество, получаемое этим «алхимическим» — ядерным — способом, будет требовать в миллион раз больше энергетических затрат, чем современные химические процессы. Но все выделенное при этом тепло будет оставаться на Земле и может привести к ее перегреву, к тяжелейшим последствиям, которые трудно даже предсказать.

Не сомневаюсь, что к тому времени общество, чтобы предупредить их, вынесет атомное производство в космос или на другие планеты. (Полеты, в том числе и грузовые, на другие планеты Солнечной системы будут к тому времени делом обыденным — атомная энергия автоматически решает и эту задачу.) Можно представить себе такую идеальную картину: все производство — на Луне, Марсе или непосредственно в космосе. Даже сельское хозяйство, если понадобится, тоже космическое — там оно не зависит от погоды и всецело контролируется человеком. А Земля — всеобщее жилище человечества. Вряд ли человек со своей физиологией где-нибудь так прекрасно будет чувствовать себя, как на Земле со всеми ее штормами, ветрами, но изумительным солнцем, изумительной зеленью. Земля примет первозданный облик: с ее поверхности исчезнут поля, фабрики и заводы, она станет местом, где люди будут жить, отдыхать и радоваться, а производства разместятся за ее пределами, включая и производство продуктов питания. В этом случае Земля может принять огромное количество людей. В качестве дома для проживания она необъятно велика.

О ЗНАЧЕНИИ НАУЧНОЙ ШКОЛЫ РАССКАЗЫВАЕТ АКАДЕМИК Г. БУДКЕР *

Необходимы ли ученому ученики? — вопрос в достаточной степени надуманный. Все равно, что спросить, нужны ли людям дети. Именно они продолжают начатые нами работы и доводят их до логического завершения. А что не успеют они, доделают ученики наших учеников. Так, собственно, наука и движется вперед. Учитель становится бессмертным в своих учениках, как каждый человек становится бессмертным в своих детях...

Без помощников — а ученики это прежде всего помощники — в современной науке трудно что-либо сделать даже очень талантливому человеку. Но дело не только в этом. Растя детей, мы, как правило, не задумываемся ни о продолжении рода человеческого, ни о создании опоры в старости. Так и ученый, воспитывая ученика, действует, подчиняясь своему инстинкту, близкому инстинкту деторождения. Он испытывает естественную радость даже тогда, когда ученики уходят от него в самостоятельную научную жизнь. Лишь бы они оставались хорошими учеными...

Вступающему в науку не нужно доказывать, как важно иметь доброго и умного наставника. Каждый ученый, если его спросить, всегда вспомнит, кому он обязан и первым, едва проснувшимся интересом к знаниям, и добрым советом при выборе первой научной работы, без которого нельзя научиться преодолевать препятствия, и многим-многим другим, без чего не вырастает ни один исследователь.

Учиться только по учебникам, монографиям и статьям — все равно, что пытаться овладеть тайнами мастерства пианиста по самоучителю. Мне, как человеку точного знания, трудно даже объяснить, почему это невозможно. Но тем не менее это так. Несложно записать все ноты, отметить, где forte, где piano, можно на знаковом уровне передать еще множество подробностей и деталей ис-

---

* Возраст познания.— М.: Мол. гвардия, 1974.— С. 124—142.

полнения, но научиться играть высокопрофессионально без учителя невозможно. Точно так же и в науке: без хорошей школы невозможно овладеть тайнами исследовательского мастерства. Не случайно хорошие физики рождаются там, где есть хорошая школа, хотя вся имеющаяся научная литература в цивилизованных странах практически доступна всем. Есть, конечно, и исключения, когда человек своими главными успехами обязан только себе, но они, как принято говорить, лишь подтверждают существующее правило. Иногда можно услышать, что про способного человека говорят: «Да, способен, но у него нет школы».

Понимание, что такое научная школа, в частности научная школа в экспериментальной физике, включает в себя не только понимание неких мировоззренчески сложных вещей современной физики, не только круг задач и проблем, наиболее целесообразных для работы над ними, но и целый набор тех маленьких ежедневных и ежечасных элементов работы, которые не описываются ни в учебниках, ни в монографиях и попросту не могут быть в них описаны. Представьте, например, что при протирании огромной камеры ускорительной машины на ней остался маленький, незаметный глазу волосок марли. При эксперименте на нем будут гибнуть частицы. Налаживая ускоритель, вы будете получать странный эффект. Если вы человек достаточно толковый и по книгам изучили всю теорию движения частиц в ускорителе, то быстро сообразите, что получен так называемый резонанс. Повторный эксперимент подтвердит это и даже выдаст номер резонанса. Вы много раз будете вскрывать камеру, менять магнитное поле, борясь с этим лишним резонансом. И так будет продолжаться до тех пор, пока, наконец, случайно, не ведая об этом, вы не смахнете волосок. И тогда ускоритель заработает.

Так вот, если у вас есть наставник, то между делом он, опытный экспериментатор, обязательно скажет, что бывают вот такие случаи и как их можно распознавать. Есть множество вещей гораздо более глубоких — я привел простейший пример, ибо в эксперименте, помимо науки, присутствует большая доля искусства, а искусству еще никто по учебникам не научился.

Формирование молодого исследователя сходно с искусством еще и потому, что требует от наставника подлинно искусных навыков и умения.

С чего начинать молодому ученому, с каких задач?

Если начинающего альпиниста отправить сразу на покорение больших вершин, он наверняка свернет себе шею. Если же постоянно давать ему сверхумеренные задания, он настолько измельчает в своих навыках, что так никогда и не подымется на сколько-нибудь значимую высоту. Здесь-то и проявляется искусство воспитателя, чувство и понимание меры тренировки, точного дозирования заданий — по трудности и качеству.

В науке я встречал немало людей, которые надорвались от непосильных задач, поставленных перед ними нерадивыми учителями и наставниками. Немало людей оказалось потерянными из-за отсутствия у них научного горизонта, они растратили себя на мелкие, малозначащие задачи. А большинство из них, я уверен, действительно были способными людьми, которым не повезло с учителем.

Точно дозировать нагрузку интеллекта, конечно, прерогатива учителя. Штангисты знают, как важно вовремя заказать нужный вес, точно рассчитать нагрузку на мышцы, в том им помогают, естественно, их тренеры. Но и ученик, как штангист на помосте, должен помнить, что всегда надо соизмерять свои силы с задачами, которые он перед собой ставит.

Конечно, очень хочется заняться самыми трудными задачами, которые ни у кого пока не получались. Здесь есть еще своеобразный парадокс, приводящий к самообману. И молодой человек, который только-только пришел в новую область науки, и крупный ученый, которому пока не удалось решить поставленных задач, в каком-то смысле оказываются на одинаковом уровне. Пока у обоих нет результатов, оба они формально равны (два нуля всегда равны друг другу). И вот молодой малотренированный ум, получив практическую возможность выступать на семинарах и ученых собраниях на равных со всеми, чувствует себя в кругу великих. Они ему возражают, спорят, соглашаются. Эти разговоры «на равных» продолжаются лишь до тех пор, пока еще не проявлены некоторые существенные детали, которые могут приоткрыть путь для решения проблемы. Вот тогда-то и сказываются опыт и квалификация.

Однако излишня и научная скромность, принимаемая как необходимость заниматься лишь малыми прикладными задачами. Это лишает человека кругозора, а следовательно, и возможности в будущем заниматься большими проблемами.

Как же совместить в становлении молодого ученого эти два якобы противоборствующих начала? Здесь, мне кажется, и учителю и ученику важно помнить, что наука — кроме того, что это и искусство и поэзия,— еще и ремесло. Учитель должен приучать ученика к поэтическому мышлению, ибо поэзия в науке — это ее вершины. Но он же обязан, как и всякий наставник, постоянно учить своему делу. Ученику необходимо, чтобы у него время от времени получались конкретные результаты. И чтобы по этим результатам можно было судить о его способностях и квалификации.

Вообще-то трудно дать формулу поведения, чем и как заниматься физику. Человек должен вести себя адекватно задаче. К тому же всякая научная проблема для занимающегося ею становится предметом его личных интересов, ну а если говорить о стремлении к успеху, то задача, которой приходится заниматься десять лет, и стоит в десять раз дороже, чем та, которой надо заниматься год.

Несколько слов о моде в науке. Мода в науке может быть оправданной и неоправданной в отличие от моды на длину юбок или высоту каблука, где нет объективного критерия. Ядерная физика, генетика, исследование космоса — величайшие науки современности! За ними великое будущее, от которого зависят судьбы человека, в них есть содержание, методы, традиции и школы. Мода на них — это мода оправданная.

Но история и современность знают науки, квазинауки, псевдонауки, которые в какое-то время становились чрезвычайно модными и которые умирали, так и не накопив своего содержания. Вспомним, например, астроботанику (наука в основном о растительном мире Марса и Венеры). Вполне возможно, что когда-нибудь будут найдены растения на других планетах. Но 20 лет назад, когда возникла астроботаника, такой науки существовать не могло. В лучшем случае это могли быть отдельные исследования в астрономии или ботанике.

Преждевременное провозглашение новыми науками, по существу, отдельных результатов старых столь же опасно, как и самостоятельная жизнь человека, начатая вне семьи в юном возрасте. Есть, конечно, в этом и свои достоинства, но недостатки и опасности много превосходят их. Основной же опасностью для рано вылупившихся «наук» является отсутствие критериев. Наука, в которой слабо развиты критерии истинности и важности, становится уязвимой и незащищенной перед неучами и проходимцами.

Когда же сегодня вокруг таких модных «наук» подымается шумиха, создается некий рекламный бум, происходит дезориентация значительной части талантливой молодежи, еще не нашедшей своего пути. Большинству так никогда и не суждено стать учеными: они идут туда, где нет еще для них поля деятельности, нет задач, которые были бы одновременно и важными, и достойными, и в принципе разрешимыми при жизни наших современников. Поэтому надо очень серьезно относиться к агитации молодежи, надо быть очень осторожными, чтобы не потянуть молодых людей за красивым словом, за мечтой, за надеждой, вряд ли осуществимой. Наука при всем при том, что она и мечта, и надежда, и поэзия, она все-таки конкретная мечта, конкретная надежда. Важно понять, что же такое наука, без чего это понятие обойтись в принципе не может, что в себя должен включать круг, очерчивающий ту или иную область знания и нарекающий ее наукой.

Вот пример из близкой мне области. Многие ученые во всем мире сейчас работают над созданием управляемых термоядерных реакций. Со временем (в недалеком будущем это уже очевидно) управляемый «термояд» будет создан. Но такой науки — управляемый термояд не существует, хотя этой проблемой заняты многие ученые во всем мире, на нее выделяются большие средства. Пройдет время и она станет отраслью, едва ли уступающей таким отраслям науки и народного хозяйства, как электроника, теплофизика и другие. Но сегодня это раздел физики. Если кто-то думает, что вначале можно создать профессию, обучить (чему?) людей, а уж потом эти люди создадут науку, то, по-моему, они думают неправильно. Короче, недостаточно приготовить название для науки (даже вкладывая в него известный смысл), чтобы она уже появилась на свет. Для этого нужны более глубокие обоснования и предпосылки.

Понимание этого, может быть, удержит многих ученых с именами от публичных выступлений, в которых они пропагандируют малоперспективные (для молодых людей) направления. С другой стороны, сами ученики — будущие и настоящие — должны критически относиться к подобному зазыванию, постараться вникнуть в то, что представляет будущее поприще их научной деятельности.

Молодому человеку, обдумывающему свое будущее и строящему планы, важно знать, какая наука сейчас вообще есть, какая процветает, какая развивается более быстрыми темпами, какая более медленными, в какой в ближайшее время ожидается появление наиболее значительных результатов. Молодому человеку важно знать, какие направления в науке станут актуальными — не только в смысле потребностей общества, но и в смысле возможностей самой науки.

Распределение молодых кадров по наукам должно быть адекватно фронту исследований в каждой из данных наук. Для всякого дела, для всякого строительства нужен фронт работ. Нельзя собрать на строительство одного дома миллион человек — им попросту нечего будет делать, не говоря уже об очевидности того, что это нерационально. Тех, кто выбрал науку в качестве профессии, подстерегает еще одна, пожалуй, большая опасность. Для непосвященных в последнее время стало все труднее отличать, где наука, а где «околонаука». Точнее, кто ученый, а кто «околоученый». Не каждый кандидат наук, не каждый доктор, не каждый человек с ученым званием есть ученый. И наоборот, есть настоящие ученые, в силу каких-то случайных обстоятельств не получившие высоких ученых званий.

Можно ли дать какой-либо критерий, следуя которому легко было бы отличить истинного ученого от лицемера, науку от того, что под нее маскируется? Думаю, что это трудно сделать и в одной фразе, и во многих. Люди около науки настолько ловко маскируются под науку, что только опытный глаз может распознать их фальшь. Они перенимают научную терминологию и фразеологию. Им нельзя, конечно, отказать в чувстве нового, особенно если новое исходит от признанного авторитета. Распознать их также трудно, как непосвященному отличить хорошую музыку от плохой.

Естественным критерием отличия могла бы служить результативность. В науке есть результаты, в «околонауке» их нет. Но эту результативность могут видеть опять же только специалисты высокого класса, ибо люди около науки умеют создавать и видимость результатов. И в этом также кроется огромная трудность для молодежи.

Как научить молодежь отличать науку от «околонауки» — сказать со всей определенностью, видимо, невозможно. Наука сегодня настолько сложна, что фактически молодежь перед лицом подобного выбора оказывается беспомощной. Здесь, как я уже говорил, надо предъявлять некоторые серьезные требования к людям, пользующимся авторитетом и известным как большие ученые. Именно от их публичных выступлений в известной степени зависит ориентация молодежи и ее интересы в науке. Но не надо забывать, что и псевдоученые также пользуются средствами массовой информации, раздувая иногда псевдонаучный бум вокруг малозначащих, а иногда и просто порочных идей. Самое большое зло, которое приносят эти псевдоученые с титулами и званиями — это даже не то, что они переводят материальные средства, они переводят едва ли не главное наше богатство — интеллектуальные средства страны. Замыкая на себя талантливую молодежь, они либо развращают ее нравственно (например, внушая, что успех важен сам по себе, независимо от того, что за ним стоит), либо, если им это не удается, лишают ее научного мировоззрения, понимания, что правда, а что неправда в науке.

Наверное, наша молодежь должна прежде всего получать хорошее морально-этическое воспитание. Это должно помочь даже молодому человеку отличать ученого от лжеученого.

Молодежь должна уметь отличать слово от дела, истину от неистины, примитивность и вранье от глубины и фантазии подлинной. Она должна знать, что наука — это не стерильный мир, где все люди идеальны по своим человеческим качествам; это мир той же реальной жизни, где наряду с подвижниками хватает и проходимцев, и случайных людей, где рядом с высокими и замечательными свойствами личности встречаются и пошлость, и карьеризм, и элементарное мошенничество. Причем если молодежь предупредить об этом, она научится распознавать все эти пороки околонаучных метров, в какие бы тоги они лицемерно ни рядились.

В этом воспитании огромную роль могла бы сыграть художественная литература, которая всегда учила людей распознаванию добра и зла. К сожалению, ни у нас, ни за рубежом нет пока произведений, где были бы глубоко раскрыты эти проблемы.

И еще важно, чтобы молодые люди знали одно: если они встретятся с пошлостью, тупостью, ограниченностью, это значит лишь то, что этому юноше или этой девушке просто не повезло. Они должны знать, что в науке заведомо есть люди светлые, ясные, с высоким интеллектом. Молодой человек может разочароваться только в своем научном руководителе, но не в науке как таковой. Он должен понять, что совершил ошибку и чем скорее он ее исправит, тем больше у него шансов найти свой храм науки.

Известно выражение: человек есть дробь, в числителе которой то, что он есть, а в знаменателе — что он о себе думает. Я бы сказал, что ученый — это есть дробь, числитель которой то, что он есть, а знаменатель нечто среднее между тем, что он о себе думает, как он себя представляет и ведет, а также прочее, что можно определить общим словом «порядочность». Если он думает о себе лучше, чем он есть, он вряд ли может быть порядочным человеком. Если он знает, что ничего не стоит, а выдает себя за стоящего человека, то он уже просто человек непорядочный. А уж если он при этом совершает недостойные поступки, то это уже аморальный человек. Поэтому я бы ввел формулу человеческого достоинства как дробь, числитель которой — то, что человек объективно собой представляет, а знаменатель — его порядочность. Это слово как-то потерялось в нашем языке, есть честность, принципиальность, а порядочность — это такое понятие, которое точно не определишь, но которое лишь заключает в себе все нравственные достоинства человека: и честность, и принципиальность, и разумность, и терпимость, и многое, многое другое. Причем все эти качества должны быть естественно присущи порядочному человеку.

Большие ученые, как правило, порядочные люди. Порядочный человек никогда не станет занимать не свое место в науке, человек не на своем месте уже аморален. И здесь я еще раз хочу подчеркнуть важность научной школы как среды подлинного понимания научных проблем и этики ученого. Я убежден, что научный коллектив, в котором нарушаются этические принципы, погибает для науки, хотя может и сохраниться как учреждение. Гении-злодеи в большой науке встречаются лишь в дурных фантастических романах.

Несколько слов о выборе научной профессии. Каждый молодой человек должен выбирать из модных или немодных наук ту, которая более всего близка его способностям и призванию. Но выбирать он должен науку существующую. Не лженауку. И не науку отсутствующую. Каждый должен выбирать для себя наиболее устойчивое решение при выборе рода занятий и их темы, ибо человеческая жизнь коротка, и всякие уходы в сторону стоят очень дорого, они безвозвратно отнимают годы. Избежать этого поможет понимание того, что наука это дело, а не развлечение, хотя бы и самого высоко интеллектуального плана. И даже там, где оно кажется развлечением, это развлечение в деле.

Несмотря на все сказанное, я продолжаю оставаться оптимистом. Я знаю, в этом меня убеждает действительность, что и сегодня молодежь правильно в основном выбирает и сферу своих научных занятий, и своих наставников в науке.

Сейчас часто говорят о потере интереса молодежи к проблемам физики, в частности ядерной. Я думаю, что это не так. Наоборот, ядерная физика сейчас очищается от значительного числа людей, которые примкнули к ней в свое время как к чему-то модному. Впрочем, действительно часть талантливой молодежи устремляется в область молекулярной биологии и генетики, где грядут великие события. Я лично очень приветствую тягу молодых к медицине, которая вновь становится «мужским делом». И все-таки лучшая и самая способная часть молодежи до сих пор идет в теоретическую и экспериментальную физику. Я это наблюдаю у нас в Новосибирском университете, да и вообще весь мой опыт общения с молодыми учеными показывает, что по-прежнему самые способные идут в ядерную физику. Впрочем, можно понять, в связи с чем возникли разговоры о спаде ядерной физики, о том, что все великие открытия, отпущенные поколениям нынешних ученых, уже сделаны.

Все великие открытия по своему соответствию духу времени делятся на три типа. Своевременные. Запоздалые. Преждевременные. Возьмем три великих открытия нашего времени — космос, лазеры, ядерная энергия.

Примером своевременного открытия служит открытие космоса, если так можно выразиться. Психологически человечество давно было подготовлено к нему, чему в немалой степени способствовали фантастические романы, разрабатывающие эту тему до мельчайших подробностей уже с прошлого века. Довольно серьезные прогнозы подтверждают мнение фантастов. Технологически цивилизация также была готова к полетам в космос: давно развивалась авиация, потом появилась реактивная авиация, потом ракетные снаряды, затем появились баллистические и межконтинентальные ракеты. И наконец, спутники. Человечество и технологически и психологически было готово к этому, и шаг за шагом оно вышло в космос. Это пример великого своевременного открытия.

Пример запоздалого открытия — лазеры. Теория лазеров, то есть теория индуцированного излучения, была разработана в начале этого века. Я еще в 1941 году в Московском университете сдавал на государственных экзаменах теорию индуцированного излучения. Психологическая и практическая потребность в лазерах назрела давно. Об этом говорили гиперболоид инженера Гарина и узкие лучи смерти в руках уэллсовских пришельцев из «Борьбы миров», другие литературные, да и не только литературные примеры. Оптика в тридцатых годах была развита практически до современного уровня. Экспериментальная техника и серия экспериментов, проведенных до того времени, были достаточны, чтобы сделать первые лазеры. Особой промышленности для этого не требовалось... Короче, все: и потребности, и промышленность, и наука — было готово к тому, чтобы лазеры появились на свет накануне второй мировой войны. Но этого не произошло. Наверное, война, а затем работы по атомной энергии отвлекли внимание и наиболее сильных ученых, и наиболее сильных в промышленности от проблемы, которой явно не повезло.

Примером великого преждевременного открытия, безусловно, служит открытие атомной энергии. Незадолго до открытия процесса деления ядер урана — то есть до открытия возможности использования атомной энергии — академик Абрам Федорович Иоффе, необыкновенно прогрессивный ученый, которого, скорее всего, можно было бы назвать мечтателем, нежели скептиком, утверждал, что о практическом использовании атомной энергии речь может идти только через сто лет.

Общество было совершенно не готово к освоению возможностей атомной энергии. Даже в фантастических романах доатомной эры вы нигде не найдете намека на использование ядерной энергии, да и вообще внутренней энергии вещества. Намеки были разве только на использование радиоактивности. Наука была совершенно к этому не подготовлена. Теории атомного ядра не существовало. Теории ядерных сил, кстати, нет до сих пор. Так что науки в общепринятом понимании, науки, которая имелась для лазера и для космоса, для атомной энергии не существовало. Технологически промышленность была совершенно не готова к решению проблемы, все надо было начинать сначала. Да и потребности в атомной энергии общество еще не испытывало. Но атомная энергия все-таки родилась. О том, что это был в общем-то неестественный процесс, говорят и расходы, связанные с решением научных проблем получения атомной энергии. Эти расходы — впервые в истории науки — стали сопоставимы с национальным доходом самых развитых стран мира! Ясно, что и экономически решение этих проблем было преждевременным. Можно сказать, что вторая мировая война вызвала преждевременные роды: атомная энергия появилась на свет на несколько десятилетий раньше, чем ей полагалось. Однако дитя родилось, выжило и начало расти не по дням, а по часам. Атомные исследования давно уже окупили себя и в научном, и в политическом, и в чисто экономическом плане.

Но, что самое важное, открытие это революционизировало все другие области знания. Еще никогда до этого с проблемами столь грандиозными не сталкивались. А если и натыкались на них, то отступали перед сложностью комплекса задач, где не ясно, какова очередность и иерархия проблем, на что в первую очередь нацеливать умы, на что давать деньги, как сводить результаты воедино, за кем оставлять последнее слово в проектах, стоящих миллиарды. И именно потому, что атомная энергия оказала революционизирующее влияние на все направления науки — и организационно, и психологически, и технически,— так сравнительно легко в дальнейшем удалось добиться успеха в освоении и лазерной техники, и в космических исследованиях, и во многом другом.

Когда сегодня время от времени заговаривают о значительном спаде интереса к атомным проблемам, о том, что развитие ядерной физики в наше время идет на убыль, я думаю, это говорят те, кто случайно оказался в физике, да и вообще в науке, куда люди должны приходить не собирать грибы после дождя, а много и тщательно работать, готовя плоды нового урожая. К тому же эти люди весьма близоруки.

Атомная наука и сегодня развивается невиданными темпами. Для того чтобы убедиться в этом, достаточно посмотреть картину роста энергетических возможностей современных ядерщиков, а именно в них залог успехов всех экспериментальных работ по ядерной физике. Циклотроны 40-х годов давали энергию частиц в 10 миллионов электронвольт. Синхрофазотрон в Дубне, построенный в 1949 году, дает 500 миллионов, так называемые космотроны — миллиарды электронвольт. Большие ускорители в ЦЕРНе (Швейцария) и Брукхейвене (США) — 30 миллиардов. В Серпухове — 70 миллиардов. В Батавии (США) — 500 миллиардов. На встречных пучках энергии реакции элементарных частиц еще выше. И это достигнуто в течение трех десятилетий. Чтобы почувствовать масштабы этой шкалы, достаточно напомнить, что кинетическая энергия молекулы (частицы) при температуре 10 тысяч градусов — всего 1 электронвольт. А чем выше энергия ускорителей, тем глубже мы проникаем в сущность вещества, тем полнее познаем суть закономерностей его строения. Можно ли при всем этом говорить, что атомная наука остановилась? Конечно нет.

Она в какой-то степени остановилась по своим великолепным практическим результатам, которые в первые годы следовали как из рога изобилия. Атомная бомба, атомные электростанции, меченые атомы, атомный ледокол и атомные подводные лодки, использование искусственной радиации в народном хозяйстве — все это, конечно, не могло не восхищать. Скоро, в ближайшее десятилетие, мы будем свидетелями освоения термоядерной энергии. А на очереди уже освоение энергии антивещества — горючего в тысячи раз более калорийного, чем ядерное. Если несколько лет не слышно о каких-нибудь сногсшибательных практических результатах, то это вовсе не значит, что ученые ничего не получают.

Вообще-то человечество могло бы и устать от этих невероятных усилий, и сделать «передых», чтобы вновь продолжать бег к величайшей цели. Но даже этого не произошло. Как наука ядерная физика в своем развитии не останавливалась ни на один день. Открытия последних лет несравнимы ни с чем. Целая серия новых частиц, несохранение так называемой С-четности, СР-четности — какие-то фантастические, уму непостижимые результаты. Настоящее время можно сравнить со временем накануне открытия квантовой механики, когда шел колоссальный набор фактического материала и вот-вот должна была быть создана величайшая теория. Эта теория была создана в 20-х годах, и тогда атомы и молекулы были поняты до конца. И сейчас идет накопление огромного фактического материала, необходимого для создания теории элементарных частиц и теории ядерных сил...

Встречая своего школьного учителя физики, я всегда выражаю ему почтение. Я не могу объяснить себе того внутреннего трепета, который испытываю к этому человеку, хотя уже давно знаю, что как физик мой учитель всегда был достаточно слаб.

Ядерной физикой я всерьез заинтересовался, прочитав выпущенную в 1934 или 1935 году книжку А. Вальтера «Атака атомного ядра». С ее автором я познакомился много лет спустя, став уже членом Академии наук, директором института. И он долго не мог принять мое отношение к нему, как ученика к учителю. И до самой его смерти я с благоговением относился к человеку, чьи слова заставили меня когда-то понять красоту удивительного мира.

Состояние почтения ученик должен сохранять перед учителем на всю жизнь, даже если сам он в науке намного превзошел своего учителя. Не исключено, что выросший ученик может испытывать даже неприязнь к учителю (учителя, в конце концов, тоже разные бывают), но по морали, сложившейся веками, он не имеет права выступать против учителя. Он может уйти от него — и это высшая форма протеста для ученика.

Я думаю, что ученик ни в какой ситуации не должен выступать против своего учителя. Почти невозможно представить случай, который бы оправдал такое поведение. Ученик может высказать свое мнение, которое, скажем, идет вразрез с мнением его учителя, но не имеет никакого морального права бороться с учителем. Я понимаю безусловную спорность этого утверждения. И все-таки продолжим наши рассуждения.

В жизни справедливыми оказываются не только законы логики, но и законы морали, невыполнение которых приводило к деградации и гибели целые общества. Если ты не согласен со своим отцом, то можешь уйти из дома, но не имеешь права бороться с ним в его доме. Эта железная мораль («почитай отца своего») существовала во все времена и у всех народов. Я думаю, что те общества, в которых этой моралью пренебрегали, ослабевали и, в конце концов, погибали. Там, возможно, терялся интерес к детям, их воспитанию и передаче жизненного опыта, а те, естественно, при отсутствии оного должны были терпеть много лишений и погибать в борьбе.

Если отвергать эту мораль в мире науки, то ученые будут стараться не иметь учеников или будут брать себе в помощники бесперспективных, неспособных по своей слабости выступать против своего учителя. Да и сам инстинкт продолжения рода в науке есть следствие этой морали.

Категоричность моих утверждений совсем не означает, что закон — не смей бороться с учителем — абсолютен. Моя цель — привлечь внимание к этому вопросу. Ученик не раб учителя, не слуга, даже не подчиненный. Он — сын его, со всеми вытекающими отсюда последствиями, в том числе проблемой отцов и детей.

Как директор института, в котором последнее десятилетие работают самые молодые академики в стране, в котором средний возраст ученого совета около 30 лет, не говоря уже о вполне обычном явлении, когда 25—30-летние защищают докторские диссертации, я могу высказать некоторые суждения, не боясь быть названным угнетателем молодежи.

Официально существует такое понятие «молодой ученый», существуют даже конкурсы работ молодых ученых. Формально к ним относят научных работников в возрасте до 33 лет. Откуда взят этот «христовый» возраст, нам непонятно. Скажу только, что в нашем институте нет такого понятия. Уместно ли было Сашу Скринского, руководителя крупнейшей лаборатории нашего института, за полгода до выборов его в академики называть молодым ученым? Или как именовать этим титулом Митю Рютова, возглавляющего крупнейшую термоядерную лабораторию, только потому, что ему 30 лет? Даже Володя Балакин, недавно получивший премию Ленинского комсомола, обижался, когда его в 25 лет называли молодым ученым.

Не является ли выделение ученых по возрастному признаку в отдельную «весовую» категорию обидным для них, тем более что много крупнейших научных открытий совершается в возрасте до 30 лет. Можно говорить о конкурсах студентов, аспирантов, но не молодых ученых. Я думаю, что понятие «молодой ученый» уместно только в моральном смысле: молодой всегда должен уважать старшего по возрасту и понимать, что опыт в науке не последнее дело.

Там, где руководители правильно относятся к молодым, нет проблемы отцов и детей и, по существу, нет понятия «молодой ученый». Там же, где в научном учреждении возникает конфликт поколений, я думаю, надо искать причины более глубокие, нежели возрастные различия ученых.

Что можно сказать о моих учениках?

Первый мой ученик — профессор из Дубны, человек двухметрового роста В. Дмитриевский. Всех других я уже вряд ли смогу назвать: кто-то обидится, что забыл, а кто-то посчитает за самоуверенность. Всегда проще назвать своего учителя: здесь судья ты сам... Во всяком случае, из тех, кто пришел ко мне молодым, начинающим, как правило, студентом и работал в непосредственном контакте со мной, не менее 30 человек стали докторами наук, руководителями лабораторий и институтов. В основном это хорошие ученые и нравственно чистые люди. Поэтому у меня есть некоторое право говорить, что наша научная семья — я имею в виду научный коллектив Института ядерной физики Сибирского отделения Академии наук СССР и выходцев из него — вполне крепкая и здоровая. И даже те наши дети, которыми я не очень доволен (в семье всякое бывает), люди признанного высокого профессионального уровня. Может быть, мы предъявляем несколько более высокие требования?..

Мне хочется опровергнуть бытующее мнение, что в Сибирь люди едут за высокими должностями, во всяком случае, поскольку я могу судить об этом по нашему институту. К нам люди едут за большими возможностями для работы, а не за должностями. Замечено даже, что если от нас кто-нибудь уезжает в Москву, Ленинград, Киев и другие города, то, как правило, он приглашается на более высокую должность.

Из нашего института вышли директор Института космических исследований АН СССР академик Р. Сагдеев, ректор Новосибирского университета академик С. Беляев, директор Института автоматики СО АН СССР Ю. Нестерихин, заместитель директора Института физики высоких энергий, руководитель Серпуховского ускорителя член-корреспондент АН СССР А. Наумов и многие другие.

Был ли у нас в работе брак при подготовке ученых? Естественно, как и на всяком производстве. Но в ничтожном количестве, если так можно выразиться в отношении людей. Тем бо́льшую радость вызывают у меня наши молодые руководители лабораторий, выросшие в нашем институте, как правило, из студентов-практикантов. Это академик А. Скринский, члены-корреспонденты АН СССР В. Сидоров и Л. Барков, профессора Д. Рютов и В. Волосов и другие.

А теперь я хочу вернуться к тому, с чего начал,— к необходимости развития подлинных научных школ. Опыт показывает, что наука, так же как и жизнь, не самозарождается из ничего. Сколько бы ни вкладывали средств, сами по себе они не служат зарождению научных исследований научного масштаба. Там, где не было каких-либо первичных ученых, какой-либо научной школы, там вряд ли возможно плодотворное развитие научных идей. Одними только средствами можно создать видимость науки, но подлинной науки, как правило, этим не создашь. Известны сотни примеров, когда строятся огромные институты, нашпигованные первоклассным оборудованием, даются большие фонды на оплату сотрудников, а науки там никакой и не получается. Разве только видимость. А вот вам обратный пример. Маленькая страна Дания, которой явно не под силу вкладывать огромные средства в какие угодно исследования, имеет между тем лидирующее положение в области физики атомного ядра. Это произошло благодаря знаменитой физической школе, основанной великим Бором. Именно школа определяет уровень научных работ, именно от нее зависит формирование и качество исследователя.

В нашей стране нет ученого, который бы не знал школу Ленинградского физико-технического института, школу академика Иоффе. Именно она послужила основой почти всех физических исследований в нашей стране. Из нее вышли такие известные ученые, как Курчатов, Алиханов, Скобельцын, Александров, Арцимович, Семенов и многие другие, чьи имена связываются уже с собственными научными школами.

И наш институт не возник на голом месте. Он образовался из возглавляемой мною лаборатории новых методов ускорения курчатовского института. К моменту образования Сибирского отделения это была крупная лаборатория с установившейся тематикой и научными традициями: в Новосибирск переехали 140 человек и несколько эшелонов оборудования.

Я окончил университет в 1941 году и сразу ушел на фронт. Демобилизовавшись после войны, я начал работать у Курчатова. Когда я вспоминаю первые годы решения атомной проблемы в СССР, мне кажется, что это была не наука, а поэзия. Музыка! Сам характер деятельности людей, занятых такими, казалось бы, трудными, а по мнению многих непосвященных, и страшными вещами, был поэтический. Они творили симфонию радости, симфонию красоты. По красоте и изяществу каждая формула не уступала венецианской вазе.

Сегодня люди уже привыкли к разговорам об атомах и ядрах, и мы так далеко продвинулись во всем этом, что нам кажется многое уже примитивным и наивным. Но если вернуться всего на каких-нибудь 25 лет назад. Посмотреть, какой всплеск человеческого интеллекта тогда произошел, какое свершилось чудо, какое величайшее открытие не только чисто научное, но и общечеловеческое, общественно значимое, как никакое научное событие прежде.

Сегодня даже трудно себе представить, как звучало тогда каждое новое слово, каждое хотя бы небольшое открытие по пути продвижения к конечной цели. Эти три года ежедневной работы до двух часов ночи, без выходных, без отпусков вспоминаются мне как самые светлые, самые восторженные годы в моей жизни. Никогда больше я не слышал музыки, не читал стихов, не представляю вообще себе произведение искусства, которое бы по красоте внутреннего своего звучания и внешнего оформления, по гармонии чувства и разума могло сравниться с деятельностью по решению атомной проблемы. Нам тогда трудно было представить симфонию, которая звучала бы так, как музыка эспериментальных результатов.

То, что эта красота, эта гармония, это изящество были недоступны всем, вполне естественно. Как, скажем, и многие совершенства музыки остаются недоступными непосвященным. Музыка Бетховена была непонятна многим из его современников, известных как музыкальные ценители. Многим до сих пор непонятна красота современной скульптуры. Поэтому ясно, чтобы воспринимать в чем-то красоту и изящество, нужна определенная подготовка. Люди, не знающие квантовую механику и теорию относительности, не могут видеть красоты и изящества современной физики. Это их, к сожалению, во многом обездоливает. Никто их в этом не винит, однако то, что они не видят этой красоты, не дает им права утверждать, что ее вовсе не существует. Тот же, кто однажды соприкоснется с этими великими творениями человеческого разума, увидит, помимо глубокой мысли и красоту. Красоту эмоциональную, действующую на чувства людей так же, как музыка, как стихи, как живопись. Знающий человек все это видит и переживает. И я приглашаю вас, молодые, к этому переживанию. Для этого надо учиться, и много учиться.

Выбирая своей судьбой науку, каждый отправляется в дальнее плавание. От многого — и прежде всего от тебя самого — зависит, к каким берегам пристанешь, благодатным и щедрым или неприветливым и скудным.

Я уже как-то говорил, что всем, кто отправляется в дальний путь, обычно желают попутного ветра. Но если у судна крепкий руль и опытный рулевой, то оно может плыть, и не только по ветру, но и поперек ветра, и даже против ветра. Более того, если тебе ветер все время дует в спину, то остановись и подумай: туда ли ты плывешь, не плывешь ли ты по воле ветра? В науке очень опасно плыть по воле ветра: постоянно создается иллюзия, что ты движешься, а на самом деле тебя несет...

Наиболее опасен для судна штиль. В этом случае можно двигаться только на буксире. Поэтому бояться следует только штиля. А бояться бокового и встречного ветра не нужно: при них всегда можно двигаться вперед, к цели. Бойся штиля!

ВОСПОМИНАНИЯ КОЛЛЕГ И УЧЕНИКОВ
О А. М. БУДКЕРЕ

И. Н. Головин

В КУРЧАТОВСКОМ ИНСТИТУТЕ

Плоды научной деятельности Андрея Михайловича полно отражены в собрании его трудов, опубликованных в 1982 году, и потому я посвящу несколько страниц только воспоминаниям о встречах с ним.

Солнечным летним утром 1945 года мне в лабораторию позвонил Павел Васильевич Худяков, который в то время был одним из заместителей И. В. Курчатова в лаборатории № 2 АН СССР*:

— Я дал Ваш телефон одному молодому человеку. Побеседуйте с ним. Наверное подойдет для работы — хороший человек...

Павел Васильевич имел острое чутье. Людей распознавал точно. Вскоре раздался ожидаемый телефонный звонок. Молодой голос сообщил мне о только что состоявшейся беседе у Худякова, и мы условились о встрече в обеденное время у меня на дому.

Я, в то время холостяк, жил в том же главном здании Лаборатории № 2, где располагались основные экспериментальные установки и администрация. В условленное время пришел молодой человек в военной гимнастерке и назвался Будкером, Андреем**. Контакт возник сразу же. Будкер был оживлен и разговорчив. После нескольких фраз я предложил ему решить или вспомнить решение задачи о бетатроне, о том, какое необходимо радикальное распределение магнитного поля, чтобы ускоряемый электрон оставался в равновесии на орбите. Я думал, что для пробывшего всю войну в армии этот вопрос будет труден. Но был приятно изумлен, когда, с готовностью взявшись за решение задачи, Будкер после недолгих вычислений дал мне правильный ответ и тут же продолжил рассуждения об условии устойчивости на орбите. Мы весело проболтали еще с полчаса и дружески расстались, я с полной уверенностью, что надо Павлу Васильевичу рекомендовать без колебаний зачислить его в штат, а он, оказывается, в изнеможении

---

* Так назывался в 40-х годах Институт атомной энергии им. И. В. Курчатова. (*Здесь и далее прим. ред.*)

** Эта встреча состоялась перед отправкой А. М. Будкера на Дальний Восток. Его зачисление в Институт произошло после демобилизации — в мае 1946 года.

от беседы, так как был голоден, не совсем здоров и убежден, что отвечал бестолково.

Даже столь короткого общения оказалось достаточно, чтобы понять: Андрею нечего делать в нашей лаборатории, приступившей под руководством Л. А. Арцимовича * к разработке электромагнитного метода разделения изотопов, он слишком талантлив для нашей узкой темы. И я порекомендовал его В. С. Фурсову **, в то время занимавшемуся двумя проблемами: теорией колебаний ионов на орбите строившегося циклотрона и начальными задачами по регулированию атомного реактора, или, как тогда говорили, уран-графитового котла.

До конца 1950 г. я не встречался с А. М. Будкером. Уже позже я узнал, что и в первой, и во второй области Андрей Михайлович работал весьма плодотворно. Он участвовал не только в осмысливании работы пущенного в Лаборатории № 2 циклотрона с полутораметровым диаметром полюсов, но и в работах над проектом большого синхроциклотрона в Дубне, был в тесном контакте с сотрудниками Н. А. Доллежаля ***, создавал с ними теорию регулирования сооружавшихся в то время промышленных атомных реакторов.

В конце 1950 года И. В. Курчатов привлек А. М. Будкера вместе с другими теоретиками к новой, захватившей всех нас проблеме управляемых термоядерных реакций. Здесь талант Андрея Михайловича развернулся во всю ширь. Из него фонтанировали идеи, и он успешно их развивал. Как он сам тогда признавался, несмотря на ряд осложняющих жизнь обстоятельств, самочувствие было отличным и работалось продуктивно. Следствием рассмотрения вопросов о тороидальном МТР (магнитном термоядерном реакторе) было рождение его идеи о стабилизированном релятивистском электронном пучке. С этого момента он успешно работал «на два фронта», продолжая быть активнейшим участником термоядерной программы и развивая концепцию новых методов ускорения частиц.

В ту пору я был первым заместителем И. В. Курчатова, и Андрей Михайлович обратился однажды ко мне с просьбой дать ему в подчинение небольшую группу инженеров и рабочих, чтобы вывести в Дубне из синхроциклотрона пучок протонов. Он убеждал, что не только рассчитал, но и знает, как сконструировать и построить канал, чтобы вывести наружу 90% ускоренных протонов вместо нескольких процентов, выводимых в то время. Я не поверил Андрею Михайловичу и не дал ему людей. Я видел в

---

* Л. А. Арцимович (1903—1973) — академик, руководитель термоядерных исследований в СССР.

** В. С. Фурсов — активный участник работ по атомной проблеме, доктор физико-математических наук, трижды лауреат Государственной премии СССР.

*** Н. А. Доллежаль — академик, автор первых промышленных реакторов, реактора для первой в мире атомной электростанции и реакторов для последующих атомных электростанций.

нем только талантливого теоретика и не разглядел ни «релятивистского инженера», как позже назвал его Л. Д. Ландау, ни совершенно исключительного по дарованию организатора научного коллектива! Так Андрей Михайлович и не добился от меня поддержки его работы в Дубне. Но, может быть, это было и к лучшему, ибо там он решал бы частную задачу, а здесь, в Лаборатории № 2, он широко раздвинул горизонты как в термоядерной области, так и в области новых методов ускорения.

Работая уже над концепцией ловушки с магнитными пробками, Андрей Михайлович был однажды у Л. А. Арцимовича, к которому пришел П. Е. Спивак * проконсультироваться о возможности сфокусировать бета-электроны с помощью магнитного поля. Его занимал вопрос, насколько увеличится поток электронов от мишени к счетчику, если мишень поместить в область слабого поля, а счетчик — в область сильного и рассмотреть движение электронов по спиралям вдоль магнитных силовых линий. Будкер обомлел, когда услышал, что Арцимович прекрасно понимает отражение электронов от сильного поля при соответствующем угле между силовой линией и направлением скорости электрона. Арцимович убеждал Спивака, что этот метод не увеличит телесного угла, в котором электроны, вылетая из мишени, могут достигнуть счетчика. В это время Будкер еще не закончил решение уравнения Фоккера — Планка, и никому не рассказывал о своей ловушке с двумя магнитными пробками. Сидя в кабинете у Арцимовича и слушая, как он горячо убеждал Спивака, что электроны неминуемо будут отражаться от сильного поля, Андрей Михайлович с трепетом ждал, что им будет сделан еще один маленький шаг в рассуждениях и родится предложение о «пробкотроне». Но этого не произошло! Андрей Михайлович с облегчением покинул кабинет Арцимовича и принялся интенсивно вычислять.

В конце 1954 года он рассказал о своих идеях термоядерщикам нашего Института, основав таким образом новое направление в проблеме управляемого термоядерного синтеза — направление открытых магнитных ловушек. Соответствующая его работа была опубликована в четырехтомнике «Физика плазмы и проблема управляемых термоядерных реакций», изданном по инициативе И. В. Курчатова перед Второй женевской конференцией по мирному использованию атомной энергии в 1958 году.

Такое хождение по грани открытия — нередкое явление в науке. Мы, термоядерщики, были свидетелями еще одного столь же яркого примера. А именно, в 60-х годах, когда американские физики Фаулер и Ренкин показали, что положительный потенциал плазмы в открытых ловушках вместе с торможением ионов на электронах приводит к значительному сокращению времени жизни ионов в ловушке, Келли предложил присоединить с обоих концов к основной ловушке, в которой должна вырабатываться термоядерная энергия, по маленькой ловушке с плазмой, чтобы устранить

---

* П. Е. Спивак — физик-ядерщик, член-корреспондент АН СССР (1964).

выталкивание ионов электрическим полем вдоль магнитных силовых линий из основной ловушки. Физики всего мира читали и обсуждали это предложение, но потребовалось почти десять лет, чтобы в 1976 году Г. И. Димов с сотрудниками, а затем американцы Фаулер и Логан сделали следующий шаг,— по существу небольшой шажок, к качественно новому,— амбиполярному удержанию плазмы в открытых ловушках. Для этого потребовалось сделать плотность плазмы в присоединяемых ловушках большей, а не равной, как у Келли, плотности плазмы в основной ловушке.

Сообщение Будкера о новом методе удержания плазмы (1954) было встречено теоретиками, включая академика М. А. Леонтовича, настороженно, и потребовался год для подготовки первого эксперимента М. С. Иоффе * на установке ПР-1. И только через три года, в 1957 году, началось проектирование Огры, в которой реализовалась идея Будкера, сформулированная в его основополагающей работе (1954) по получению плазмы инжекцией молекулярных ионов.

Идея стабилизированного электронного пучка на протяжении первого года после ее опубликования также не находила реальной поддержки. Помог Д. В. Ефремов **, убедивший И. В. Курчатова, не откладывая, создать лабораторию новых методов ускорения во главе с А. М. Будкером. Первым шагом было привлечение к этим работам талантливого инженера-высокочастотника А. А. Наумова, поставившего «на ноги» большой циклотрон еще в 40-х годах. Эксперименты показали, что создание стабилизированного электронного пучка — дело сложное, долгое, и нет уверенности в том, что оно приведет к успеху. А новой лаборатории надо было показать, на что она способна. Я посоветовал Андрею Михайловичу выбрать более близкую цель. Тогда они вместе с А. А. Наумовым приступили к созданию маленького и совершенно оригинального по решению импульсного безжелезного синхротрона. Талантливая молодежь соорудила его за несколько месяцев, и в обычной лабораторной комнате вскоре были получены импульсы электронов с энергией 2 МэВ, а спустя некоторое время их энергия была поднята до 70 МэВ. Успех был полный. Признание лаборатории крепло.

Андрей Михайлович умело привлекал молодых талантливых энтузиастов. Много работал, обучая их физике и смелому эксперименту. Тематика расширялась. Вскоре приступили к созданию первой в мире установки со встречными электронными пучками. Лаборатория получила в свое распоряжение небольшой одноэтажный дом. Но все же в коллективе Института атомной энергии отношение к А. М. Будкеру было недоверчивое. Слишком из ряда вон выходящими были его проекты. И его ровесники, и представители старшего поколения, видимо, просто ему завидовали, уступая в

---

* М. С. Иоффе — доктор физико-математических наук. Известен работами в области физики плазмы.
** Д. В. Ефремов (1900—1960) — министр электропромышленности СССР (1951—1953), первый заместитель председателя Государственного комитета СССР по использованию атомной энергии (1954—1960).

творческой активности и смелости предлагаемых практических решений.

В 1958 году Институт атомной энергии посетил приехавший из Австралии известный физик М. Олифант, соратник Э. Резерфорда, открывший тритий, гелий-3 и важнейшие для термоядерной проблемы их ядерные превращения с дейтерием. Посетив лабораторию Будкера, он пришел в восторг от обилия развиваемых идей и оригинальности путей их реализации и отказался от посещения других лабораторий Института атомной энергии, проведя весь день в Лаборатории новых методов ускорения.

Внимательно следя за работами А. М. Будкера, И. В. Курчатов видел, что в стенах Института атомной энергии ему невозможно осуществить все задуманное, и поэтому в последние два года своей жизни очень энергично поддерживал создание Института ядерной физики в Академгородке под Новосибирском. Я много раз заставал Курчатова в приподнятом настроении после визитов Будкера, и он неоднократно восклицал: «Ай да Геде (господин директор — так Курчатов, вечно дававший прозвища своим сотрудникам, называл Андрея Михайловича, после того как вопрос о назначении его на должность директора нового строящегося института был решен).— Вот это голова! Большое дело разворачивает. Надо ему помогать!» И очень помогал. Благодаря помощи И. В. Курчатова Институт ядерной физики СО АН СССР уже при своем создании приобрел тот высокий потенциал, который позволил ему занять ведущее место в мире в исследованиях на встречных пучках и термоядерной программе.

А. Б. Мигдал

ФИЗИК МИЛОСТЬЮ БОЖИЕЙ

В 1946 году, после демобилизации, Андрей Михайлович позвонил мне с просьбой принять его на работу. Мы встретились у меня дома. Сначала я задал ему несколько научных вопросов, и выяснилось, что он очень мало знает или, вернее, мало что помнит после армии. Но форма незнания была необычной. На вопрос, какой спин у дейтона, он ответил: «Это же ясно — либо ноль, либо единица». И это, разумеется, лучше, чем ответ «не знаю» или верный заученный ответ. Я стал его расспрашивать о том, чем он занимался в армии, и выяснилось, что он сделал несколько изобретений, которые были использованы в зенитной части, где он служил. Стало ясно, что этого человека следует взять на работу.

Я горжусь тем, что мне удалось разглядеть в этом провинциальном молодом человеке — Андрею тогда было 28 лет — необычайный характер мышления, размах и широту взглядов. Размах — одна из главных его черт — проявлялся во всем уже тогда. Он не стал подправлять свое непривычное имя Герш Ицкович, скажем, на Григорий Исаакович, а как человек с размахом назвал себя Андреем Михайловичем.

В моем секторе в Институте атомной энергии, куда поступил Андрей, собрались люди духовно близкие и абсолютно преданные науке. Атмосфера была необычайно активная и творческая. Андрей немедленно воспринял стиль сектора, и наши научные споры с его приходом сделались еще более яростными. Как-то мы обсуждали очень трудный и запутанный вопрос, который требовал полного внимания. Андрей со своей активностью совершенно не давал сосредоточиться. После нескольких «последних» предупреждений я попросту вытолкал его за дверь. Но он и там не успокоился и через дверь прокричал: «Сделайте подстановку единица на икс». Как рассказывают остальные участники, я схватился за голову и простонал: «Боже мой, что мне делать!» Не помню, но очень возможно, что совет Андрея оказался правильным.

Был период, когда мы делали работу, для которой требовались контурные интегралы. Однажды Андрей заявил: «Я разобрался в случае, когда у женщины три груди». Это означало, что он рассмотрел перевал, когда контур проходил между тремя равноотстоящими вершинами.

Однажды утром, придя на работу, Андрей торжественно объявил: «У меня сегодня была бессонная ночь, зато я придумал, как должен быть организован идеальный колхоз. Прежде всего, колхоз приобретает два трактора». Виктор Михайлович Галицкий*, у которого обо всем были точные сведения, заявил: «Колхоз не имеет права покупать тракторы». На это Андрей ответил: «Ну, тогда мой проект отпадает». Так мы и не узнали, в чем он состоял — «без тракторов нечего и разговаривать».

С щедростью молодости мы с одинаковым темпераментом обсуждали как фантастические или абстрактные проблемы вроде машин, изготовляющих себе подобных, так и конкретные вопросы ядерной физики. Помню, как мы с Андреем «делали» теорию гетерогенного ядерного реактора. Это была теоретическая физика, не требовавшая того, в чем Андрей был особенно силен. Но и такой «рядовой» теоретической физикой было очень приятно и продуктивно с ним заниматься. Самая удивительная особенность, которая ставила его в своей области на первое место в мире, это неисчерпаемая инженерно-физическая фантазия. Нам, физикам-теоретикам, далеким от техники, не имеющим той инженерной жилки, которая в сильнейшей степени присутствовала у Андрея, его проекты поначалу казались фантастическими, но потом, к нашему изумлению, они начинали жить реальной жизнью. Это одна из его самых замечательных черт — способность фантазировать, но так, что фантазии осуществлялись.

Когда мы все по предложению Курчатова стали заниматься проблемой управляемой термоядерной реакции, Андрей почти каж-

---

* В. М. Галицкий (1924—1981) — физик-теоретик. С 1976 года член-корреспондент АН СССР.

дое утро приходил с новыми идеями, которые мы обсуждали. К этому времени его необычайный дар физического изобретательства приобрел зрелость. Помню, как, придя утром после бессонной ночи, он рассказывал о только что придуманных магнитных ловушках. Слова «физическое изобретательство» требуют уточнения. Андрей никогда не ограничивался только идеей. Он рассматривал задачу всесторонне, используя весь необходимый арсенал теоретической физики, — находил интегралы движения, решал кинетическое уравнение, проверял устойчивость. Всестороннее теоретическое исследование инженерно-физических идей было главной чертой его основных работ.

И что еще удивительно — он прекрасно знал возможности техники, хотя технику, так же как и физику, он узнавал не из книг, а «на слух». Без этого безудержная фантазия увела бы его далеко от реальности.

Наши отношения из близкой дружбы превратились во взаимную любовь. Эта любовь не ослабела и после переезда Андрея в новосибирский научный городок. Дружба не мешала нам подшучивать друг над другом. На банкете после международной конференции в новосибирском Академгородке я рассказал историю о двух попугаях: «Первый умел петь, плясать и играть на гитаре и стоил дешево, тогда как второй ничего не умел, но стоил в два раза дороже. Когда покупатель спросил, почему он стоит дороже, продавец ответил, что это художественный руководитель первого попугая». И закончил я словами: «Предлагаю тост за художественное руководство Института». Андрей ответил: «Я принимаю этот тост, но должен заметить, что искусству руководить я в течение 10 лет учился у профессора Мигдала».

Андрей был уже академиком, когда меня избирали. На предвыборных обсуждениях он сказал Игорю Евгеньевичу Тамму*: «Вы прилагаете усилия, чтобы был избран Ваш ученик, а я хочу, чтобы избрали моего учителя».

Я всегда считал, что человек, старея, становится опытнее, осторожнее, но не мудрее. К Андрею эта истина неприменима — он с возрастом делался мудрее и даже внешне приобрел облик библейского мудреца.

Однажды Андрей начал лекцию со слов — «Физика — это же такая красавица». И красавица была к нему благосклонна. Он был физиком от рождения, не экспериментатор, не теоретик, а физик с большой буквы.

Я счастлив, что близко знал и многому научился у этого замечательного человека и великого физика и горжусь тем, что он считал себя моим учеником.

---

* И. Е. Тамм (1895—1971) — академик, Герой Социалистического Труда, лауреат Нобелевской премии и Государственной премии СССР.

В. И. Коган

УМ ЖИВОЙ И ЭНЕРГИЧНЫЙ

В течение 30 лет, начиная с 1947 года, я был знаком и дружен с Андреем Михайловичем Будкером. Однако из этих 30 лет мы тесно общались только в первые 10—12, в «курчатовский» и отчасти в переходный «московско-сибирский» периоды его жизни, в последующие же годы наши контакты (обычно в Москве, изредка в Новосибирске) были лишь спорадическими. Соответственно этому и построены, и окрашены мои воспоминания. Пусть тот, кто знал преимущественно более позднего, «новосибирского» Будкера, не торопится приписать возможное различие в восприятии его образа моим «аберрациям»: дело, скорее, просто в том, что с течением лет постепенно изменялся сам Будкер.

1. «МОЛОДОЙ КАДР»
(ОТ ГИПОКОНИНа К ТЕРМОЯДУ И ДАЛЕЕ)

«Ну, как у Вас Будкер, молодой кадр?» Этот вопрос заинтересованно задал Игорь Васильевич Курчатов начальнику нашего теорсектора А. Б. Мигдалу, повстречав его у главного здания ИАЭ где-то в начале 1951 года, когда сектор был привлечен к работам по проблеме управляемых термоядерных реакций.

«Молодой кадр» к тому времени проработал в Институте без малого пять лет и прекрасно зарекомендовал себя по меньшей мере в двух направлениях прикладных исследований — физике ядерных реакторов и физике ускорителей, был удостоен Сталинской премии (1949 г.). Непосредственно перед новой вехой своего научного пути он успешно занимался фундаментальной ядерной физикой[*], а также энергично взаимодействовал с В. М. Галицким[**], А. А. Коломенским[***] и М. С. Рабиновичем[****] в разработке теории ускорителя «циклосинхротрона».

И вот Будкер с головой окунулся в разработку проблемы магнитного термоядерного реактора (МТР). Он выдвинул ряд пионерских идей в физике горячей плазмы. В частности, ему принадлежат первые оценки эффекта убегающих (по его терминологии

---

[*] В этих исследованиях столь большую роль играло контурное интегрирование, что даже весь наш сектор мы стали временно именовать ГИПОКОНИНом — Государственным институтом по контурному интегрированию.

[**] В. М. Галицкий (1924—1981) — член-корреспондент АН СССР. В те годы молодой физик-теоретик сектора А. Б. Мигдала.

[***] А. А. Коломенский — специалист в области физики пучков заряженных частиц и ускорительной техники, профессор.

[****] М. С. Рабинович (1919—1982) — специалист в области физики плазмы и ускорительной техники, профессор.

«просвистных») электронов, анализ явлений переноса в тороидальных плазменных системах (инициированная академиком И. Е. Таммом теория «перемешивания» траекторий, из которой, в свою очередь, впоследствии выросла неоклассическая теория переноса), метод «бетатронного» нагрева плазмы, независимое переоткрытие недиффузионности переноса резонансного излучения (уравнение Бибермана—Холстейна), теория многоквантовой рекомбинации в плазме, кинетическая теория релятивистской плазмы (последние работы совместно с С. Т. Беляевым).

В 1953 году А. М. предложил новый, основополагающий тип термоядерной ловушки — систему с магнитными пробками, вскоре ставшую предметом широкой разработки у нас и за рубежом, а в 1952—1953 годах — так называемый стабилизированный релятивистский электронный пучок, последующая разработка которого в ИАЭ и ИЯФ СО АН СССР стимулировала интенсивное развитие ряда направлений физики и техники ускорителей. Нелишне отметить, что именно в это время Будкер пережил трудный период, будучи по неизвестным ему причинам отстраненным от работ.

Вскоре стало ясно, что рамки одной лишь теоретической деятельности для А. М. чересчур тесны, и в 1954 году он при поддержке И. В. Курчатова и Л. А. Арцимовича начинает непосредственно руководить экспериментальной разработкой своих идей.

В 1957 году в жизни Будкера открывается качественно новый этап — Игорь Васильевич поручает ему организацию Института ядерной физики СО АН СССР, который А. М. и возглавляет бессменно в течение последующих двадцати лет. И здесь работа руководимого им крупнейшего научного коллектива протекает непосредственно в русле направлений, выросших из его собственных физических идей.

А теперь вернемся на несколько лет назад.

2. ШТРИХИ К ПОРТРЕТУ «РАННЕГО» БУДКЕРА

А. М. любил посмеяться, пошутить, рассказать и выслушать анекдот. В первые годы нашего знакомства его юмор нес естественный отпечаток некоторой провинциальности, а также пятилетней военной службы. (Запомнилось с удовольствием цитируемое им высказывание некоего старшины: «Порядок — это когда что-то параллельно чему-то».) Однако с годами уровень его юмора неуклонно повышался. Например, объектом (заочного) подшучивания А. М. в его молодые годы стал один дубненский физик, которого, по словам А. М., теоретики считают экспериментатором, а экспериментаторы — теоретиком... Уже где-то в 60-х годах А. М., парируя не слишком скромные рассуждения одного шведского физика о процветании своей страны как следствии ее «извечного» миролюбия, шутливо напомнил ему, что за это благодатное состояние шведы должны быть благодарны и нашей стране (намек на судьбу Карла XII).

Заслуживает быть отмеченной и шутливая словесная дуэль А. М. с Р. З. Сагдеевым*: «Вы зачем нашу Русь терзали?!»—«А вы зачем нашего Христа распяли?!»...

*
* *

В своих отношениях с друзьями (а часто и с еще малознакомыми людьми) А. М. был добр и заботлив. Помню, как в конце 1947 года он, «старожил» теорсектора, бегал по бухгалтериям и «кадрам», хлопоча об ускорении выписки В. С. Кудрявцеву (одному из наших сотрудников) и мне первой зарплаты. Помню также, как летом 1951 года он, очень занятой на работе человек, выкроил время, чтобы совершить неблизкую поездку за город и поздравить мою жену и меня с рождением дочери.

*
* *

В кабинете А. Б. Мигдала был умывальник. Струя воды из крана заметно отклонялась при поднесении к ней наэлектризованной чем-либо расчески. Систему эту я назвал «рациометром» («рацио» по латыни — разум). Будкер продемонстрировал, что вышеописанный эффект от его брюк (пониже спины) существенно сильнее, чем от моей шевелюры. Это недвусмысленно указывало на соотношение наших физических квалификаций. Что поделаешь...

*
* *

Далеко не стандартны были взаимоотношения А. М. с языком. Иностранные языки он знал очень слабо. Что касается русского, то здесь неважно обстояло дело с орфографией (может быть, поэтому А. М. не раз говорил, что писать грамотно — это обязанность машинисток). Запомнились некоторые образчики его правописания: «маса» (масса), «осоцелятор» и, пожалуй, рекордное — «инергия», написанное на доске во время выступления в Дубне (где-то в 1970 году). (К слову, и почерк у него был — «что курица лапой...»)

Но зато как устная речь, так и стиль письма Будкера были исключительно складными и непринужденными. Поэтому он имел все основания (и любил) диктовать свои работы прямо набело.

И еще одна, крайне своеобразная деталь. А. М. нередко, причем совершенно непроизвольно, произносил слова, составленные из правильных, но взаимноперепутанных «блоков». Например: «балдахон», «сады Семиральды» (Семирамида + Эсмеральда), «не чва-

_____

* Р. З. Сагдеев — физик-теоретик, академик. В 1961—1970 годах работал в ИЯФ СО АН СССР. В настоящее время директор Института космических исследований АН СССР.

кай» и др. А однажды в ходе какого-то коллективного обсуждения он обратился к В. С. Кудрявцеву так: «Вася, что ты там бурчишь втихомятку?!» Василий Сергеевич за словом в карман не полез: «Андрей, не втихомятку, а всухомолку!»

Как мне представляется, такого рода «перестановочность блоков» была не каким-то случайным дефектом устной речи А. М., а скорее закономерным отражением повышенной подвижности, лабильности всей его «второй сигнальной системы», что было, в свою очередь, прямо связано с ярко выраженным творческим характером его интеллекта.

*
* *

А. М. был очень общителен и активен в даче разного рода советов, что проявилось, в частности, в следующем эпизоде. К нам в сектор пришел молодой полотер, работал он «вножную» (электрические полотеры тогда были еще редкостью). Между ним и А. М. произошел следующий колоритный разговор, едва ли нуждающийся в комментариях:

Будкер: Ты бы лучше придумал машину для натирки полов.

Полотер: Не-е... Для этого надо учить высшую математику — разные там гиперболы и преамбулы *. А это мне трудно...

Будкер: А что же тебе нетрудно?

Полотер: Вот, например, философия... По четвертой главе «Краткого курса»...**

*
* *

В 1950 г. я написал «на Будкера» следующие вирши:

Андрею Будкеру

Философический танцор [1]
(Или танцующий философ?),
Знаток всех жизненных вопросов,
Куда ты устремляешь взор?
    Твоя могучая фантазия
    Влечет тебя в просторы Азии —
    То председателем колхоза [2],
    То избавителем Формозы [3].
А ум, живой и энергичный,
Рождает множество теорий,
И как они ни фантастичны,
Они бесспорны априори:

---

* Это слово (здесь, очевидно, вместо «параболы») в те годы часто фигурировало в речах, с которыми в ООН то и дело выступал тогдашний наш мининдел А. Я. Вышинский.

** Эта глава была написана, как известно, лично И. В. Сталиным.

О размножении машинок [4],
О месячно-подлунном цикле [5],
И множество других новинок,
К которым мы уже привыкли.
Поэт в науке [6], ловелас [7],
На вид — нахал, по сути [8] — скромный,
И кроме лысины огромной [9]
Талант огромный есть средь нас!

Примечания:

[1] А. М. любил пофилософствовать, а учась до войны на физфаке МГУ, зарабатывал преподаванием танцев. (И вообще он хорошо танцевал.)

[2] А. М. мечтал о руководстве именно сибирским колхозом, и эта мечта сбылась в лице ИЯФ СО АН СССР. Устройства гипотетического колхоза я не помню, но его можно ретроспективно «восстановить» по устройству реального Института.

[3] Так японцы называли прежде остров Тайвань. Как раз в ту пору остро встал вопрос об освобождении Тайваня, и А. М. предлагал решить эту задачу с помощью ночных плотов, используя то обстоятельство, что «все китайцы — на одно лицо».

[4] Кибернетическая придумка А. М., см. ниже.

[5] Несколько приглаженное наименование придуманное мною для обозначения выдвинутой Будкером идеи о связи между некими ритмами человеческого организма и движением Луны (эта связь была мотивирована конкретным механизмом, отражающим целесообразный порядок жизни первобытных семей).

[6] Так назвал Будкера А. Б. Мигдал, имея в виду стойкое желание А. М. заниматься теми задачами, которые его активно интересовали.

[7] Это слово было вставлено мною исключительно для поддержания рифмы и ритма и в те годы не несло никакой реальной смысловой нагрузки.

[8] «По сути» — одна из излюбленных словесных конструкций А. М.

[9] Другим никто из нас Будкера никогда не видел.

*

*   *

А. М. великолепно считал. Его неистощимая изобретательность проявлялась в придумывании новых, чисто математических искусственных приемов (нестандартные представления дельта-функции, интегрирование с многолистными римановыми поверхностями и мн. др.). А его физическая интуиция позволяла ему заранее предвидеть, какие слагаемые в многочленных суммах должны «взаимно сократиться», и нередко он именно из этих соображений даже расставлял (авансом) знаки плюс и минус перед отдельными членами!

*

*   *

А. М. никогда не проходил мимо нарушений законов физики. Так, в прекрасном научно-фантастическом романе В. А. Обручева «Плутония» он обратил внимание на явную несообразность — несоблюдение «гравитационной» теоремы Гаусса: тяжесть внутри полой Земли должна была бы определяться исключительно центральным телом (Плутоном), а отнюдь не внешним слоем самой Земли, в результате чего путешественники неминуемо должны были бы упасть на Плутон!

*
* *

Будкер — самородок, и у него не было, можно сказать, никакого происхождения. Само слово «Будкер» в переводе означает всего-навсего «банщик». А. М. рос без отца, убитого петлюровцами. Мать его была малообразованной женщиной.

*
* *

А. М. хорошо знал цену бюрократизму. Не раз он говаривал, что если бы всех бюрократов отстранить от дел, даже переселив на Черноморское побережье с сохранением полного государственного довольствия, то от одного лишь этого воспоследовала бы неисчислимая польза для народного хозяйства и науки.

*
* *

А. М. гордился тем, что был земляком (по городу Виннице) знаменитого хирурга Н. И. Пирогова. Нередко в трудные моменты нашей истории он цитировал слова Пирогова: «Россия у нас одна...»

*
* *

А. М., само собой разумеется, был исключительно активным и компетентным участником научных семинаров. Но иногда его «заносило». Однажды он, увлекшись, обидел одного выдающегося (и к тому же старшего по возрасту) физика, заявив ему прилюдно примерно так: «Один человек может задать столько вопросов, что и сто умных не ответят...» Была у него и не вполне тактичная привычка — едва усомнившись в сути той или иной докладываемой работы, пытаться немедленно, одним махом ее «дезавуировать». Иногда это ему удавалось, но гораздо чаще (как-никак большинство наших физиков не лыком шиты!) нет. Впрочем, реальная польза от этих будкеровских наскоков все равно проистекала.

*
* *

А. М. с юности сохранял интерес к философии, был знаком даже с трудами Канта и Гегеля. Вспоминаю, как он умел доказывать, что определения типа «надстройка — это то, что над базисом», а «базис — это то, что под надстройкой», взятые вместе, представляют собой не просто тавтологию, а вполне содержательное утверждение.

*
* *

При всей самобытности мышления А. М. особенно в молодые годы не был чужд влияния ряда стереотипов. Некоторые из них он принимал отчасти из-за вполне объяснимой в те времена переоценки фактора среды в сравнении с генетическим. Так, он всерьез верил школьной прописи будто няня Арина Родионовна могла заметно повлиять на формирование пушкинского гения. При обсуждении ожидаемых результатов известного гипотетического эксперимента — случайная выборка детей белой и черной рас с самого рождения воспитывается в одинаковых условиях, а по прошествии 10 или более лет измеряется их КИ *— А. М. убежденно доказывал, что результат будет либо строго одинаковый, либо в пользу негров (мотивировка первого исхода пояснений не требует, для второго он выдвигал даже специальный механизм — негритянские младенцы ближе к природе и потому меньше зависят от родительской опеки...) **.

С другой стороны, А. М. не поддался стереотипу (если посмотреть в корень той же самой природы!), довлевшему тогда над большинством из нас, его друзей — что продажа его матерью на рынке излишка помидоров, выращенных ею в огороде около финского домика Будкеров, есть нечто неприличное. В наши дни особенно ясно, что прав-то был он, а не мы, выговаривавшие ему за эту «коммерцию»... (Напомню, что он был тогда один кормилец в семье из 6 душ).

*
* *

Влияние на А. М. семьи, которое мы тогда тоже расценили как «мещанство», сказалось и в другом, не столь однозначном эпизоде. Комсомольцы нашего сектора организовали среди «научников» Отдела сбор денег для сотрудницы Управления, оказавшейся матерью-одиночкой. Зарплаты ученых тогда были солидные, горячо откликнулись и наши «тузы», так что набралось (в старом исчис-

---

* Коэффициент интеллектуальности.

** Любопытно отметить, что несколько несовершенных «естественных» экспериментов этого типа впоследствии были все же проведены (начиная с 1961 г.— обследования в ФРГ незаконнорожденных детей солдат американской оккупационной армии, белых и негров). Существенных различий в КИ детей обеих рас установлено не было; см.: РЖ «Общественные науки за рубежом».— Изд. ИНИОН АН СССР.— 1987.— Сер. 8 (науковедение), № 1.— С. 92—98.

лении) несколько тысяч, которые мы и вручили по назначению. Но совершенно неожиданно мы подверглись моральной атаке с двух разных сторон. Секретарь партбюро Отдела, известный физик, строго указал нам на недопустимость благотворительности («У нас государство не бедное, надо было обратиться в местком»). А Будкер, разделяя позицию своей жены и матери, прямо-таки смеялся над нашей «наивностью», уверенно предрекая совсем не «детский» канал расходования нашего дара. И суровая действительность полностью подтвердила его (точнее, их!) прогноз — девушка накупила себе новых платьев... Впрочем, и сейчас я не жалею об этой «акции».

*
*   *

Первоначально недооценивая, как уже отмечалось, генетику, А. М., напротив, всегда прекрасно чувствовал другой краеугольный камень биологии — естественный отбор, а также родственные (в некотором смысле «мат-физические») проблемы — «хищник — жертва» и т. п. Соответствующие механизмы он перенес и на придуманное им еще примерно в 1950 году (полагаю, в числе первых) «размножение машин», поглощающих свой «строительный материал» из окружающей среды.

Интересно, впрочем, отметить, что своего рода «физический эгоцентризм» А. М. как-то сковывал, по крайней мере в те годы, его оценки перспектив кибернетики: он всячески стремился принципиально ограничить ее даже мыслимые возможности чисто вычислительной (но не эвристической, творческой) стороной. (Более поздний взгляд Будкера на эту проблему мне неизвестен.)

*
*   *

В ходе своей работы А. М. почти не читал физическую литературу, извлекая новую информацию из многочисленных устных обсуждений. Хочу, однако, подчеркнуть, что он исключительно глубоко усвоил (еще до войны) университетский курс физики — общей и теоретической — и, как видим, это очень немало!

После сказанного может быть и не столь удивителен тот факт, что А. М. так и не смог сдать кандидатский экзамен по теории поля, хотя несколько раз принимался за штудирование соответствующего тома Ландау и Лифшица. В конце концов А. Б. Мигдал просто взял грех на душу и зачел ему сдачу экзамена (это тот редкий случай, когда «приписка» оправдана сутью дела!). А ведь теория поля была одной из «коронных» областей Будкера, и в нее он внес, и тогда и впоследствии, новые и существенные вклады!..

3. ЕГО МЕСТО В ФИЗИКЕ

Как человек и особенно как ученый Будкер представлял собой редкое и самобытное явление. Здесь хотелось бы коснуться некоторых его черт как физика, сочетание которых в одном лице представляется мне почти уникальным.

Это, во-первых, природный дар физика-«натуралиста» (а не «просто» хорошо тренированный интеллект физика-теоретика) и связанная с ним безотказная интуиция, позволявшая Будкеру быстро и глубоко проникать в механизмы физических явлений, выявлять главные эффекты и оценивать их количественно.

Во-вторых, при сравнительно ограниченной (в смысле знакомства с текущей литературой) научной эрудиции — категорический упор на необходимость пионерского поиска, опережающих исследований. Несчетное число раз А. М. повторял и неуклонно проводил в жизнь свой принцип — не следовать вдогонку за другими исследователями, а прокладывать свою, новую «лыжню».

В-третьих, неистощимая фантазия и изобретательность, являвшиеся источником множества свежих и красивых физических идей. Его идеи опирались не только на интуицию, но и на глубокое знание возможностей современной техники. Поэтому они, как правило, попадали как раз в ту (наиболее интересную для науки) область, которая уже достаточно далека от тривиальности, но еще не дошла до эфемерности. И ту же изобретательность он постоянно проявлял в своей научно-организационной деятельности.

Наконец, искусство комбинировать отдельные «элементарные» идеи в сложные, многозвенные конгломераты и умение месяцами вынашивать последние до уровня известной завершенности. Такая особенность творческого почерка Будкера ясно была видна уже из его первых публикаций по стабилизированному пучку и магнитным пробкам. Ведь это не просто идеи, а подробные теоретические разработки совершенно новых материальных образований, основывающиеся на анализе большого числа нетривиальных эффектов.

Л. Д. Ландау как-то назвал Будкера «релятивистским инженером». Однозначной интерпретации этой шутливой характеристики * не существует: некоторые усматривали в ней ироническую нотку, другие (в том числе и сам «адресат») расценивали ее скорее как похвалу. Мне бы хотелось канонизировать эту последнюю интерпретацию. В самом деле, часто ли встретишь ученого, в котором гармонично слились бы столь «полярные» достоинства и оба они — с неотразимым человеческим обаянием!

Таким и останется в памяти всех знавших и любивших его Андрей Михайлович Будкер — гордость советской физики.

---

* Она перекликается (а в ключевом слове «релятивистский» и совпадает) с характеристикой, данной Будкеру в стихотворном приветствии к его 50-летию (1968 г.) В. Д. Шафрановым: «Кинетико-релятивистский Ермак физических наук».

С. Т. Беляев

НЕДОЛГАЯ, НО ЯРКАЯ ЖИЗНЬ

Андрей Михайлович Будкер — фигура в нашей науке уникальная. Оригинальный самородок, ученый, явно не вписывающийся в ряд признанных научных направлений и школ, он прожил недолгую, но яркую жизнь и оставил в науке много основополагающих идей и результатов.

Так или примерно так пишут и будут писать о Будкере историки науки, и это абсолютная правда. Но для тех, кто работал с ним, кто знал его и в суматошных рабочих буднях и житейских передрягах, Андрей Михайлович (или просто А. М.) прежде всего оригинальная и своеобразная личность. Иных его пестрота и многозначность ошарашивала своей неканоничностью. Симбиоз мудреца и активно-деятельного человека с чертами наивно-суетного местечкового провинциала. Глубокая внутренняя совестливость и порядочность соседствовали с хитрецой балаганного фокусника. Но кто знает, может быть, без этой сложности и непричесанности не было бы у А. М. и его оригинального и парадоксального мышления. Яркие таланты нередко сопровождаются причудами характера. И как часто последнее перевешивает в общественном мнении, всячески затрудняя проявление самого таланта. Поэтому гладкая иконопись в галерее выдающихся ученых вредна и неуместна. Жизнь А. М. Будкера интересна и поучительна также и с этой стороны.

Я близко знал А. М. почти тридцать лет, с конца 40-х годов до его кончины. В памяти моей много эпизодов и картин. Постараюсь воспроизвести некоторые.

1949 год. Я — студент четвертого курса МФТИ и бо́льшую часть времени провожу на практике в Лаборатории измерительных приборов АН СССР (ныне Институт атомной энергии им. И. В. Курчатова) в теоретическом секторе А. Б. Мигдала. Сектор небольшой, но состав очень яркий. Среди сотрудников — Б. Т. Гейликман[*], В. М. Галицкий[**], А. М. Будкер. Решение важных практических задач сочетается с фундаментальными исследованиями. Обстановка очень демократичная, дискуссии свободны и часто проходят слишком горячо, выявляя индивидуальные темпераменты: рафинированную интеллигентность и неизменную корректность — Б. Т. Гейликмана, те же качества, но лишь до некоторого предела возбуждаемости — у В. М. Галицкого, мощную, темпераментную самоуверенность — А. Б. Мигдала. Отношение к А. М. Будкеру как к талантливому, но очень невоспитанному ребенку. Он постоянно вторга-

---

[*] Б. Т. Гейликман (1914—1977) — физик-теоретик, доктор физико-математических наук, профессор.
[**] В. М. Галицкий (1924—1981) — физик-теоретик, член-корреспондент АН СССР.

ется в дискуссии даже по новым для него проблемам, пытаясь перехватить инициативу. «Андрей, лучше почитайте об этом сами»,— это Гейликман. «Андрей, я тебе потом это объясню»,— это Галицкий. «Андрей, Вы узнали об этом только полчаса назад. Неужели Вы считаете, что в состоянии чему-либо научить меня в проблеме, которой я занимаюсь многие годы!»— это Мигдал. Иногда взрыв более сильный. Вот сценка. Мигдал занят вычислениями, а Будкер рядом дает советы: «Сделайте подстановку $1/x$». Мигдал, наконец, взрывается: «Андрей, идите вон!»— «Ну, Кадя, сделайте подстановку $1/x$!» Мигдал хватает Будкера в охапку, выносит за дверь и запирается на ключ. Будкер кричит в замочную скважину: «Сделайте подстановку $1/x$!»

У Будкера полно идей и вне физики. Иногда очень экзотических, от оригинальной структуры организации колхозного производства до «теории лунно-менструального цикла». И все это время он был серьезно погружен в решение важных конкретных задач реакторной и ускорительной физики. Вообще в теоретической физике его больше привлекали конкретные практические задачи, хотя он любил хвастаться некоторыми абстрактными результатами. С гордостью повторял, что самостоятельно разобрался в топологии асимптотических особенностей уравнений в комплексной плоскости (линий Стокса).

Когда пришел срок моей дипломной работы, Мигдал «отдал» меня Будкеру («...у него всегда есть практические задачи»). В то время меня больше влекли сложные квантовые проблемы, а не то, что сформулировал Будкер: «На нашем циклотроне что-то неладно. Большие потери пучка на первых оборотах. Может быть, удастся разобраться в траекториях частиц и помочь экспериментаторам». Я начал разбираться, появились кое-какие идеи. Будкер пару раз поинтересовался, как идут дела, посмотрел на мои математические «красивости» (вычисление поля между дуантами с помощью конформных преобразований и т. д.) и, убедившись, что диплом будет, потерял ко мне интерес и предоставил полную самостоятельность.

После защиты диплома и месячного отпуска я пришел (в феврале 1952 года) в сектор Мигдала уже как постоянный сотрудник. И попал в новую авральную обстановку: во всю разворачивались работы по «термояду». Руководил ими Лев Андреевич Арцимович *; теоретические исследования возглавлял Михаил Александрович Леонтович **. Сектор Мигдала тоже был мобилизован. Трудились много, с азартом. Горячие семинары Арцимовича сменялись обсуждениями вопросов теории у М. А. Леонтовича. И все это в строго секретной обстановке — казалось, что до осуществления термоядерной реакции считаные дни. Охваченный молодым задором, я

---

* Л. А. Арцимович (1909—1973) — академик, Герой Социалистического Труда, лауреат Ленинской премии и двух Государственных премий СССР.
** М. А. Леонтович (1903—1981) — академик, лауреат Ленинской премии. Известен своими работами во многих областях теоретической физики. Основатель научных школ по радиофизике и физике плазмы.

много работал и мало оглядывался по сторонам, пока как-то М. А. Леонтович и А. Б. Мигдал не предложили мне «временно поработать вместе с А. М. Будкером, помочь ему». Только тогда я узнал, что Будкер отстранен от закрытой термоядерной тематики (хотя успел сделать существенные предложения по магнитному удержанию плазмы), не допускался на семинары и обсуждения. Предоставленный сам себе он именно в эти дни пришел к идее «стабилизированного электронного пучка». В успешном продвижении данной идеи он видел, вероятно, единственную возможность как-то удержаться в Институте и сохранить условия для работы. Думаю, что И. В. Курчатов поддерживал в этом Будкера, но большего, по-видимому, даже он сделать тогда не мог (1952—1953 гг.). Моя задача была — помогать Будкеру в обосновании и развитии его предложения. Общие физические представления у него созрели, но требовалось сформулировать строгие уравнения, исследовать их решения, искать возможные неустойчивости пучка и т. д. Периодически, по указанию И. В. Курчатова, результаты «пропускались» через ведущих специалистов. Помню встречи с академиком В. А. Фоком, И. Е. Таммом, Н. Н. Боголюбовым*. Идея устойчивого стабилизированного пучка воспринималась с трудом, выдвигались все новые и новые возражения и вопросы. В ответ требовались новые расчеты. Один наш пухлый отчет следовал за другим. Нам казалось, что все трудности позади, но очередное обсуждение требовало новых расчетов. Особенно острым критиком выступал В. И. Векслер**. Он в это время развивал идеи коллективных ускорителей, и ряд его предложений Будкер, в свою очередь, критиковал. Дискуссии между ними проходили очень остро и не всегда корректно. Однажды А. М. Будкер, отвечая на многочисленные вопросы Векслера, сказал примерно следующее: «Тут и сто мудрецов сразу не ответят». Обидчивый В. И. Векслер воспринял эту реплику как оскорбление. Скандал пришлось долго улаживать Арцимовичу. Однако сам Будкер вовсе не преследовал цели оскорбить Векслера. Я уверен, что он считал свою ремарку шуткой, чтобы снять напряжение. Привычка держать наготове поговорки, шутки, анекдоты и выкладывать их, не контролируя особенно их уместность, сохранялась у А. М. до последних дней. Его манера многократно повторять шутки и анекдоты служила предметом постоянного подтрунивания. Он сам и друзья воспринимали это со смехом, но многие такой стиль не принимали. К «трудным» собеседникам кроме Векслера Будкер относил и Арцимовича.

Наша интенсивная совместная работа продолжалась свыше четырех лет. Она была очень продуктивна и полезна, думаю, нам

---

* Академики, Герои Социалистического Труда, лауреаты Ленинских премий и Государственных премий СССР, авторы фундаментальных исследований в различных областях теоретической и математической физики.
** В. И. Векслер (1907—1966) — академик, лауреат Ленинской премии и Государственной премии СССР. Автор работ в области физики и техники ускорителей, физики высоких энергий, ядерной физики.

обоим. Хотя иногда шла не совсем гладко. Разные представления были у нас в то время о критериях строгости, наглядности, соотношениях математики и физической интуиции при изложении результатов. Да и темпераменты сильно разнились. Споры наши часто были громки и энергичны. Иногда вдруг А. М. затихал и жалостливо говорил: «Спартачишка, ну почему Вы на меня кричите. Ведь я же все-таки Ваш учитель». Через много лет он повторял эту реплику с обращением на «ты»... Иногда А. М. все же отступал: «Давайте напишем совместно о том, что возражений не вызывает, а Ваши «штучки» делайте сами и включайте их в свою диссертацию».

В 1954—1955 годах положение Будкера постепенно укреплялось. Дело шло к созданию специального отдела для реализаций его идей. Однако назначить Будкера начальником этого отдела И. В. Курчатов не решился (или не смог). В принципе, его сомнения можно понять, ведь Будкер в его глазах был теоретиком, довольно эксцентричным и без всякого опыта руководства экспериментальным коллективом. Вместе с тем Игорь Васильевич понимал важность начинаемого дела и искал начальника — помощника Будкера — не только внутри Института. Подходящую, по мнению Курчатова, кандидатуру нашли в ленинградском физико-техническом институте. Новый начальник оказался человеком мало заинтересованным в основном деле, и такое положение очень угнетало Андрея Михайловича. По-видимому, с этого времени А. М. очень резко и гневно воспринимал чиновников в науке, берущихся за любую задачу, даже ничего в ней не понимая и рассчитывая «нанять» нужных специалистов. К счастью, И. В. Курчатов вскоре понял реальную ситуацию, и А. М. возглавил отдел, явившийся зародышем его любимого детища — новосибирского Института ядерной физики.

Но наши дороги на время разошлись. Я остался теоретиком в секторе Мигдала, увлекся другими проблемами, а в 1957 году был командирован в Данию, в Институт Нильса Бора. В конце 1958 года, возвратившись из Копенгагена, я узнал о решении Будкера переезжать в Новосибирск. Он был в радостном возбуждении, делился планами организации Института на новом месте, далеко от Москвы, куда «большой подлец сам не поедет, а маленьких можно не взять».

До окончательного переезда Будкера в Новосибирск контакты наши были случайными, но в 1961—1962 годах А. М. все настойчивей стал приглашать В. М. Галицкого и меня в Новосибирск, «хотя бы в гости». В начале 1962 года мы приехали, посмотрели и удивительно быстро решились переезжать совсем. Через три месяца Галицкий и я были уже сотрудниками новосибирского Института ядерной физики.

Будкер как физик, изобретатель, организатор, научный руководитель созрел и реализовался в этом Институте. Это большая и благодатная тема для будущих науковедов и историков.

Будкер сам расцветал, набирался мудрости вместе с ИЯФом.

В последние годы (после тяжелой болезни) у него стало проявляться мудрое прозрение старца, спокойно сознающего ограниченность своего срока. Отчетливо помню последний мой разговор с ним за день до его кончины. Мы гуляли по лужайке перед нашими домами (мы были соседями), и А. М. очень спокойно начал излагать свое завещание: «Я чувствую, мне совсем немного осталось. Все время думаю, что будет с Институтом. Очень прошу тебя поддержать Сашу Скринского. Я понимаю, что и ты будешь хорошим директором ИЯФа, и Сидоров, и Рютов. Но это будет другой Институт. Может быть, очень хороший, но другой. И старайтесь ему помогать». Дальше он спокойно продолжал о конкретных проблемах, больших и малых, о которых не следует забывать. Я старался его подбадривать, переводил разговор на более легкие темы. Но он мягко отводил мои попытки. Видимо, будущее созданного им Института — единственное, о чем он мог думать в оставшиеся ему часы.

С тех пор прошло более десяти лет. Через полгода после кончины Будкера я вернулся в Институт им. И. В. Курчатова, меня занимали новые проблемы как научные, так и организационные. Но чем дальше, тем больше сквозь собственную практику и опыт приходило сознание уникальности Будкера как научного лидера и директора новосибирского ИЯФа. Пытался анализировать его неординарные поступки и решения и реконструировать его принципы.

У А. М. было глубокое, может быть, им явно и не осознаваемое, интуитивное предубеждение против упорядоченности, заорганизованности, запланированности. Постоянное фантазирование — и научное, и организационное. Постоянно выявлялись новые идеи, в энергичное обсуждение которых он втягивал научный актив Института. Иногда, начавшись спонтанно, такие мозговые штурмы продолжались неделями, то затухая, то вновь разгораясь. Вот уже вроде все возможности просмотрены, ничего не найдено, и участники «штурма» готовы успокоиться и вернуться к своим очередным делам. Но не тут-то было! А. М. вдруг подбрасывает новую идею, и все начинается сначала. Хотя большинство таких «мозговых авралов» не получало завершения, но думаю, что А. М. придавал им некоторый высший смысл: будоражить научный коллектив, не давать умам лениться.

Нечто подобное возникло и в организационной сфере. Будкер постоянно предлагал что-то менять в структуре Института. Упразднять одни ячейки и образовывать новые. Мне даже казалось, что стоило какому-то административному звену хорошо начать работать по обычным меркам (установить четкий регламент, упорядочить документацию и т. п.), как А. М. предлагал его ликвидировать или преобразовать. Это был его способ убивать даже зачатки бюрократизма. Вопрос этот был для А. М. принципиален. Он не уступил даже резким требованиям В. М. Галицкого (ученого секретаря Института), который добивался большей четкости и плановости в работе Института. Конфликт с Галицким (которого он уважал и любил) А. М. переживал очень болезненно. Но отсту-

«Вето» директора (1974).

пить он не мог даже под угрозой отъезда Галицкого в Москву (что и произошло в 1965 году).

Своеобразным и очень важным звеном управления Будкер сделал Ученый совет Института, или Круглый стол. С привычным понятием Ученого совета он имел мало общего. Первоначальная идея была такой: собираться ежедневно в 12 часов дня на полчаса для обсуждения за чашкой кофе любых вопросов, как правило, заранее не планируемых. Дискуссии были самые разные: серьезные научные проблемы, организационные, кадровые, жилищные, международный обмен, новый фильм или местные новости. Иногда обсуждение сильно затягивалось, но незаинтересованные могли свободно уходить. Со стороны это все можно было воспринять как нечто не очень серьезное. Но сейчас я уверен в глубокой продуманности замысла Будкера. Круглый стол был для А. М. местом и способом обучения и воспитания своих единомышленников. Принять решение было делом вторичным. Главное — создавать общие научные, нравственные, этические позиции, учить взаимопониманию, конструктивному преодолению противоречий, уважению чужого мнения. Не во всем сам А. М. мог служить идеальным примером. Многие свои недостатки и слабости он обсуждал часто открыто и, как правило, с юмором. И очень любил публично поиронизировать над ошибками других. Хотя критику своих поступков или решений со стороны воспринимал без юмора и удовольствия, но терпел и зла не держал. Очень часто А. М. говорил за Круглым столом больше всех остальных, но тем не менее стиль разговора был лишен какого-либо начальственного или менторского тона, и обстановка была глубоко демократичной.

Для активной работы ума, обдумывания и отшлифовки идеи ему необходима была доброжелательная аудитория. По натуре он был проповедник, его оружие было эмоциональное — логическое убеждение собеседников. А. М. испытывал творческое удовольствие, обращая априорных скептиков или даже противников в свою веру, каждый раз находя новые, нужные именно в данный момент аргументы.

Помню, он с детским бахвальством говорил: «Пробился к концу дня к председателю Госплана на 15 минут — проговорили 2,5 часа. Очень интеллигентный и мыслящий человек».

Но каким опустошенным и потерянным он бывал, когда его убеждения были бессильны и он терпел фиаско! Объективно его эмоциональное многословие могло быть антипатично людям сухим и четким. И уж, конечно, недоброжелателям это давало большие возможности для шельмования.

К счастью, И. В. Курчатов, а затем М. А. Лаврентьев поддерживали Будкера и его дело, снисходительно относясь к его эксцентричным чертам. А. М. любил вспоминать реакцию И. В. Курчатова на отзывы ведущих специалистов об идее Будкера о встречных пучках — все они были разные, но все резко отрицательные. Игорь Васильевич, посмеиваясь, заявил: «Значит, в этом есть чтото нетривиальное. Надо делать».

Во время становления новосибирского научного центра М. А. Лаврентьев активно и твердо поддерживал перспективные коллективы. ИЯФ, который быстро становился крупным, международно признанным институтом, был одним из его фаворитов. Но в последние годы жизни А. М. почувствовал резкое изменение обстановки. Блокировались многие инициативы Института, тормозилась работа.

Как ректор новосибирского университета я имел постоянные хорошие контакты с М. А. Лаврентьевым и пытался изменить ситуацию. К сожалению, мои усилия помогали устранить лишь отдельные недоразумения, но негативное отношение к А. М. оставалось, и в этот тлеющий костер постоянно подбрасывались новые поленья. В такой ситуации А. М. чувствовал себя безоружным и временами впадал в депрессию.

И все же у него была твердая опора — его родной Институт со сплоченным коллективом соратников, международное признание, дерзкие планы. Жизнь продолжалась.

Б. В. Чириков

ЖИЗНЬ — ЭТО ТВОРЧЕСТВО!

Впервые я встретился с Андреем Михайловичем Будкером в конце 1947 года. Я перешел тогда на второй курс только что организованного физико-технического факультета Московского университета, который затем был преобразован в Физико-технический институт. Занятия начались в недостроенном, плохо освещенном и еще хуже отапливаемом здании на ст. Долгопрудная под Москвой. Андрей Михайлович вел у нас семинары по физике. Ему не было еще и тридцати. Худой, стройный и подтянутый, с быстрыми, резкими движениями и горящими глазами, никому еще неизвестный тогда начинающий физик сразу обратил на себя внимание студентов своей необыкновенной увлеченностью и каким-то почти детским восхищением миром физики, который он очень эмоционально старался раскрыть перед нами. Между собой мы называли его «рыжий» — за яркое впечатление, которое он производил на всех, и за цвет его уже заметно поредевших волос.

Андрей Михайлович рассказывал нам много интересного, впрочем, без особой связи с программой курса физики. Мне запомнились несколько семинаров, посвященных параметрическому резонансу. На эту тему он потратил непропорционально много времени и неслучайно. Он занимался тогда теорией фазотрона — гигантского по тем временам ускорителя протонов, сооружаемого в Лаборатории на Большой Волге (ныне Объединенный институт ядерных исследований в г. Дубна). Одной из проблем была таинственная гибель пучка, обнаруженная американскими физиками в Беркли на аналогичном ускорителе. Пучок благополучно ускорялся вначале, разворачиваясь по спирали в узком зазоре гигантского электромагнита, и вдруг, не доходя до края магнита, бесследно исчезал, причем именно в том месте, где некоторая характеристика магнитного поля (логарифмическая производная поля по радиусу) достигала значения ровно 1/5.

— Почему? — спрашивал нас Будкер, широко растопырив пальцы своей руки.— Откуда это магическое число 5? Число пальцев на руке?

Казалось, само число поражало его больше всего, и он стремился передать нам чувство изумления перед загадками природы, хотя бы и небольшими.

— Все дело в параметрическом резонансе,— продолжал он и с увлечением объяснял нам детали его механики.

Может быть, отсюда началось мое увлечение колебаниями и резонансами, что в значительной мере определило мою научную судьбу много лет спустя. А тогда наши пути разошлись. Семинары Будкера окончились, я попал на практику, а затем и работал некоторое время в Лаборатории № 3 (сейчас Институт теоретической и экспериментальной физики в Москве). Андрей Михайлович Будкер работал в Лаборатории № 2, знаменитой «двойке» (сейчас Институт атомной энергии им. И. В. Курчатова).

Значительно позднее я узнал, что Андрей Михайлович окончил физфак МГУ в июне 1941 года и сразу ушел в армию, а после Победы его часть была переброшена на Дальний Восток. Он рассказывал, какое ошеломляющее впечатление произвело на него короткое газетное сообщение об атомной бомбардировке Японии. Уж он-то понимал, что означают такие загадочные в то время слова — «атомная бомба»! Его реакция была мгновенной — во что бы то ни стало принять участие в решении «атомной проблемы» в СССР.

И вот он уже в Москве, беседует с А. Б. Мигдалом, заведующим теоретическим отделом Лаборатории № 2 и его будущим учителем. Мигдал задал ему несколько вопросов по ядерной физике, которую Будкер основательно забыл за годы войны. Один вопрос был такой: «Чему равен спин дейтона?» Конечно, он не помнил, но быстро сообразил: «Нуль или единица». Ответы понравились Мигдалу и судьба Будкера была решена.

Моя следующая встреча с Андреем Михайловичем произошла случайно весной 1954 года у входа в главное здание Лаборатории № 3. Он помнил меня по физтеху, и мы разговорились. Будкер приехал на семинар с критикой нового типа ускорителей, которые широко обсуждались тогда и вызывали всеобщий энтузиазм,— ускорителей с жесткой фокусировкой. Идея Будкера состояла в том, что при большем числе колебаний частицы около равновесной орбиты за один оборот начальная фаза колебаний должна как-то «забываться», вследствие чего колебания будут диффузионно расти, а это, в свою очередь, приведет к быстрой гибели частиц. Энтузиасты новой идеи отнеслись к критике Будкера неодобрительно, окрестили ее «будкеризмом» и считали (не без оснований), что им удалось преодолеть его и доказать перспективность нового ускорителя.

Мне вспоминается еще один спор Будкера на эту тему с одним из пионеров жесткой фокусировки Матвеем Самсоновичем Рабиновичем[*]. Он произошел несколько позже в широком коридоре одного из зданий Лаборатории № 2. Расхаживая из конца в конец коридора, Будкер доказывал, что все частицы в таком ускорителе обязательно погибнут. Рабинович возражал и говорил, что, наоборот, не составляет никакого труда удерживать их около равновесной орбиты сколь угодно долго. Андрей Михайлович всегда любил образные сравнения.

— Послушай,— сказал Будкер, обращаясь ко мне,— он хочет собрать все молекулы воздуха в одном углу. Ну, как, как ты это можешь сделать, Муся?

— С помощью собственных функций,— невозмутимо отвечал Рабинович и пытался что-то объяснить, но Будкер не слушал.

Кто же прав? Этот вопрос заинтересовал меня и послужил еще одним толчком к моим будущим увлечениям нелинейной механикой. В пределах чисто линейной теории был прав, конечно, Рабинович. Здесь нужно было только не попасть на резонансы, те самые, которые изучал когда-то Будкер в фазотроне, только теперь их было очень много. Андрей Михайлович, безусловно, понимал это, и спор шел, по существу, о том, является ли линейная теория адекватной в данной задаче.

Как выяснилось впоследствии, механика нелинейных колебаний оказалась намного «хитрее». Более того, в то самое время, когда в Москве шли горячие дебаты, в Европейском центре ядерных исследований на окраине Женевы, где тоже разрабатывался такой ускоритель, были проведены «численные эксперименты» на ЭВМ, еще неизвестные в СССР (кстати, одни из первых численных

---

[*] М. С. Рабинович (1919—1982) — в то время его научные интересы были связаны с физикой и техникой ускорителей.

экспериментов в физике), которые показали, что даже при очень слабой нелинейности колебаний возникает та самая диффузия, которую предсказывал Будкер, но механизм которой он не умел тогда объяснить! Но все это было потом, а тогда, как мне представляется сейчас, помимо не очень ясных конкретных возражений Андрею Михайловичу просто не нравилось такое решение ускорительных проблем с помощью жесткой фокусировки. По-моему, он считал его недостаточно революционным, у него был тогда свой, гораздо более грандиозный проект нового ускорителя.

В тот весенний день 1954 года я расспрашивал Будкера и о других его работах. Несколько необычно скупых для него фраз заинтересовали меня, и я «потребовал» разъяснений. Мы договорились встретиться специально.

Прежде чем рассказывать о своих работах, он очень серьезно сказал: «Эти работы строго засекречены, и, рассказывая о них, я определенно нарушаю инструкцию. Не подведи меня». Я, конечно, обещал и не подвел. (В конце 50-х годов работы были полностью рассекречены после знаменитого доклада И. В. Курчатова в Англии.) Речь шла об управляемых термоядерных реакциях и о новом предложении Будкера (ловушка с магнитными «пробками»), которое он выдвинул в противовес схеме Сахарова — Тамма, где возникли серьезные трудности. Рассказал он и о своем ускорителе на основе мощного релятивистского электронного пучка, стабилизированного собственным излучением.

Мы говорили долго. Конечно, Андрей Михайлович рассказывал мне обо всем не просто для удовлетворения моего любопытства или даже вполне оправданной научной любознательности — ему нужны были новые сотрудники. И я загорелся.

Расспросил он и меня о моих работах. В то время я занимался экспериментами с мезонами на том самом фазотроне, теорию которого Будкер разрабатывал несколько лет назад. Из моего рассказа на него произвел впечатление только мой проект (который так и не был осуществлен) уменьшения многократного рассеяния мезонов в воздухе. Я предполагал поставить длинную «кишку» из тонкой резины (которую Будкер тут же окрестил по-другому) и заполнить ее водородом при нормальном давлении. Андрей Михайлович всегда ценил в людях изобретательность и справедливо считал, что без нее не обойтись не только в эксперименте, но и в теории. Одним словом, я ему подходил и он принял меня в свою будущую экспериментальную группу, правда, пока неофициально, так как он был еще просто сотрудником теоротдела.

Мой переход к Будкеру не прошел безболезненно. Многие отговаривали меня.

— Это вообще не физика, а какая-то скучная техника,— говорил один мой коллега.

— Настоящий физик должен заниматься не ускорителем, а детектором,— говорил другой.— Ну построит Будкер свой ускоритель через 10 лет, а за это время физика уже будет сделана на обычных ускорителях.

— У Будкера ужасный характер! — предупреждал третий.

А один физик выразился совсем образно: «Будкер фантазер. Нужно делать работу на рубль, а не на миллион, как хочет этот мечтатель, но и не на копейку, а на рубль!»

Мне тогда трудно было разобраться во всем этом хитросплетении мнений и оценок. Я просто увлекся идеями Андрея Михайловича и поверил ему, о чем никогда не раскаивался впоследствии.

Будкеру тоже досталось.

— Андрей, разве ты не знаешь, что нельзя переманивать домработниц,— строго сказал ему старший товарищ.

Андрей Михайлович оправдывался, но решения не изменил. И вот я — в огромном кабинете Игоря Николаевича Головина, заместителя И. В. Курчатова, очевидно, первого заместителя, судя по размеру кабинета — он был такой же, как и у Игоря Васильевича, и выходил в ту же приемную. Головин активно поддерживал работы Будкера и очень помог ему в организации экспериментальной группы. Он принял меня радушно, приветствовал мое решение присоединиться к группе Будкера, но в конце беседы строго спросил своим громовым голосом, а какие, собственно, у меня есть конкретные соображения, как именно осуществить замечательные идеи А. М. Будкера. Я честно признался, что пока у меня нет никаких конкретных соображений, да и сами идеи знакомы мне лишь в общих чертах, но я надеюсь, что соображения появятся в процессе работы. Игорь Николаевич был, видимо, удовлетворен, и меня приняли на работу теперь уже официально.

Между тем дела у Будкера шли неважно. Его идея создать и возглавить экспериментальную группу вызвала бурные дебаты и возражения.

— Ну как можно назначать руководителем экспериментальной группы теоретика, который и гвоздь забить не умеет,— говорили одни.

Это было явное преувеличение. Еще до войны Андрей Михайлович попал на практику в институт, где занимались окраской меха, и выполнял там спектроскопические измерения. На него произвело большое впечатление, что в такой, казалось бы, далекой от физики области использовалась (и очень успешно!) красивая теория цветового зрения человека и самые современные оптические приборы.

И все-таки Будкер был теоретиком.

— Кроме того,— сказал один влиятельный сотрудник,— у него же нет никаких организаторских способностей. Вот я попросил его недавно помочь мне выбрать дачу. И что же? Он оказался совершенно беспомощным.

— Очень мне нужна его дача,— мрачно заметил Андрей Михайлович, рассказывая об этом эпизоде.

«Борода» (Игорь Васильевич Курчатов) тоже колебался. В итоге был найден «компромисс»: начальником нового сектора № 47, созданного для экспериментальной реализации идей Будкера, был назначен физик-экспериментатор, специально приглашенный из

Ленинграда, а Андрей Михайлович остался в положении бесправного научного руководителя.

Он был очень удручен. Мы, неофициальные сотрудники, старались успокоить его. В конце концов сектор был создан для реализации его идей, и это — главное. Постепенно работа налаживалась, появились первые интересные результаты. Наконец, было признано целесообразным, чтобы Будкер сам руководил своими разработками. Дела пошли еще лучше. Сектор быстро рос и вскоре был преобразован в Лабораторию новых методов ускорения.

Я перешел к Андрею Михайловичу как раз в тот момент, когда он заканчивал разработку своего термоядерного предложения, и он привлек меня к работе. Это была прекрасная школа! Он перебирал массу вариантов, рассматривая самые разные аспекты проблемы. В работе ему был нужен не столько помощник, сколько прежде всего слушатель и критик.

Однажды он пришел очень возбужденный и радостно заявил: «Я придумал идеальную ловушку!» Она была довольно сложной конструкции с различными полями, изменяющимися во времени, а плазма перекачивалась из одной ее части в другую. Мне удалось «разоблачить» Андрея Михайловича.

— Жаль,— сказал он после некоторого раздумья,— пропала красивая идея. Я чувствовал, что здесь что-то не так!

В другой раз он явился очень огорченный, пожевал губами, протянул неопределенно: «Да...» На подвернувшемся клочке бумаги написал вкривь и вкось несколько формул.

— Вот, логарифм тут получается,— и объяснил, что потери частиц из ловушки оказались гораздо большими, чем он думал вначале. Немного успокоившись, неожиданно заключил:

— Вот так надо работать! Сначала — по порядку величины, на пальцах. Потом мы все уточним, аккуратно проверим. Но эффект многократного рассеяния ясен. Нужно думать, что с ним делать.

Андрей Михайлович сразу заметил важное преимущество будущего термоядерного реактора — возможность прямого превращения ядерной энергии в электрическую, минуя тепловую и механическую стадии. Он подробно исследовал этот интересный вопрос. Понимая, что все это несколько преждевременно, он любил рассказывать анекдот об изобретателе, который разрабатывал регулятор к вечному двигателю, чтобы тот не разогнался слишком сильно.

Обратил внимание Будкер и на другую проблему. Частицы удерживаются в ловушке благодаря сохранению адиабатического инварианта. Но закон сохранения выполняется лишь приближенно. Достаточно ли этого для удержания частиц в течение многих миллионов колебаний пока произойдет термоядерная реакция? Никто тогда не мог ответить на такой вопрос. Но Андрей Михайлович нашел решение по-своему.

Он ясно понял (и объяснил нам), что в теоретическом плане задача очень тонкая — оценками по порядку величины тут никак не обойтись. Значит, нужен модельный эксперимент, простой и убедительный, experimentum crucius, его идеал и постоянная мечта. И он придумал его! Изюминка состояла в том, что Андрею Михайловичу удалось обойти технически сложную в то время задачу инжекции и захвата заряженных частиц в ловушку. Он предложил заполнить ловушку тритием и использовать его электроны распада. Придумал он и весьма простую и надежную методику измерения времени жизни электронов в ловушке. А главное, эксперимент получился изящным и был немедленно осуществлен учеником Будкера и одним из его первых сотрудников — Станиславом Николаевичем Родионовым. Работа убедительно доказала возможность длительного удержания частиц в ловушке Будкера, как мы теперь ее называем.

Андрей Михайлович очень гордился этим экспериментом, по-моему, не меньше, чем своим термоядерным предложением. Он еще долго рассказывал о нем всем, рассказывал подробно, обстоятельно, с самого начала, вспоминая весь ход своих мыслей. Особенно горячился, если кто-нибудь считал результат эксперимента очевидным или говорил, что и так все было ясно. Он доказывал, что эксперимент имеет важное значение не только для осуществления управляемых термоядерных реакций, но и для фундаментальной проблемы адиабатической инвариантности.

Вообще, идеалом Будкера, о чем он не раз говорил нам, был опыт Пастера, который одновременно и решил фундаментальную проблему биологии (невозможность самозарождения жизни), и имел огромное практическое значение для людей (пастеризация продуктов).

Ну, а я вспомнил тогда спор Будкера с Рабиновичем о таинственной диффузии частиц в ускорителе. В ловушке частицы тоже совершают колебания, как и в ускорителе, только здесь уж линейная теория совсем не годится. А что, если...? Мне удалось довольно быстро получить первые оценки, которые даже как-то согласовались с экспериментальными результатами Родионова. После моего первого доклада на семинаре Андрей Михайлович заметил: «Нужна большая смелость, чтобы решиться сравнить такую теорию с экспериментом». И я углубился в более детальные расчеты, а затем и численные эксперименты. Эта задача Будкера, как ее теперь называют, оказалась действительно фундаментальной и интересной. Позднее ею занимались многие исследователи, в том числе и математики, однако полностью она не решена до сих пор. А термоядерное предложение Андрея Михайловича Будкера зажило своей жизнью и сегодня представляет одно из главных направлений этих исследований и разработок.

Много позднее, уже будучи директором Института ядерной физики в Новосибирске, руководителем большого созданного им научного коллектива и своей школы в физике, Андрей Михайлович часто вспоминал армию. Он считал, что служба в армии очень много дала ему для понимания человеческих отношений, механики организации и жизни творческого коллектива, которую он изучал и претворял в жизнь так же страстно и увлеченно, как и механику элементарных частиц. Будкер с благодарностью вспоминал своих командиров, особенно первого: «Требовательный, строгий и абсолютно справедливый!» Не раз цитировал он и строчку военного устава: «Командир обязан принять решение».

— В уставе не сказано — принять оптимальное или правильное решение,— подчеркивал он,— но отсутствие всякого решения, пассивность и растерянность в критической ситуации — еще хуже.

И Андрей Михайлович следовал этому правилу.

Одна такая критическая ситуация возникла в 1956 году. Довольно большой уже руководимый А. М. Будкером коллектив Лаборатории новых методов ускорения Института атомной энергии с энтузиазмом работал над осуществлением первоначальной идеи Андрея Михайловича — стабилизированного электронного пучка, который, по его замыслу, должен был открыть совершенно новые перспективы в ускорительной технике. Были достигнуты впечатляющие успехи по созданию мощных электронных пучков. Однако становилось все более ясным, что поставленная задача значительно сложнее, чем казалось вначале, а конечная цель — стабилизированный пучок, скорее удаляется, чем приближается по мере продвижения вперед.

Что делать? Конечно, можно было бы жить по инерции, превратиться в заурядную лабораторию, получающую неплохие второстепенные результаты в области физики и техники пучков с различными, быть может и важными, побочными приложениями.

Но нет, не об этом мечтал Андрей Михайлович, создавая в муках свой коллектив! Его устраивало только кардинальное, революционное решение, и он нашел его — встречные пучки!

Принять такое решение для Андрея Михайловича было психологически очень непросто — идея была не его. Она уже обсуждалась на научных конференциях, был даже проект подобной установки. Однако Будкер ясно понимал, что, с одной стороны, встречные пучки действительно революционизируют ускорительную технику и физику высоких энергий, а с другой — они могут быть осуществлены в нашей стране только в его лаборатории на основе огромного опыта работы с мощными электронными пучками, который, таким образом, не пропадает даром. И он решился. Это определило судьбу Лаборатории и созданного вскоре на ее основе Института ядерной физики в Новосибирске. Можно только добавить, что и до сих пор эта тематика является основной в ИЯФе и что наш Институт все еще единственное место в СССР, где работают подобные установки.

Академик И. В. Курчатов активно поддержал решение Будкера и оказал большую помощь в его осуществлении. Поначалу предполагалось значительно расширить лабораторию Будкера, чтобы обеспечить необходимый масштаб и темп развития работ. Однако уже через год общая обстановка резко изменилась и возникла новая критическая ситуация — реальная опасность для Лаборатории оказаться в положении птицы с подрезанными крыльями.

Можно было бы опять-таки смириться и продолжать «копаться» в отведенном коллективу небольшом, но уютном московском «огороде», выращивать красивые «цветы», разбивать и переделывать «клумбы и горки». Но не таков А. М. Будкер! И он без колебаний принимает (очень своевременное!) предложение академиков М. А. Лаврентьева и И. В. Курчатова об организации Института ядерной физики в Новосибирске в только что созданном Сибирском отделении Академии наук СССР. Сибирь привлекала Будкера прежде всего своим размахом, размахом во всем. Ему нужен был поистине сибирский простор, чтобы дать выход своей кипучей энергии и инициативе. Недаром академик И. В. Курчатов, выступая на Общем собрании Академии наук СССР с поддержкой организации Сибирского отделения, в частности, сказал: «Наш Институт направляет в Сибирь самую активную группу — лабораторию Будкера».

Через несколько лет, после окончания строительства первого корпуса ИЯФа, Андрей Михайлович переезжает в Академгородок под Новосибирском, переезжает навсегда. Он полюбил этот край и остался его горячим патриотом, «вмешиваясь» в пределах своих возможностей во все стороны жизни города науки.

Будкер принял самое активное участие в организации Новосибирского университета по образу и подобию знаменитого «физтеха» — Московского физико-технического института, того самого, где более 10 лет назад он начал свою педагогическую деятельность.

В конце сентября 1959 года я приехал с Андреем Михайловичем в Новосибирск, тогда еще в командировку на открытие НГУ. Это была не торжественная церемония (она состоялась значительно позднее), а просто первый день занятий, первые в истории НГУ лекции в актовом зале школьного здания (сейчас школа № 25), отданного НГУ до окончания строительства первого корпуса университета. Почти также начинал свою жизнь и физтех!

За два дня до открытия, к вечеру мы вышли из гостиницы в центре Новосибирска погулять по городу. К нам присоединился Самсон Семенович Кутателадзе и кто-то еще, кажется, из его сотрудников. Мы прошли по Красному проспекту к реке, дошли до Коммунального моста, перешли на другую сторону и спустились к самой воде. Было уже довольно темно и холодно. У наших ног катила свои свинцовые воды могучая сибирская река Обь. И тут Андрей Михайлович неожиданно решил, что он должен непременно окунуться в сибирскую реку! Напрасно мы старались отговорить его. Он быстро вошел в воду, немного проплыл и выскочил на берег, очень довольный, энергично размахивая руками и подпрыгивая, стараясь согреться. Вот уж действительно крещение в Сибири!

Андрей Михайлович не слег в постель, но...совершенно потерял голос. Пришлось срочно отпаивать его горячим молоком с содой. К счастью, все обошлось, и в назначенное время он прочитал вторую в истории НГУ лекцию — о физике. А первую — о математике прочел академик Сергей Львович Соболев. Новый университет вышел на свою орбиту.

На следующий день Будкер вернулся в Москву, а я остался продолжать курс лекций. Мне пришлось срочно перебраться в Новосибирск. Это был мой первый преподавательский опыт, трудный, но очень интересный.

Будкер более или менее регулярно прилетал в Новосибирск на несколько дней . У него здесь было много дел — Институт строился. Но помимо этого он читал одну или две лекции и подробно разбирал со мной следующий материал, который мне предстояло излагать студентам самостоятельно.

Это была для меня прекрасная школа! Еще раз «пройтись» почти по всей физике с таким учителем, как А. М. Будкер! Он всегда умел найти какую-то необычную точку зрения, по-новому взглянуть на, казалось бы, хорошо известный вопрос. Он придавал большое значение правильной интерпретации физических законов, я бы сказал даже — философии физики. Ему была глубоко чужда позитивистская феноменология с ее условными соглашениями. Он искал прежде всего механизм реальных физических явлений и делал это блестяще!

Именно тогда у Андрея Михайловича возникла идея начинать преподавание физики на 1-м курсе прямо с теории относительности. Он считал неправильным сначала прививать студентам-физикам классические понятия, а уже через год переучивать их.

— Нужно сразу приучать будущих физиков к релятивистскому мышлению,— говорил он.

Была здесь и другая сторона дела. Современная физика весьма необычна с точки зрения наших повседневных представлений, в том числе и представлений самих физиков. Это ярко выразил академик Лев Давидович Ландау в одном из своих выступлений перед студентами физтеха. Он сказал: «Могущество человеческого разума проявляется и в том, что мы можем успешно изучать такие явления, которые уже не в состоянии представить себе».

Но Будкеру было мало — изучать. Он был не только исследователь, но и изобретатель в самом высоком значении этого слова, изобретатель на острие современной физики. Недаром Ландау назвал его как-то «релятивистским инженером». Возможно, тут была и доля насмешки, но Будкер не обиделся. Напротив, он очень гордился таким «титулом» и часто цитировал слова Ландау.

Но изобретатель не может работать без представлений. Перебирая в уме сотни вариантов в попытках обойти или «перехитрить» непреложные законы физики, которые Андрей Михайлович свято чтил, изобретатель должен совершенно ясно не только представлять, но прямо-таки «видеть» странные и не наглядные «фантасмагории» современной физики. И Будкер доказал, что такое вполне возможно и не только для него самого, но что этому можно научить и других.

Несколько лет спустя мне пришлось выступать с рассказом о нашем опыте раннего преподавания теории относительности на совещании в Министерстве высшего образования СССР. Аудитория восприняла мое сообщение очень настороженно, чтобы не сказать враждебно. Один из ярых противников подобных нововведений даже вскочил с места и прокричал: «Кто разрешил такие эксперименты над студентами?!» Но прошло еще несколько лет, и идея Будкера была широко признана и даже рекомендована Минвузом СССР для физических специальностей всех университетов нашей страны.

Да, Андрей Михайлович полюбил Сибирь. Он не допускал и мысли о возвращении в столицу.

— Здесь мой дом, здесь я умру, здесь меня и похоронят,— говорил он улыбаясь.

Здесь и его Институт — самое главное и любимое его детище, которому он посвятил свою жизнь. И растет красавец ИЯФ, живой памятник замечательному советскому физику, прекрасный девиз которого: «Жизнь — это творчество!»

Б. Г. Ерозолимский

НЕЗАБЫВАЕМЫЕ ГОДЫ

Уже давно отмечено, что все пишущие воспоминания о тех или иных судьбах или личностях так или иначе обязательно рассказывают о самих себе. Автор заранее просит извинить его за то, что и он не сумеет избежать того же, ибо все, что наиболее ярко запечатлелось у него в памяти об Андрее Михайловиче Будкере, неизбежно связано с тем, что его собственная жизнь волею судеб оказалась переплетенной с жизнью этого замечательного человека.

Первая встреча моя с Андреем Михайловичем состоялась в конце сороковых годов в знаменитой Лаборатории № 2 Академии наук, которая была создана под руководством И. В. Курчатова и впоследствии стала именоваться Институтом атомной энергии его имени.

Обстановка тех лет в курчатовском институте была особенной: работали с энтузиазмом, сутками не вылезая из лаборатории, радостно и взахлеб, отдавая все силы на то, чтобы научные и технические проблемы, которые ставил перед коллективом И. В. Курчатов, были решены по возможности лучше и быстрее.

И фигура Андрея Михайловича, по воспоминаниям о тех благословенных годах, полностью вписывается в эту картину общего напряженного труда и энтузиазма. Хорошо помню, как ходил взад-вперед по коридорам главного корпуса Лаборатории (где размещались тогда и теоретики) молодой, но уже сильно полысевший человек, который при этом был либо погружен полностью в свои мысли, либо с жаром кому-нибудь объяснял последнюю осенившую его идею.

Уже в те годы у Андрея Михайловича ярко проявлялись две особенности его творческого «почерка». Во-первых, будучи тогда «чистым» теоретиком, он не любил работать за столом или с книгой — имея великолепную память, он все схватывал на лету и, несмотря на свою нелюбовь к скрупулезному книжному труду, обладал уже тогда весьма разнообразной и глубокой эрудицией, которая в соединении с огромной творческой фантазией давала ему возможность генерировать идеи, которые он затем «обкатывал» в беседах со всеми, кто попадался ему под руку, как в комнате, где жили теоретики, так и в коридорах Лаборатории; и эта «метода» работы в последующие годы, когда он уже руководил большим коллективом сотрудников, стала для него основной «технологией» творческого процесса.

Во-вторых, уже тогда, в самом начале творческого пути, находясь среди «чистых» теоретиков, разрабатывавших под руководством А. Б. Мигдала фундаментальные проблемы теории ядра, он проявлял явное тяготение к проблематике, имевшей технические аспекты, и в том числе к прямому изобретательству, основанному, однако, на глубоком понимании им физических законов, подчас в самых абстрактных и фундаментальных областях знания, таких как электродинамика или теория относительности. Впоследствии эта сторона творческого облика Андрея Михайловича как ученого станет определяющей и, по сути дела, характерной для всего созданного им Института.

В те далекие годы знавшие близко Будкера и не подозревали об истинном масштабе его личности и относились к его каскаду идей, которыми он одолевал своих друзей, даже с некоей долей снисходительности как к фантазиям чудаковатого молодого человека. А у некоторых это вызывало подчас и неприязненные эмоции, в особенности позднее, когда набиравший силу и известность Будкер начал претендовать на право руководства коллективом экспериментаторов для реализации своих идей и проектов. И здесь нужно особенно подчеркнуть, что в то время мало кто видел в нем человека, способного руководить людьми, тем более экспериментаторами, даже в масштабе небольшой лаборатории, не говоря уже об институте. Удивительно, как прочно и длительно удерживаются стереотипы раз возникших мнений и представлений в людях. Даже много лет спустя, уже когда Андрей Михайлович стал директором ИЯФа в Сибири, мне приходилось не раз слышать от его старых друзей скептические отзывы о его способности быть руководителем...

А тогда, в начале 50-х годов, о Будкере прочно установилось представление, как о человеке веселом, остроумном, отличном волейболисте (он был тогда непременным членом институтской волейбольной команды), превосходном танцоре (в студенческие годы он даже прирабатывал преподаванием танцев), эпикурейце по своему отношению к жизни и ее благам, человеке, несомненно, весьма одаренном, но с заметными следами провинциального воспитания. Послушать очередной анекдот (а рассказывал Андрей Михайлович анекдоты всевозможного сорта со смаком и очень смешно) или поспорить с ним на какую-нибудь научную, философскую или общественно-политическую тему — это с превеликим удовольствием, но доверить ему практическую деятельность в лаборатории — как же можно! Даже, как мне кажется, И. В. Курчатов довольно длительное время был под властью подобного отношения к Будкеру и долго не решался поставить Андрея Михайловича во главе вновь созданного сектора, организованного специально для экспериментальной проработки одной из его идей. В дальнейшие годы Игорь Васильевич — сам замечательный руководитель науки — оценил Будкера в полной мере и оказывал ему огромную поддержку при основании в Институте атомной энергии специального большого отдела — Лаборатории новых методов ускорения частиц, в осуществлении программы создания установок со встречными электронными и позитронными пучками и, наконец, при организации Института в Сибири.

Вот к этому периоду (1955—1962) относится и непосредственная работа автора этих строк вместе с Будкером.

Началось с того, что как-то Андрей Михайлович, зайдя вечерком к П. Е. Спиваку *, где в те годы работал и я, поделился с нами остроумной и, как нам тогда показалось, удивительно простой и плодотворной идеей ускорения сгустков плазмы. Суть идеи заключалась в том, чтобы в пространство между двумя металлическими шинками, к которым приложено высокое напряжение в вакууме и которые помещены в сильное поперечное магнитное поле, быстро впрыснуть порцию газа. Возникший вследствие пробоя этого промежутка электрический ток под действием магнитного поля станет перемещаться, и, таким образом, вдоль шинок, как по рельсам, побежит, ускоряясь, «перемычка» плазменного шнура. Сделанные в тот же вечер нехитрые оценки показали, что в легко реализуемых условиях эксперимента на длине около полуметра можно ожидать появления ускоренного сгустка водородной плазмы, в которой энергия протонов достигнет ~1 МэВ.

Маленький настольный ускоритель протонов — мечта экспериментатора! Воодушевленные и взволнованные этой идеей, мы решили начать работу по ее осуществлению. С этого вечера побежали дни и вечера, недели и месяцы наших совместных напряженных усилий!...

Из этой задачи у нас ничего не вышло, и, провозившись более года, мы вынуждены были ее оставить. Сейчас это является общеизвестной тривиальностью, но тогда мы не подозревали об ожидавших нас на этом пути непреодолимых трудностях, связанных с неустойчивостью плазменного шнура: он действительно проскальзывал по рельсам пару десятков сантиметров, но затем рассыпался, так и не достигнув желаемых энергий.

Будкер был неистощимым на выдумки, предлагая все новые и новые гипотезы, которые бы объясняли наши неудачи, а также изобретая соответствующие изменения в нашей экспериментальной

---

* П. Е. Спивак — в те годы заведующий лабораторией Института атомной энергии. Член-корреспондент АН СССР.

установке. Испытывая глубочайшее уважение к богатому опыту и тончайшей экспериментальной интуиции П. Е. Спивака, Будкер с большим вниманием следил за ходом наших усилий, а нередко и принимал участие в самой практической работе. Это ведь был первый эксперимент, который проводился под его идейным руководством. Любопытно отметить, что эта работа была, по-видимому, одним из первых в Союзе исследований неустойчивости плазменного шнура. И именно с этого простейшего опыта начинается длинная дорога, которую прошел Андрей Михайлович вместе со своими соратниками в изучении физики плазмы.

К тому же времени относится и рождение знаменитой идеи магнитных пробок, к которой Будкер пришел, как мне помнится, в результате обсуждений с П. Е. Спиваком его проекта установки для измерения отношения заряда к массе позитронов. Петр Ефимович советовался с Андреем Михайловичем о методах расчета траекторий позитронов в продольном, нарастающем вдоль оси магнитном поле, которое П. Е. Спивак задумал применить для «собирания» частиц из большого объема на окно детектора. И вот тут-то Андрею Михайловичу, думавшему в это время о путях осуществления магнитной изоляции горячей плазмы, необходимой для решения термоядерной проблемы, и пришла в голову идея использования магнитного поля такой конфигурации для создания магнитного барьера для плазмы в установках, которые теперь называют открытыми магнитными ловушками.

Весной 1956 года по приглашению Андрея Михайловича и с благословения И. В. Курчатова я перешел во вновь созданный сектор, перед которым была поставлена задача реализации будкеровской идеи так называемого стабилизированного электронного пучка — идеи, которая в то время казалась единственным реальным путем к созданию ускорителей протонов с энергиями ∼100 ГэВ. К этому моменту после длительного периода споров, конфликтов и событий, носивших подчас драматический характер, Андрей Михайлович уже был утвержден начальником сектора, и вся работа велась всецело под его руководством.

Это была незабываемая пора молодого задора и энтузиазма, отчаянных споров, сыпавшихся как из рога изобилия идей, больших и малых, и самоотверженного труда всех без исключения, кого тогда собрал Андрей Михайлович — молодой и задиристый, но всеми нами безоговорочно признанный как несомненный лидер нового направления ускорительной физики.

Несколько лет было затрачено на эти работы. И хотя первоначальные цели в полной мере достигнуты не были, так как на пути к их осуществлению выявились специфические труднопреодолимые преграды, связанные с теми же неустойчивостями сильноточного плазменного шнура, тем не менее в процессе проведения этих исследований были получены немаловажные результаты, весьма серьезно продвинувшие вперед как технические возможности создания сильноточных пучков электронов высоких энергий и методов управления ими, так и уровень понимания физических процессов в релятивистской электронной плазме. Были разработаны специальные сильноточные импульсные источники электронов, быстродействующие системы управления пучками, в которых были применены оригинальные генераторы наносекундных перепадов напряжения в сотни киловольт. В созданных за эти годы установках впервые в мире были получены циркулирующие в вакууме пучки электронов силой в десятки ампер.

И, конечно же, в процессе выполнения этих исследований, на основе достигнутых успехов удалось осуществить целый ряд проектов уникальных установок, таких, например, как созданный впервые в Союзе безжелезный импульсный синхротрон с энергией электронов 200 МэВ.

Однако, пожалуй, главным итогом всех этих усилий явилось создание первоклассного творческого коллектива, которому впоследствии оказались по плечу еще более серьезные по физической сущности и огромные по масштабу задачи. И в этом, несомненно, основная заслуга принадлежит Андрею Михайловичу Будкеру. Оказалось, что этот человек, способный с таким упоением и отдачей рассказывать всяческие истории и анекдоты или строить гипотезы по поводу причин усиленной рождаемости мальчиков после эпидемий и войн или по поводу свойств пространства вблизи черных дыр, обладал выдающимися способностями организатора научно-исследовательского процесса.

Он совершал в эти годы множество ошибок и оплошностей (и учился на них!), бывал пристрастен, иногда несправедлив, а подчас и по-детски наивен. Так, например, однажды А. М. Будкер, доведенный до отчаяния на одном из больших совещаний, на котором маститый академик с присущей ему въедливостью и дотошностью донимал докладчика-Будкера вопросами, не выдержав, сказал: «Ну слушайте, известно же, что сто мудрецов не ответят на все, что может спросить один...» — и только тут осекся, вспомнив явно непригодное для произнесения вслух окончание этого известного изречения, под дружный хохот присутствовавших.

И вместе с тем он обладал исключительным даром притягивать к себе людей, увлекать и убеждать их. Кроме того, у него было особое чутье на талантливых, которых он страстно искал среди молодежи Института, среди студентов и привлекал к своему делу.

Именно в эти годы Будкер собрал блестящую плеяду физиков и инженеров, таких как А. А. Наумов, В. С. Панасюк, Б. В. Чириков, Е. А. Абрамян, В. И. Волосов, А. М. Стефановский, И. М. Самойлов, С. Н. Родионов, и совсем еще юных Л. Н. Бондаренко, Ю. А. Мостового, А. М. Кадымова и многих других, с которыми были достигнуты первые успехи и положено начало созданию сперва большого отдела в Институте атомной энергии — Лаборатории новых методов ускорения частиц, а затем и Института ядерной физики во вновь организованном Сибирском отделении АН СССР.

Андрей Михайлович много и мучительно думал и говорил о том, какими должны быть принципы построения организации научной лаборатории, для того чтобы добиться максимальной эффективности труда ученых, создать и поддерживать творческую и моральную атмосферу в коллективе.

И среди этих многих понятых им организационных принципов я бы отметил следующие три.

1. Приоритет фигуры научного работника в Лаборатории (Институте). Неважно, будь то физик, будь то инженер, творческая личность — основа научного коллектива, а весь обслуживающий технический и административный персонал (в том числе и до уровня дирекции) должен смысл своей деятельности видеть в том, чтобы помогать ученым. При всей очевидности этого принципа он, к сожалению, редко где реализуется на практике в наших научно-исследовательских учреждениях...

2. Необходимость (или, во всяком случае, настоятельная желательность) наличия полного единогласия среди ведущего состава (Ученого совета или другого совещательного органа) при принятии важных творческих или организационных решений. Этот принцип очень нетривиален, и проведение его в жизнь является весьма непростой задачей — люди все разные, у всех, как правило, разные точки зрения по любым вопросам — так вот Андрей Михайлович тратил часы и дни на отчаянные дискуссии и убеждения, чтобы добиться единой позиции, и бывал бесконечно удручен, уходил расстроенный и поникший после бурных дебатов, если хотя бы кого-либо (из тех, с чьим мнением он, разумеется, считался) ему не удавалось переубедить. Принимать решения силой или большинством голосов он считал верным путем к разобщению коллектива.

3. Бескомпромиссность при решении организационных и особенно имеющих морально-этическую окраску вопросов вне зависимости от их масштаба и важности. «Поймите же,— убеждал он своих соратников-учеников,— в этих вопросах нет мелочей!..» Много лет спустя я попал на заседание Совета в ИЯФе и еще раз поразился тому, с какой страстной заинтересованностью велась там дискуссия при обсуждении распределения премий работникам бухгалтерии (поименно!): и тон, и весь уровень этой заинтересованности задавал Будкер, споривший по поводу каждой кандидатуры и отстаивавший все тот же принцип единогласия.

Когда в 1958 году было принято решение о создании в Сибирском отделении Института ядерной физики и Андрея Михайловича назначили его директором, начался качественно новый этап в жизни всего руководимого им коллектива. Строительство Института, создание административно-руководящего аппарата, прием новых сотрудников, в основном молодежи из числа оканчивающих МГУ и МФТИ, набор вспомогательного состава, мастеров, рабочих и инженеров, приобретение станков и оборудования... да разве все перечислишь.

И вот тут-то организационный талант Андрея Михайловича раскрылся во всей своей неожиданности и полноте. Он увлеченно занимался всем — от внешнего архитектурного облика будущего Института до марок закупаемых станков и от приема на работу лаборантов до поисков человека на пост заместителя директора (и ему удалось найти и уговорить перейти к нам замечательного инженера-руководителя, директора Новосибирского турбогенераторного завода, члена обкома КПСС А. А. Нежевенко, который и построил Институт и до последних своих дней был одним из основных его организаторов и руководителей).

Хорошо помню, как Андрей Михайлович с обычным увлечением объяснял нам, что в будущем Институте обязательно будет большой стол для совещаний Совета старейшин, причем непременно **круглый**, так как за ним не должно быть никакой иерархии или неравенства совещающихся. Он говорил так: «Директор должен быть только старшим среди равных...» Всем, кто бывал в ИЯФе, хорошо знаком этот огромный круглый стол, за которым и поныне в совершенно свободной и демократичной обстановке, непринужденно, за кофепитием обсуждаются все насущные дела Института — от мелочей быта до проекта нового ускорителя.

Практически одновременно с организацией нового Института Будкер начал в своем отделе разрабатывать направление, которому суждено было стать одним из главных для ИЯФа и принести как Институту, так и его создателю мировую известность. Я имею в виду встречные электронные и электрон-позитронные пучки.

Блестящие научные и технические достижения, полученные в этой области Будкером и его сотрудниками, хорошо известны, а потому я не стану останавливаться подробно на этой большой и славной главе истории научной деятельности Андрея Михайловича. Ограничусь лишь упоминанием о том, что сама идея встречных пучков и известного всем большого выигрыша в энергии, выделяемой в системе центра масс сталкивающихся электронов, по сравнению со случаем, когда ускоренные электроны падают на неподвижную мишень, пришла в голову Андрею Михайловичу независимо от О'Нейла и он ее обсуждал с нами за несколько месяцев до появления соответствующего американского предложения-препринта.

А действовавшие уже к тому времени у нас установки с большими накопленными токами электронов могли служить базой для создания системы со встречными пучками, и нам казалось, что сам опыт по рассеянию электронов на электронах для проверки квантовой электродинамики на малых расстояниях можно будет поставить года за два, и поэтому зимой 1958 года решено было приняться за это дело.

В действительности, первые эксперименты удалось осуществить лишь через 7 лет. Зато опыт, накопленный в этих работах, и ряд блестящих идей Андрея Михайловича позволили коллективу ИЯФа построить за следующее десятилетие уникальные установки, выдвинувшие Институт в число основных мировых центров по изучению физики частиц высоких энергий.

Так случилось, что автору этих строк после 1962 года не довелось больше участвовать в работах Института да практически и встречаться с Андреем Михайловичем.

Последний раз я видел его в мае 1977 года. Он пригласил меня в ИЯФ быть оппонентом на защите одной диссертации. «И кстати, посмотришь, как мы тут живем...» Институт произвел на меня глубочайшее впечатление как масштабом и изяществом физических установок, так и удивительной творческой и рабочей атмосферой, напомнившей мне лучшие годы в Институте атомной энергии при жизни И. В. Курчатова и в молодом коллективе Будкера. Я увидел, что принципы организации науки, о которых так много и так глубоко думал Андрей Михайлович в пятидесятые годы, он сумел в своем Институте осуществить.

А сам Андрей Михайлович был уже тяжело болен. Он перенес два тяжелых инфаркта, медленно ходил с палочкой. Но за Круглым столом заседаний Совета старейшин по-прежнему молодо и страстно звучал его голос во время очередной дискуссии с учениками и помощниками, которые спорили и не соглашались с ним, по-прежнему невзирая ни на его высокие звания, ни на возраст. А он стучал по столу и восклицал: «Тише! Дисциплину мысли! Ну как вы не понимаете?..» И при этом я видел сквозь его бородатый облик с погрустневшими глазами прежнего неуемного и молодого Будкера. А поздно вечером, провожая меня от своего коттеджа, он пожаловался на тяжелейшие условия, в которых приходилось ему работать в связи с острыми разногласиями с руководством Сибирского отделения, и стал развивать свои планы-мечты о создании нового института где-нибудь на юге Украины. «Все надо начинать сначала. Перетащу с собой несколько сильных сотрудников, а здесь пусть продолжают работать без меня. Ну, а если бы я предложил тебе и Петру Ефимовичу Спиваку — поехали бы?» Оказывается, он в то время уже конкретно договорился о постройке нового института где-то в районе Краснодара... А через два месяца его не стало.

С той поры прошло уже немало лет, а истинный масштаб личности и ученого Андрея Михайловича Будкера становится с каждым годом все яснее.

В Институте ядерной физики в большом зале заседаний Совета, где посредине стоит круглый стол, на стене висит портрет Андрея Михайловича, вырезанный из дерева. Замечательный портрет. На нем Будкер такой, каким он был последние годы жизни,— вдохновенно талантливый, страстный и в то же время умудренный жизнью и грустно взирающий на нас.

Я. Б. Зельдович

ШТРИХИ К ПОРТРЕТУ АНДРЕЯ МИХАЙЛОВИЧА БУДКЕРА

А. М. Будкер навсегда останется в моей памяти как один из самых ярких людей в том коллективе, который сложился в связи с проблемой ядерной энергии, а затем активно включился в исследование элементарных частиц. Сейчас я уже не могу вспомнить, когда и от кого впервые услышал о нем. Помню только восхищение оригинальностью мышления и изобретательностью молодого теоретика.

Поражала свежесть творческого подхода Андрея Михайловича. Многие из людей старшего поколения еще помнят споры вокруг «новой физики» — теории относительности и квантовой механики. Верны ли эти теории? Как их интерпретировать? Как примирить их с классической физикой? Для Будкера этих вопросов не было! Теория относительности была для него готовым, безошибочным, великолепным инструментом, верным указателем на пути новой техники, новых приборов. Как должное и естественное принимались различное течение времени и различная плотность частиц и заряда в разных системах координат.

Хотелось бы отметить и широту творческих интересов Андрея Михайловича. В его активе был проект «пробкотрона» — оригинального устройства для осуществления термоядерного синтеза. Вскоре он выдвинул идею осуществления встречных пучков заряженных частиц для исследования процессов при рекордных энергиях.

Для характеристики щепетильности А. М. Будкера напомню один случай: в докладе Общему собранию Академии наук СССР он упомянул и мое замечание о том, что встречные пучки энергетически очень выгодны, однако тут же совершенно справедливо отметил, что я считал встречные пучки практически неосуществимыми из-за трудности их фокусировки. Для научной смелости Андрея Михайловича очень характерно, что он воспринял положительную часть высказывания. В то же время простейшие (но и наивные) пессимистические оценки его не испугали: он нашел пути преодоления трудностей. Уже гораздо позже, в Новосибирске, Андрей Михайлович поднял методы фокусировки на еще бо́льшую высоту, применив принцип охлаждения пучка, преодолевая, казалось бы, незыблемую теорему Лиувилля.

Но я хочу писать не о технике, а о человеке. Стремительное появление Будкера в науке «поляризовало» общественное мнение физиков. Одни говорили о ярком и талантливом человеке, другие называли его прожектером и чуть ли не местечковым нахалом: «легко писать формулы, а вот ты попробуй сделать то же».

Вот еще одно яркое воспоминание: с двумя весьма почтенными академиками из ЛИПАНа (Лаборатория измерительных приборов Академии наук СССР — так назывался тогда Институт атомной энергии им. И. В. Курчатова) мы говорим о Будкере. Академики придерживаются противоположных точек зрения. И в течение 10 минут мне приходится буквально держать одного из них, физически более слабого, за руки, чтобы спор не перешел в вульгарную драку. Решающими, однако, были не словесные аргументы. Решающим оказалось создание Института ядерной физики в Новосибирске, где талант Будкера развернулся в полную силу. Были осуществлены встречные пучки. Созданы и серийно выпускаются малогабаритные радиационные источники для народнохозяйственных целей. Появился высококвалифицированный теоретический отдел во главе с С. Т. Беляевым.

Именно в Новосибирске я ближе сошелся с Андреем Михайловичем не только в научном, но и в человеческом плане. Он рассказывал о своей трудной молодости, об увлечении физикой и призах за лучшее исполнение бальных танцев. Рассказывал он и о своей жизни в Новосибирске, о яхте и свежих идеях.

Мне остается сказать немногое, но именно то слово, которое из песни не выкинешь. Не могу передать словами свое возмущение тем, что на Общем собрании Академии наук СССР было высказано предложение не утверждать Андрея Михайловича директором созданного им Института ядерной физики! Я узнал, что этому предшествовал вызов в Новосибирск академической комиссии для обследования Института ядерной физики. К чести комиссии, которую возглавлял академик Бруно Максимович Понтекорво, она поддержала Будкера! Немедленно и комиссия подверглась нападкам и обвинениям в беспринципности и кумовстве, и это несмотря на то, что трудно себе представить, как итальянец Понтекорво мог быть кумом уроженцу украинского села Андрею Михайловичу Будкеру.

Я далек от мысли сводить с кем-то счеты. Просто хочется осмыслить, почему здоровяк Будкер получает свой первый инфаркт в 50 лет от роду и умирает в расцвете таланта и душевных сил в 58 лет. Нет сомнения, что треволнения, описанные выше, укоротили жизнь Андрея Михайловича.

Грош цена нашим воспоминаниям, если мы будем писать их неискренне, с оглядкой на «внутреннего редактора», обходя острые углы и неприятные эпизоды. Не тому нас учил яркий, прямой и откровенный Андрей Михайлович.

Л. Б. Окунь

ВСТРЕЧИ С А. М. БУДКЕРОМ

«Ты знаешь, я нашел в „Теории поля“ Ландау и Лифшица ошибку»,— говорит Андрей Михайлович на третьей минуте нашей первой встречи. Разговор происходит в начале лета 1953 года в редакции физики ВИНИТИ. Редакция, как, впрочем, и весь Институт, недавно образована. Идет подготовка к составлению первого номера реферативного журнала. Андрей Михайлович пришел выяснить, может ли он заняться написанием рефератов: в ЛИПАНе (Лаборатория измерительных приборов АН СССР) его отстранили от работы, и ему нужны деньги. Он берет у меня три десятка статей почти по всем вопросам физики и обещает принести рефераты через две, максимум три недели...

В следующий раз мы встречаемся в конце 50-х годов: И. Я. Померанчук * поехал в ЛИПАН смотреть первые ускорители Будкера и взял меня с собой. Исаак Яковлевич не был большим любителем посещать экспериментальные установки. За те двенадцать лет, что я работал под его руководством, он ни разу не был ни на реакторе, ни на ускорителе Института теоретической и экспериментальной физики. Когда мы ездили в Дубну, он все время там тратил на обсуждения с физиками, к моей же страсти смотреть «железки» относился снисходительно. Так что сам факт поездки «Чука» на «ускорительные смотрины» Будкера был необычен, исключителен.

Несколько ускорителей в разной стадии готовности стояли на столах. Блестела красноватая зеркально-отшлифованная медь. Не верилось, что эти медные штуковины размером с большой таз для варки варенья действительно могут ускорять электроны. Андрей Михайлович с воодушевлением говорил о перспективах, о предстоящем переезде в Новосибирск.

Осенью 1967 года я приехал в Академгородок в командировку. Институт, созданный Андреем Михайловичем, поразил меня. Он резко отличался от всего, что мне приходилось видеть до этого. Высокой концентрацией талантливых физиков, молодостью, демократизмом, отсутствием безразличных людей. В центре всех дел был Андрей Михайлович — неиссякаемый генератор новых идей и проектов. («Курьер ЦЕРН»** писал, что идеи Будкера похожи на снопы искр, слетающих с точильного круга.)

Андрей Михайлович показывал новый тоннель и рассказывал о проекте протон-антипротонных встречных пучков на 25 ГэВ (как неоднократно подчеркивали потом К. Руббиа и Д. Клайн ***, этот неосуществленный проект сыграл очень важную роль при решении вопроса о реализации церновского проекта, приведшего к открытию промежуточных бозонов). Во время обеда в старой столовой Дома ученых он принялся уговаривать меня переехать в Сибирь. «Будешь каждый год ездить за границу. И зарплата у тебя будет на 300 рублей больше». «Андрей Михайлович, а мне деньги не нужны»,— гордо и не вполне честно сказал я. «Ну что ж,— улыбнулся он,— будешь отдавать их мне».

Вечером в своем коттедже, у ярко пылавшего камина он показывал альбомы с фотографиями, запечатлевшими визиты в Институт мировых знаменитостей: «Это Хрущев, а это я, это Де Голль, а это я». И обезоруживающе добавил: «Ты ведь знаешь, что я хвастун». Но с особой гордостью он показывал фотографию волейбольной команды, в составе которой играл.

В начале осени 1969 года я имел счастливую возможность много общаться с Андреем Михайловичем в Цахкадзоре, где про-

---

* И. Я. Померанчук (1913—1966) — физик-теоретик, академик. Создал школу физиков-теоретиков. Лауреат Государственных премий СССР.
** Журнал Европейского центра ядерных исследований в Женеве.
*** Карло Руббиа — лауреат Нобелевской премии по физике. Дэвид Клайн — известный американский физик.

ходила Рочестерская конференция по ускорителям и где А. М. Будкер сделал обзорный доклад о встречных пучках. Мы гуляли по дорожкам спортивного комплекса, и он говорил о перспективах физики высоких энергий. Андрей Михайлович очень беспокоился, что столкновения протонов с протонами или антипротонами при очень высоких энергиях могут оказаться неинтересными из-за того, что адроны представляют собой «кашу». Магистральным направлением он считал электрон-позитронные встречные пучки.

Следующая запомнившаяся мне встреча была в «Узком»*. Андрей Михайлович чувствовал себя не очень хорошо. Он беспокоился о результатах предстоящих выборов в Отделении ядерной физики и позвонил мне, чтобы я приехал в «Узкое». Наш разговор был в основном о выборах. Андрей Михайлович относился к ним очень серьезно и старался найти разумный баланс в борьбе различных школ. В 1970 году перед голосованием Андрей Михайлович произнес очень убедительную речь о необходимости избрания А. Н. Скринского в действительные члены Академии наук СССР и заключил ее словами: «Единственный недостаток Александра Николаевича — это молодость. Но, как вы хорошо знаете, с возрастом этот недостаток исчезнет».

Помню разговор с ним в вестибюле московского Дома ученых, где обычно проходили (и сейчас проходят) собрания Отделения ядерной физики. Андрей Михайлович с энтузиазмом говорил о том, что хочет создать атом антиводорода, и спрашивал у В. Н. Грибова ** и меня, интересен ли такой объект с точки зрения теории. Мы реагировали довольно вяло. И он энергично нас обругал.

Одна из моих последних встреч с Будкером произошла в его малогабаритной московской квартире на улице Вавилова. Андрей Михайлович лежал поверх одеяла, держался рукой за грудь. Он пожаловался, что болит сердце, что устал, что в Академгородке уже не может больше бороться с начальством, и неожиданно спросил, насколько реален был бы его переход с группой сотрудников на работу в ИТЭФ. Я думаю, что он просто хотел выговориться. Выглядел он очень утомленным. «Ты вот, наверное, думаешь, что главное — это принцип. А на самом деле, главное — это компромисс. Мир существует только благодаря компромиссу».

На меня смотрели мудрые глаза. Было очевидно, что он понимает гораздо больше, чем могут выразить слова.

---

* Небольшой санаторий АН СССР в Москве.
** В. Н. Грибов — физик-теоретик, член-корреспондент АН СССР.

Я. Б. Файнберг

НЕОБЫКНОВЕННАЯ НАУЧНАЯ ФАНТАЗИЯ

В начале пятидесятых годов к К. Д. Синельникову * поступила большая работа еще неизвестного у нас в Харькове физика. Просмотрев ее, К. Д.** высказал пожелание, чтобы после подробного ознакомления я обсудил ее с ним. Я, конечно, не мог предположить тогда, что эта работа окажется для меня одним из самых ярких и очень сильных впечатлений в науке, а ее автор станет близким другом. Из работы, вернее цикла работ, очень зримо вырисовывался облик ее автора — могучий, первородный талант, какая-то необычайная сила, смелость и оригинальность идей, их родниковая свежесть и прозрачность, глубочайшее и тонкое понимание физики, хорошее владение математическим аппаратом, который играл хотя и важную, но подчиненную роль, а физическая ясность и интуиция значительно облегчали его использование. Впечатление от работы усиливалось еще благодаря двум, существенным для меня, обстоятельствам: она была сделана в области, очень близкой к той, в которой работал я, а автор, как вскоре выяснилось, был довольно молод.

Вот приведен целый ряд характерных черт Андрея Михайловича, но чувствую, чего-то, может быть главного, еще не хватает, чтобы передать неповторимое своеобразие и самобытность его таланта. Наверное, надо бы особо сказать о его необыкновенной научной фантазии. Вскоре после знакомства с ним стало ясно, что эта особенность, вызывавшая вначале отнюдь не единодушный восторг, а довольно часто раздражение и скептицизм, является одним из сильнейших его качеств. Последующие годы убедительно показали, что нет ничего более реального, чем научные «фантазии» Андрея Михайловича. Почти все они осуществлены им или осуществляются учениками и сотрудниками, стали основой новых важнейших направлений в определяющих областях физики.

Обратите внимание на то, как рождаются и развиваются его замыслы: сначала возникает неожиданная, очень смелая и глубокая идея, которая, однако, в процессе разработки приводит к кажущейся непреодолимой, возможно, даже принципальной трудности, когда для ее реализации не хватает 8—10 порядков основных параметров и когда способные, но чрезмерно осторожные, прочно привязанные к стандартным решениям физики, напичканные разнообразными холодными, «прочными» и «непробиваемыми» возражениями, советуют отступиться, следует решающий штурм Андрея. В результате появляется удивительная по красоте, силе и кажущейся простоте, которую правильно называют мудрой простотой, идея, разрушающая казавшиеся непреодолимыми трудности.

---

* К. Д. Синельников (1901—1966) — в то время директор Харьковского физико-технического института.
** Кирилл Дмитриевич.

Эта двухступенчатость очень характерна. Так было и с выяснением определяющей роли излучения в релятивистских автостабилизированных пучках и с идеей коллективной фокусировки в ускорителях, с выяснением необходимости движения с близкими скоростями холодного электронного потока и протонных или антипротонных потоков в победно шествующем ныне методе электронного охлаждения; так было при установлении определяющей роли релятивистских эффектов в гироконе и т. д.

После разрешения основных трудностей в идейном отношении идет развитие теории сложнейших процессов, облегчающееся тем, что Андрей Михайлович глубоко чувствует и частично предугадывает конечный результат. После того как идея теоретически разработана и проложила себе дорогу в жарких схватках, исчерпаны все аргументы некоторых сомневающихся, непонимающих или не желающих понять, начинается следующий этап, когда надо устранить последние возражения: «Да, физическая идея или метод оригинальны и представляют интерес, но, к сожалению, все это экспериментально и технически совершенно неосуществимо». И вот здесь вступает в действие уникальная многогранность Андрея Михайловича, который находит совершенно неожиданные, на первый взгляд парадоксальные, но бьющие прямо в цель, абсолютно правильные решения экспериментальных и технических задач, и в зависимости от масштабности и трудности задачи возглавляет воспитанный им малый или большой коллектив для ее решения, воплощения его идей.

Конечно, с годами все больше возрастают самостоятельность и вклад в работу его учеников и сотрудников, которые, воспитываясь на примере деятельности своего удивительного учителя, работая вместе и рядом с ним, начинают «генерировать» свои сильные и плодотворные идеи, превращаются в замечательных теоретиков, экспериментаторов, инженеров. Говоря об этом, я думаю, в первую очередь, об А. Н. Скринском, Д. Д. Рютове, С. Т. Беляеве, Б. В. Чирикове, с работами которых я знаком.

Еще одна очень сильная сторона деятельности Андрея Михайловича в науке — его удивительная изобретательность. Хотя само понятие изобретательности в науке (в отношении как характера деятельности, так и области приложений) довольно расплывчато, различные и даже противоположные точки зрения на него четко определены. Так, среди некоторых физиков-теоретиков, и даже очень крупных, имеет место расхожая, несколько снобистская точка зрения, выражаемая примерно следующим образом: «Изобретательность ведь часто является плодом смутных догадок, проблесков, проб, ошибок. Трезвый ум высокообразованного физика-теоретика как-то „ортогонален" к такому изобретательскому стилю, к поискам в темноте». И хотя такие высказывания приводятся в слегка критической и несколько ироничной форме, достаточно хорошо чувствуется, что они в значительной степени разделяются их авторами.

Естественно, что такая изобретательность ничего общего с подлинной не имеет, и самым убедительным образом это доказал Андрей Михайлович, работы которого содержат в качестве составной части высшее проявление настоящей изобретательности. Именно глубочайшее и тонкое понимание физики, трезвость и ясность предельно нестандартного мышления лежат в основе его изобретательности.

Все это стало ясным с течением времени. А тогда передо мной была поразительная по силе и свежести работа неизвестного автора, и мне очень захотелось повидаться и познакомиться с ним. Вскоре такая возможность представилась. Скажу сразу же, что первая встреча с автором доставила мне куда меньшее удовольствие, чем знакомство с его работой. На одном из совещаний по ускорителям в Москве Андрей Михайлович выступил с докладом, в котором рассказал о своей, в значительной степени уже известной мне, работе. В одном из разделов работы он воспользовался электростатическим приближением, и справедливость этого вызвала у меня сомнение. На мой вопрос, пользовался ли он этим приближением, я получил уничтожающий ответ: «А какой же дурак будет здесь пользоваться электростатическим приближением?...» Ответ вызвал неодобрение, я же был оскорблен в своих лучших чувствах к понравившейся мне работе и ее автору и демонстративно вышел из зала. На следующее утро раздался стук в дверь, и в комнате гостиницы-общежития, где мы, харьковчане, остановились, появился мой «обидчик» и сказал: «Вчера Игорь Васильевич и Владимир Иосифович * устроили мне хорошую головомойку за то, что я очень нетактично, по их мнению, поступил с Вами, и предложили мне извиниться, что я и делаю». При этом у Андрея Михайловича вовсе не было раскаявшегося вида и чувствовалось, что он считает свой ответ в порядке вещей. Затем, улыбнувшись, он продолжал: «А знаете, почему я рассвирепел? Дело в том, что я действительно пользовался электростатическим приближением, но потом переделал это место». Я почувствовал, что ничего похожего на желание обидеть у него не было, и мы быстро «помирились» к обоюдному удовольствию. Так началось мое знакомство, а затем и дружба с Андреем Михайловичем.

Я рассказал о том, какое впечатление на меня произвели работы Андрея Михайловича. Через несколько лет представилась возможность убедиться, что так же они были восприняты во всем мире большинством физиков, работающих в области ускорителей заряженных частиц.

В 1956 году в Женеве состоялся Первый международный симпозиум по ускорителям высоких энергий. Наверное, потому, что это был вообще первый в данной области международный симпозиум и потому что встреча происходила после окончания Великой Отечественной и второй мировой войн, когда научные контакты были прерваны, а в настоятельной необходимости их возобновле-

_____

* Академики И. В. Курчатов и В. И. Векслер.

ния были уверены почти все физики-ускорительщики и, конечно, потому, что в физике ускорителей накопились новые интереснейшие идеи и были достигнуты большие успехи в развитии ускорителей релятивистских частиц, по всем этим причинам симпозиум превратился в могучий поток новых идей, новых поразительных результатов в создании резонансных релятивистских ускорителей электронов и протонов, основанных на принципе автофазировки, открытой Владимиром Иосифовичем Векслером и несколько позже и независимо Э. Мак-Милланом. Уже начали свое успешное шествие ускорители с сильной фокусировкой Кристофилоса, Куранта, Снайдера, Ливингстона. Достаточно напомнить, что на симпозиуме впервые было высказано мнение о том, что осуществление идеи встречных пучков становится реальным. Об этом говорилось в докладе Керста, посвященном ускорителям со встречными пучками протонов, а также О'Нила по встречным электронным пучкам. Конечно, впереди была еще огромная работа по созданию таких ускорителей, предложению и разработке ускорителей со встречными электрон-позитронными и протон-антипротонными пучками, требовавшая принципиально новых идей, решения сложнейших физических, технических и технологических вопросов, возникающих на пути их реализации. В решение всех этих проблем значительный, а в целом ряде случаев определяющий вклад был внесен Андреем Михайловичем.

На симпозиуме были предложены основные идеи методов коллективного ускорения и коллективной фокусировки, ставших совершенно новым направлением развития ускорителей. Была сформулирована и разработана идея переменно-фазовой фокусировки ускорителей с постоянным магнитным полем (кольцевой фазотрон) и ускорителя со спиральным магнитным полем, а также много других новых и интересных идей.

Помимо В. И. Векслера и Э. Мак-Миллана в симпозиуме участвовали: один из создателей первого ускорителя заряженных частиц Кокрофт, циклотрона — Лоуренс, бетатрона — Керст, принципа сильной фокусировки — Кристофилос, Курант, Снайдер, Ливингстон, Альварец и многие другие, заложившие основы физики и техники ускорителей. Кроме того, в работе симпозиума принимали участие Адамс, Сесслер, Блюетт, Видероэ, Уолкиншоу, Маллет, Фрай, Лаусон, наши: Владимирский, Синельников, Джелепов, Вальтер, Коломенский, Комар, Балдин, Наумов, Беляев, ставшие впоследствии (естественно, наряду с другими, не присутствовавшими на симпозиуме) известными учеными в области физики и техники ускорителей. С большим успехом были доложены работы, выполненные под руководством Минца, Рабиновича и других.

Я рассказал так подробно о симпозиуме в Женеве потому, что он стал важной вехой на научном пути Андрея Михайловича, а также для того, чтобы дать почувствовать, в какой представительной аудитории и в присутствии каких авторитетов проходили доклады. К сожалению, сам Андрей Михайлович на симпозиуме не был. Его доклад и совместный с ним были прочитаны Наумовым. Работа Андрея Михайловича по релятивистскому автостабилизированному пучку вызвала огромный интерес, произвела сильное впечатление на всех присутствующих, для многих стала подлинным откровением. Доклад Будкера и два других советских доклада по коллективным методам ускорения стали настоящим событием симпозиума, широко и горячо обсуждались и получили большой резонанс. И хотя Владимир Иосифович Векслер, прибывший в Женеву раньше на заседание Оргкомитета, предупредил нас, что доклады Андрея Михайловича и наш вызывают очень большой интерес и предстоит серьезное обсуждение, действительность превзошла все предположения. Большое удовлетворение доставила дискуссия, продолжавшаяся в течение полутора часов. В ней перемешались глубокие, серьезные и трудные вопросы с вопросами, в которых чувствовалось, что задают их талантливые физики, для которых, однако, исследуемая область была малоизвестной, а идеи совершенно неожиданными. Через пять — десять лет коллективные методы ускорения и фокусировки стали вполне привычными, а многие из тех, кто задавал вопросы, сами стали авторами интереснейших исследований в этой области.

Симпозиум и предшествовавшая ему союзная конференция по ускорителям в 1956 г. имели большое значение для Андрея Михайловича еще и потому, что позволили ему убедиться в правильности своих идей и направлений исследования и, несомненно, прибавили уверенности в собственных силах. Из мало кому известного научного работника он превращался в одного из ведущих ярчайших и талантливых физиков, работающих в области ускорителей.

В работе Андрея Михайловича, как известно, содержались две очень важные идеи — коллективной фокусировки и связанной с ней идеи автостабилизированного релятивистского электронного пучка, в котором электроны удерживают ионы и, наоборот, причем в процессе установления равновесного состояния определяющую роль играют процессы излучения электронов. Для осуществления этих идей были необходимы сильноточные релятивистские электронные пучки достаточно большой энергии с параметрами, которые могут быть получены только теперь. Поэтому в последнее время возродился интерес к идее Андрея Михайловича о коллективной фокусировке и выполнены обнадеживающие теоретические и экспериментальные исследования. Заслуживают внимания проводимые Ростокером и сотрудниками работы по созданию тороидального ускорителя ионов с фокусировкой объемным зарядом электронов. Для осуществления этого метода большое значение имеют результаты, полученные по модифицированным сильноточным тороидальным бетатронам (Ростокер, Капетанакос, Спренгл). Что касается собственно автостабилизированного пучка, то, хотя он еще и не создан (и на пути его получения существуют как технические, так и физические трудности, связанные, в частности, с большим временем установления стационарного режима, его устойчивости, проблемой инжекции и другие), исследования вопросов равновесия, устойчивости, влияния излучения на равновесие в таком интересном объекте, как автостабилизированный релятивистский пучок, привели к появлению быстро развивающегося теперь направления — физики релятивистских пучков заряженных частиц и коллективных процессов в них. В зарождении и становлении этой области вклад Андрея Михайловича, несомненно, является определяющим.

В последующие годы Андрей Михайлович сосредоточил свои силы на осуществлении метода встречных пучков. Теперь огромные достоинства этого метода кажутся само собой разумеющимися, и попытки поставить под сомнение его необходимость выглядят наивными и смешными. Но так было не всегда. Даже после первых экспериментальных успехов далеко не всем было очевидно, что без метода встречных пучков просто невозможно дальнейшее развитие физики высоких энергий и элементарных частиц. Припоминаю Международные конференции в Дубне в 1964 году и в 1969 году в Цахкадзоре, где Андрей Михайлович с огромной страстью, убедительностью и неуязвимой логикой доказывал идею встречных пучков.

Отстаивая свои замыслы и необходимость их осуществления, Андрей Михайлович далеко не всегда ощущал единодушную поддержку и «ласковое» обращение с ним некоторых теоретиков и экспериментаторов, и вынужден был давать отпор. Ответ его мог быть острым и даже жестким (хотя со временем эта жесткость исчезла), но всегда по существу, очень аргументирован, основывался на сильной, отточенной логике. И, конечно, большое значение имела невероятная быстрота реакции и неожиданность аргументации. Я неоднократно имел возможность убедиться в этом во время наших дружеских дискуссий. Помню, какое сильное впечатление это произвело на Кристофилоса — чрезвычайно талантливого физика, который сам отличался удивительной оригинальностью и смелостью мышления. Я присутствовал при их, наверное, первой встрече, которая происходила в кулуарах конференции в Дубне в 1964 году. Там впервые были доложены результаты работ Андрея Михайловича с сотрудниками по встречным пучкам, вызвавшие очень большой интерес и темпераментную дискуссию. Речь зашла об устойчивости E-слоя Кристофилоса и влиянии на него синхротронного излучения. К сожалению, я не могу восстановить теперь точную аргументацию обоих, но запомнил, как на протяжении нескольких минут Кристофилос высказывал, казалось бы, очень убедительные и красивые соображения, а Андрей Михайлович мгновенно давал ему «железные» опровержения. Это произвело на Кристофилоса ошеломляющее впечатление. Не знаю точно, но думаю, что ему никогда не приходилось встречаться с таким оппонентом. Естественно, что при обсуждении других вопросов они бы могли и поменяться ролями.

Бывало, конечно, что молниеносно найденные им возражения, аргументы, которые в первое мгновение ставили просто в тупик, вызывали состояние, близкое к «столбняку», при ближайшем рассмотрении допускали убедительные опровержения. Но и в этом случае его соображения были очень нетривиальными, а ответ на них требовал значительных усилий и приводил к более ясной и четкой картине рассматриваемого вопроса.

Для дальнейшего развития метода встречных пучков и других новых методов, создания ускорителей на большие энергии важное значение имела Международная конференция по ускорителям в Цахкадзоре (1969 г.). В своем запоминающемся, очень ясном и убедительном докладе Андрей Михайлович сравнивал метод встречных пучков с традиционными методами и уже спокойно определил области применимости каждого из них. Восхваляя метод встречных пучков, он в полемическом задоре, наверное, даже незаметно для себя, несколько «невежливо» обошелся с другими новыми методами, сказав, что «самый большой оптимизм в отношении новых методов ускорения не позволит подойти к энергии, достижимой в методе встречных пучков», хотя, конечно, больше других понимал, что такое противопоставление неоправданно. Естественно, что новые методы развивать необходимо, но при этом надо учитывать, что наиболее эффективно они могут быть использованы в системах со встречными пучками. После доклада мы немного побеседовали на эту тему. А вообще я получил большое удовольствие от нескольких встреч с ним в Цахкадзоре. Его талант, работа его учеников и сотрудников получили всеобщее признание. Сам он выглядел таким же могучим, как и в науке. Запомнилось, как он, сильный, крепко сбитый, казалось, несокрушимо здоровый, довольно быстро плавал в бассейне, а на высоте Цахкадзора это требовало немалых усилий. И, конечно, никаких тревог не могло вызвать его богатырское здоровье.

В последний раз мы встретились в Академгородке в 1974 г., когда я приехал на Международный симпозиум. Мы прилетели в Новосибирск поздно ночью, и я не позвонил Андрею Михайловичу. Утром, когда вышел в вестибюль гостиницы, первый вопрос к сотруднику, проводившему регистрацию, естественно был о здоровье Андрея Михайловича и о том, будет ли он сегодня на открытии конференции. Не успел я понять причину удивленного взгляда сотрудника, как почувствовал, что кто-то, подошедший сзади, очень крепко взял меня за плечи, а затем повернул к себе и расцеловал. Все было необычно. Его борода, которую я впервые увидел, подчеркивающая его мудрость, незаурядность, но делавшая его вначале каким-то другим; внешнее проявление какой-то, даже боязно сказать, нежности. Несмотря на болезнь, он выглядел бодрым и радостным. Его выступление, очень глубокое и образное, показало, что он находится в замечательной форме. Во время обеда, устроенного Андреем Михайловичем и его супругой в их гостеприимном доме, он мимоходом упомянул о новых результатах, полученных в осуществлении метода электронного охлаждения. Эта реплика вызвала большой интерес и целый поток вопросов. Речь шла о решающих экспериментах, которые явились поворотным моментом в развитии метода электронного охлаждения. На мое тихо произнесенное замечание о том, что я удивляюсь, как мог он так долго за обедом говорить о всяких пустяках (в действительности было сказано более сочно), и только под конец упомянул о таком событии, он весело рассмеялся и попросил перевести это замечание гостям. Затем в саду, под могучими соснами, он с Драммондом и мною очень заинтересованно и с пристрастием обсуждал авторезонансный метод ускорения Слоана — Драммонда. Уже поздно ночью, на довольно длинном пути от его коттеджа до гостиницы, где мы остановились, состоялся теплый, сердечный разговор, надолго запомнившийся мне. Нельзя было даже предположить, что мы встречаемся в последний раз.

После Новосибирска были хотя и не частые, но очень душевные телефонные разговоры, доставлявшие большую радость мне и моим родным.

В своих кратких и, видимо, не очень связных воспоминаниях я попытался передать некоторые черты Андрея Михайловича — большого, удивительного, редкого по масштабам таланта и самобытности, наверное, неповторимого физика. Его работы, все созданное им — важнейшие направления физики ускорителей и плазмы, замечательный Институт — прошли самое трудное испытание — испытание временем, и с годами, как это происходит только с выдающимися людьми, значение всего сделанного им все время возрастает. Выпестованный им большой коллектив учеников и сотрудников сохраняет и совершенствует оставленные им традиции. Многие из них стали известными крупными физиками — теоретиками, экспериментаторами и инженерами, с большим успехом осуществляющими идеи своего необыкновенного учителя и уже собственные идеи.

Для меня же дружба с Андреем Михайловичем является большим даром.

В. А. Сидоров

ТВОРЕЦ НОВЫХ ИДЕЙ

Подходит к концу первое десятилетие нашей жизни без Андрея Михайловича Будкера — выдающегося физика, основателя Института ядерной физики Сибирского отделения АН СССР, человека, сыгравшего определенную роль в судьбе не только всех ведущих сотрудников этого Института, но и многих ученых, возглавляющих сейчас другие крупные научные коллективы.

Возвращаясь мысленно к началу пятидесятых годов, я вспоминаю свою первую встречу с Андреем Михайловичем — семинар, на котором молодой теоретик Будкер докладывал о своей фантастической идее создания так называемого стабилизированного электронного пучка. Возможность существования такой «конструкции» из электронов и ионов базируется на релятивистских эффектах (на законах механики Эйнштейна) и в нашем обычном мире малых скоростей выглядит противоречием здравому смыслу.

Нам, молодым физикам, только что окончившим университет, непросто было при порядках того времени попасть на семинар соседнего отдела Института, в наши дни носящего название Института атомной энергии имени И. В. Курчатова. Однако слух о том, что семинар обещает быть особенно интересным, вселял энтузиазм, который и был вознагражден.

После блестяще сделанного доклада произошел курьезный инцидент (что-то добавляющий к портрету Будкера того времени). Отвечая на многочисленные вопросы, окрыленный высоким вниманием и порядком уставший докладчик вместо ответа на целую серию вопросов, заданных академиком В. И. Векслером, заявил, что «иногда и сто мудрецов не могут ответить на все вопросы». За этот каламбур Будкер получил резкий выговор председательствующего на семинаре академика Л. А. Арцимовича и многолетнюю неприязнь обидевшегося Векслера. Следует, однако, заметить, что именно академик В. И. Векслер, посетивший Новосибирск в 1964 году, сыграл решающую роль в агитации членов Отделения ядерной физики Академии наук за выборы Андрея Михайловича Будкера ее действительным членом.

Мой первый непосредственный контакт с Андреем Михайловичем произошел в 1961 году, в то время, когда будкеровский бывший Отдел новых методов ускорения, уже преобразованный в Институт ядерной физики Сибирского отделения АН СССР, готовился к переезду в Сибирь. Руководитель той части коллектива, которая осталась в Москве, Б. Г. Ерозолимский предложил мне перейти на работу в его группу. После ознакомления с состоянием дел, в беседе с Андреем Михайловичем я заявил, что дела арьергарда его Института меня заинтересовать не могут, поскольку все перспективное уезжает в Сибирь. Тут же последовало предложение возглавить одну из основных лабораторий Сибирского института, сделанное в нарушение предварительной договоренности между Будкером и Ерозолимским. Горячо агитируя меня на отъезд в Сибирь, Андрей Михайлович, в частности, сказал, что в случае моего отказа ему придется назначить заведующим этой лабораторией вчерашнего студента Сашу Скринского. К слову сказать, завлабом Скринский стал уже через год после нашего одновременного переезда в Сибирь.

В первые годы своего директорства, в годы становления Института, Андрей Михайлович, доказывая необходимость какого-либо организационного мероприятия, часто апеллировал к тому, что он, как теоретик, давно построил теорию организации Института и сейчас идет экспериментальная проверка этой теории.

— Все, что у нас уже получилось,— не случайно, все соответствует заранее построенной модели, так поверьте, что и сейчас я знаю, что делаю.

Не уверен, что это всегда было справедливо, но то, что вопросы социологии, построения общества, общественной политики его всегда занимали, не вызывает сомнений. Конечно, так было и до вступления на должность директора, руководителя крупного коллектива. Андрей Михайлович рассказывал нам о том, как за много лет до своего директорства он строил теорию колхоза, которая должна была поднять наше сельское хозяйство на высокую ступень. В этой теоретической модели миллионером был не колхоз, а каждый колхозник.

В «проповедях», адресованных своим ближайшим сотрудникам,— а именно так можно назвать эти частые нравоучительные рассуждения — Андрей Михайлович удивительным образом соединял такие два, казалось бы, противоположных принципа руководства наукой: коллегиальность и гласность принятия решений и особую роль талантливой личности, творца новых идей. В соответствии с первым принципом директор, руководитель научного коллектива, должен быть окружен своими коллегами, научными сотрудниками, а не аппаратом административной власти.

— В противном случае,— говорил Будкер,— сотрудники аппарата, тесно сомкнувшись вокруг директора и взирая на него с любовью и надеждой на благосклонность, обратят к научным сотрудникам свои спины.

Андрей Михайлович всегда был окружен научными сотрудниками, в его кабинете зачастую одновременно велось несколько диспутов; меня всегда поражала его способность работать, мыслить в обстановке непрекращающегося гвалта, поражала его терпимость.

Но главным оружием гласности, оружием коллективного руководства стал служить изобретенный Андреем Михайловичем Круглый стол — ежедневная, проходящая в непринужденной неформальной атмосфере встреча ведущих сотрудников Института. Число таких сотрудников росло, и «рыцарям Круглого стола» пришлось реорганизоваться: вот уже много лет кроме еженедельных заседаний по средам членов Ученого совета Института в другие дни недели за Круглым столом проходят встречи тематических секций Совета. И сейчас, ежедневно в 12 часов дня здесь за чашкой кофе собираются те, кого приглашал Андрей Михайлович, а затем и его ученики, стараясь руководствоваться одним критерием — наличием таланта к физическим исследованиям.

— Обладателей этого специфического таланта так мало,— говорил Будкер,— что, принимая во внимание другие критерии — характер, воспитанность, образованность, даже разум в обыденном смысле этого слова, вы непременно настолько сузите возможность выбора, что соберете плохих физиков. Правда, одно дополнительное качество все же необходимо — честность.

Отдавая должное важности вопросов формирования коллектива, Андрей Михайлович всегда подчеркивал, что в науке, как ни в одной другой сфере деятельности, важна роль творческой личности. В науке, особенно в фундаментальных, поисковых исследованиях, определяющую роль играет личность научного руководителя. Имен-

Три поколения... Лауреат премии Ленинского комсомола кандидат физико-математических наук В. Е. Балакин, член корреспондент АН СССР В. А. Сидоров, академик А. М. Будкер (1972).

но он ставит исследовательскую задачу, в его голове складывается представление о путях достижения цели. Научный коллектив — большой или маленький, институт или лаборатория — должны создаваться вокруг руководителя.

Андрей Михайлович часто декларировал и жестко проводил правило: если глава лаборатории уходит, то лаборатория расформировывается. За всю историю Института никогда у ушедшего завлаба не было преемника, никогда в лабораторию, оставшуюся без руководителя, не назначался новый заведующий.

Впрочем, из этого правила одно исключение все-таки было сделано — для Института в целом. После смерти Андрея Михайловича Будкера Институт возглавил его любимый ученик — А. Н. Скринский. Но Будкер — сам по себе исключение. Он не просто создал научную школу. Из-под его крыла вышло примерно десять директоров институтов, руководителей крупных проектов. Исключение, как любил говорить Андрей Михайлович, лишь подтверждает правило.

Вот уже двадцать лет Институт ядерной физики ведет экономический эксперимент, цели которого удивительно точно совпадают с программным положением партии по ускорению научно-технического прогресса. Имея мощное экспериментальное производство, Институт не только разрабатывает, но и поставляет предприятиям народного хозяйства новейшее технологическое оборудование на сумму около 10 миллионов рублей в год. Интересно, что правила и положения этой деятельности составлены Андреем Михайловичем, который довольно плохо представлял себе стоимость и объем трудовых затрат конкретных разработок. В таких оценках он почти всегда грубо ошибался и всегда в одну сторону — занижая в несколько раз. Можно сказать, что он был интуитивным экономистом, тонко чувствовал общие законы экономики, выводил их не из конкретных расчетов, а из некоторых философских соображений, например, таких, что надой молока следует нормировать не на корову, а на доярку.

Прошло почти десять лет нашей жизни без Андрея Михайловича, но именно сейчас, во время грандиозной перестройки всего советского общества в соответствии с принципом гласности и приоритетом экономических рычагов управления, мысли, слова и дела создателя и директора Института ядерной физики, академика Андрея Михайловича Будкера вспоминаются особенно ярко.

В. К. Г. Панофский

БЕССТРАШНЫЙ НОВАТОР

Я познакомился с профессором Будкером в 1956 году, когда советские ускорители и установки по физике высоких энергий были открыты для посетителей из Соединенных Штатов Америки впервые после второй мировой войны. Это был незабываемый визит, но самым ярким впечатлением стала моя первая встреча с Будкером в Москве, в Институте атомной энергии. Он показал нам различные сильноточные установки новой конструкции. Особый интерес для меня представляли методы формирования магнитного поля без применения железа с помощью медных шин, где вихревые токи создавали нужную конфигурацию поля. Будкер произвел большое впечатление на гостей, включая меня, своими идеями по сильноточному бетатрону; в то время ни один из нас не обладал достаточной быстротой ума, чтобы проанализировать эти предложения в деталях, необходимых для критического обсуждения. Мы осмотрели много других установок, и у меня были дискуссии с профессором Будкером. Так возникла дружба, которую мы поддерживали до конца его жизни. Я был убежден с самого начала, что он действительно великий гений-изобретатель.

При следующей встрече в Москве мы с профессором Будкером обсуждали возможность создания совместной накопительной лаборатории — двустороннего предприятия, связывающего наши институты, ведь у СЛАКа * и ИЯФа так много общих интересов. К сожалению, эта идея, как и многие другие замыслы профессора Будкера, несколько опережала время. Мы оба понимали, что общие

_____
* Стэнфордский ускорительный центр (США).

интересы в науке могли бы быть одним из самых здоровых оснований для преодоления политических разногласий. Я все еще надеюсь, что это станет реальностью.

Позвольте мне отвлечься, чтобы рассказать забавный случай. Однажды профессор Будкер посетил нашу лабораторию и решил преподнести подарок мне и моей жене. Так как он всегда мыслил с размахом, то привез невыделанную шкуру сибирского медведя для ковра. Он рассказал мне, как она была провезена через американскую таможню: служащий таможни открыл сумку, но медвежья шкура воняла так сильно, что таможенник быстро закрыл сумку без дальнейшего досмотра. И поэтому пошлину платить не пришлось. Мы выделали шкуру и сделали из нее ковер, который и сейчас украшает наш дом в память о проф. Будкере.

Моя последняя встреча с Будкером состоялась у него дома в Новосибирске. Он только что оправился от инфаркта. Мы обсудили много новых ускорительных идей. Он повторил свой призыв: не следует просто делать ускорители все большего размера, важны принципиально новые решения. Говорили о перспективах получения управляемых термоядерных реакций. Переводил его сын, тогда одиннадцатилетний мальчик! Я ушел после этой встречи очень подавленный состоянием здоровья Будкера. У него было столько идей, которые нуждаются в разработке и все, что мы можем сделать — это стараться жить по сформулированным им принципам.

ПАМЯТИ БУДКЕРА

СТАТЬЯ В. К. Г. ПАНОФСКОГО
ИЗ ЖУРНАЛА «ФИЗИКС ТУДЭЙ»
(СЕНТЯБРЬ, 1977)

Герш Ицкович (Андрей Михайлович) Будкер умер 4 июля 1977 года, прожив исключительно плодотворную жизнь. Его работа, характеризующаяся беспредельной изобретательностью и мастерством, хорошо известна многочисленным друзьям Будкера во всем мире, тем, кто занимался ускорителями и физикой плазмы.

Герш Ицкович Будкер родился 1 мая 1918 года и в 1941 году закончил Московский университет. В 1946 году он начал работать с Курчатовым в Институте атомной энергии и занимался многими вопросами, касающимися атомной энергии, включая теорию реакторов с графитовым замедлителем. В 1958 году он стал профессором Московского инженерно-физического института.

Я помню встречу с Будкером в 1956 году во время первого памятного визита американских физиков в различные лаборатории Советского Союза. В тот раз он показал нам ряд оригинальных установок в курчатовском институте с перспективами, беспрецедентными для западной ускорительной технологии. Это был безжелезный бетатрон и каналы магнитной транспортировки пучков, в которых магнитные поля формировались не магнитными полюсами, а вихревыми токами. Была также модель сильноточного циклического электронного ускорителя с компенсацией пространственного заряда ионами. Все эти устройства были практически изучены нами дома. Вскоре после визита Будкер перенес свою работу в новый институт Сибирского отделения АН СССР, директором которого он стал. В 1958 году Будкер был избран членом-корреспондентом Академии наук СССР.

Работа Будкера в Новосибирске была сконцентрирована на разработке новых ускорительных идей, на управляемых термоядерных реакциях и импульсных высокомощных устройствах разного типа. Он избегал следовать основным направлениям советских и западных ускорительных приборов — хорошо известно его пренебрежение к тенденции простого наращивания мощностей стандартных ускорительных схем.

Его разработки вообще зачастую опережали время, и он всегда настаивал на том, чтобы завершенные системы изготавливались из элементов, спроектированных и построенных по оригинальным принципам в его Институте или с помощью промышленности. Все это складывалось в образец интенсивного творчества, до некоторой степени изолированного. В результате разработки Будкера всегда были вызовом с технологической точки зрения, но нередко достигнуть окончательного результата не удавалось, поскольку некоторые из оригинальных элементов не оправдывали ожиданий. Во многих отношениях именно это обстоятельство сделало встречу с Будкером в его Институте незабываемой. Постоянно высказывались новые идеи и многие из них принесли свои плоды в его Институте или за границей.

Значительная часть работы будкеровского института была сосредоточена на семействе электрон-позитронных накопителей, пронумерованных от ВЭП-1 до ВЭПП-4. Две из этих установок дали важные для физики элементарных частиц результаты. Эти машины, в частности ВЭПП-2 и его вариант с высокой светимостью ВЭПП-2М, использовались небольшой группой физиков, занимающихся элементарными частицами. Накопители внесли важный вклад в физику элементарных частиц, например в прецизионное определение масс и ширин векторных мезонов, а также парциальных вероятностей их распадов. Будкер собрал вокруг себя группу способных теоретиков, внесших важный вклад во многие разделы теории ускорителей и плазмы, включая различные явления коллективной неустойчивости и теорию поляризации электронных пучков в накопителях. Будкеровский накопитель ВЭПП-3 применяется для исследований с помощью синхротронного излучения. Будкер планировал поставлять накопители для этой новой области исследования в другие институты Советского Союза. ВЭПП-4 близок к завершению и ожидается, что будет достигнута энергия $e^+ e^-$ столкновений 14 ГэВ, более высокая, чем где-либо в настоящее время. Одной из самых плодотворных идей, принадлежащих Будкеру, является электронное охлаждение. Это метод, с помощью которого фазовый объем протонов в накопителе уменьшается благодаря взаимодействию протонов с потоком электронов, движущихся с той же скоростью, так что электроны обмениваются с протонами поперечными импульсами. Идея метода была продемонстрирована экспериментально в Новосибирске и сейчас активно используется в ЦЕРНе * и Фермилабе ** при создании антипротонных накопителей, необходимых для антипротон-протонных столкновений. В случае успеха эта работа станет памятником одной из многих творческих идей Будкера.

Будкер был новатором не только в технологии. Он ввел также новые социальные образцы руководства лабораторией. Часть усилий его Института была направлена на проектирование и производство ускорителей малых энергий, включая импульсные ускорители трансформаторного типа и мощные микроволновые генераторы, которые можно было бы продавать как в советские институты и медицинские центры, так и за границу. Полученный доход позволял Будкеру финансировать свою программу более гибко, чем это было бы возможно при полной зависимости от правительственного финансирования.

Будкер был активным сторонником расширения сотрудничества с Западом в области физики элементарных частиц и создания ускорителей. Его инициатива больших совместных проектов, в которых западная технология, в частности по обработке данных, дополнила бы некоторые достижения лаборатории Будкера, еще не приносит плодов. Не было бы лучшего памятника работе Будкера, чем практическая реализация его мечты о сотрудничестве в физике накопителей, связывающем Сибирь и Америку.

Будкер был выдающимся аналитиком и конструктором, а также бесстрашным новатором. Он окружил себя группой молодых помощников и учеников, которые разделяли с ним за знаменитым Круглым столом ответственность за основные решения. Его ученики навсегда сохранят многое из его стиля и идей, но его великий движущий дух ушел от нас.

Стэнфорд, Калифорния, 7 июля 1977 года

ИЗ ВСТУПИТЕЛЬНОГО СЛОВА НА ЗАСЕДАНИИ АМЕРИКАНСКОГО ФИЗИЧЕСКОГО ОБЩЕСТВА, ПОСВЯЩЕННОМ ПАМЯТИ БУДКЕРА
(ВАШИНГТОН, АПРЕЛЬ, 1978 г.)

То, что деятельность профессора Будкера была важным элементом общности интересов физиков США и Советского Союза,— общепризнанный факт. Когда у американских физиков впервые

---

* Европейский центр ядерных исследований (Женева, Швейцария).
** Национальная лаборатория им. Э. Ферми (Чикаго, США).

появилась возможность посетить в 1956 году в Советском Союзе институты, занимающиеся ускорением частиц, работы Будкера сразу же привлекли их внимание. Многие из идей, возникших в результате этого визита, привели к серьезным исследованиям на Западе. Такое взаимообогащение идеями продолжалось и после того, как Будкер перенес свою работу в Институт ядерной физики Сибирского отделения Академии наук СССР. Доклады, представленные на сессии памяти Будкера, касаются основных направлений его работ в Новосибирске. Он развивал новые методы ускорения, уделяя особое внимание накопителям. Будкер ввел много нового в теорию и практику управляемых термоядерных реакций и создал много различных типов установок с использованием больших импульсных мощностей. Он продолжал исследовать основные ограничения, стоящие на пути развития ускорительных и накопительных установок, и его многочисленные изобретения были как раз направлены на устранение этих ограничений. В частности, его идея об электронном охлаждении открывает новые возможности для создания накопителей протонов и антипротонов, большая масса которых не позволяет уменьшать фазовый объем за счет излучения, как это происходит в случае электронов.

Многие из идей Будкера опережали время в том смысле, что он не дожил до их полного воплощения в науке и технике. Поэтому последующему поколению физиков во всем мире предстоит воплотить его идеи в жизнь. Надеюсь, что работы, представленные на Симпозиуме памяти Будкера, покажут, как повлияли его идеи на развитие научных исследований в Соединенных Штатах Америки и какое развитие они могут получить еще в будущем.

В. Н. Байер

ФРАГМЕНТЫ ПОРТРЕТА

В апреле 1955 года я приехал «устраиваться» в Москву. У меня было несколько рекомендательных писем к физикам, в том числе к С. М. Рытову. Он направил меня в Лабораторию измерительных приборов (ЛИПАН), в частности к А. М. Будкеру. Андрей Михайлович пригласил меня к себе домой. Ехать пришлось далеко, на трамвае на окраину Москвы. Меня встретил плотный, подвижный, лысый человек с остатками рыжей шевелюры. Кабинет, куда мы пришли, был почти пуст: в нем стояли обшарпанный письменный стол и два стула. Будкер расспросил меня об учебе в Киеве, о системе образования в Киевском университете, о студенческой научной дискуссии, в ходе которой у меня возникли «проблемы». Я хвалил П. Дирака, которому мои киевские учителя приписали бездну идеализма. «Как же так?— удивился Андрей Михайлович,— ведь Дирак создал теорию представлений квантовой механики, из которой следует, что физические выводы теории не зависят от выбора базиса и, следовательно, произвол в его выборе не сказывается на результатах. Таким образом, именно П. Дирак внес большой вклад в материалистическую интерпретацию квантовой механики».

Бо́льшая часть времени нашей беседы ушла на решение задач, которые сейчас дают студентам НГУ, а тогда этот джентльменский набор предлагался всем поступающим в коллектив Будкера. «К сожалению,— сказал он в заключение беседы,— оформление документов в нашей организации занимает около года. Если не устроитесь, подавайте документы и возвращайтесь ждать результатов в Киев».

Вторая моя встреча с Андреем Михайловичем произошла в ноябре 1958 года, уже после окончания аспирантуры. Он жил уже на другой квартире — недалеко от станции метро «Сокол». Помню, что говорили мы в огромной комнате со множеством окон. После нескольких вопросов о моей деятельности в аспирантуре Будкер с большим энтузиазмом начал излагать идею встречных электронных пучков. Эти пучки он рассматривал как основную программу создаваемого в Новосибирске Института ядерной физики. «Если мы столкнем 100 А × 100 А, у нас не будет никаких проблем». Ток в 100 А был лейтмотивом нашей беседы, такой ток устранял все трудности. Затем я снова решал задачи и в итоге получил приглашение работать в Институте ядерной физики СО АН СССР. Институт и ЛНМУ (Лаборатория новых методов ускорения, которой также руководил Андрей Михайлович) размещались на территории нынешнего ИАЭ им. И. В. Курчатова в здании бывшей поликлиники (основное здание) и, кроме того, занимали часть нового лабораторного корпуса. Именно в бывшей поликлинике сооружалась первая установка со встречными пучками ВЭП-1.

После зачисления в Институт я общался с Будкером довольно часто: сотрудников было очень мало, а его неуемная, бьющая через край фантазия требовала выхода. Вот несколько эпизодов московского периода.

Одновременно с сооружением накопителя ВЭП-1 и инжектора к нему шло формирование программы физических исследований. Андрею Михайловичу хотелось привлечь внимание ведущих ученых страны к работам Института. В октябре 1959 года у нас был И. Я. Померанчук *. Состоялась весьма длительная дискуссия, где перемежались теоретические соображения по проверке квантовой электродинамики на малых расстояниях и технические детали, относящиеся к электрон-электронным встречным пучкам. Большого восторга все рассказанное у И. Я. Померанчука не вызвало. Проводив его, Будкер заглянул ко мне и посетовал, что как-то наша программа не производит впечатления и нужно думать еще, как ее усовершенствовать. Я ответил, что программа будет неизмеримо шире, если вместо электрон-электронных встречных пучков создать

---

* И. Я. Померанчук (1913—1966) — академик, дважды лауреат Государственной премии СССР. Создатель школы физиков-теоретиков.

электрон-позитронные встречные. В последовавшей затем дискуссии мы много раз менялись местами, убеждая друг друга и высказывая сомнения в возможности их создания. В итоге Андрей Михайлович потребовал, чтобы я отложил все дела и оценил возможность реализации новой версии. Со следующего дня началась активная работа, обсуждения шли с утра до вечера в изматывающем стиле, но дней через пять очень грубо был набросан проект ВЭПП-2. Максимальная энергия (700 МэВ) была выбрана такой, чтобы рождались K-мезоны.

Будкер очень строго относился к соблюдению трудовой дисциплины. Я завозил дочь в ясли и даже при оптимальном режиме движения приезжал на работу в 9 часов 5 минут. Иногда Андрей Михайлович специально поджидал меня и долго выговаривал за опоздание.

Летом 1959 года я собрался в альплагерь на Кавказ. Но тут выяснилось, что что-то недосчитано в задаче о формировании поля в безжелезном ускорителе (этот тип машин был весьма популярен в ИЯФе в 50—60-е годы). Будкер вызвал меня в день отъезда и за час «уговорил» отказаться от поездки. В путевке переправили фамилию на Байеранов, и Баранов уехал.

Весной 1961 года была разыграна грубоватая шутка. На всех досках Института атомной энергии было вывешено объявление, что 1 апреля в конференц-зале состоится лекция А. М. Будкера «Серийное производство ускорителей в Сибири и задачи Института ядерной физики». В начале пятого Андрею Михайловичу позвонили и сказали, что в зале его ждут более 200 человек, а он опаздывает. Он долго не мог понять, о чем идет речь. В кабинете в это время находились высокопоставленные визитеры, которые начали посмеиваться. Пришлось пойти на лекцию. По слухам, дошедшим от очевидцев, Будкер вышел из создавшегося положения с честью. Но на следующий день он начал расследование, выделив несколько «подозрительных» и «почти подозрительных». Андрей Михайлович заходил к каждому из подозреваемых и говорил: «Сознайся, я ничего не сделаю». Никто не сознался.

Несколько эпизодов новосибирского периода.

Весной 1962 года Андрей Михайлович пытался привлечь внимание теоретиков Института к возможности поляризации электронов в накопителях. Годом позже задача была решена в МГУ и оказалось, что поляризация действительно возникает, но Будкер каким-то образом почувствовал эффект без всяких расчетов.

В сентябре 1963 года ИЯФ впервые посетили несколько зарубежных физиков, в том числе Б. Рихтер, Б. Гительман, Ф. Миллс. После знакомства гостей с Институтом их решили покатать на катере. На море был жестокий осенний шторм, катер основательно болтало, и капитан решил уйти в Бердский залив. Только там нам удалось пообедать в кают-компании. За обедом Андрей Михайлович говорил о том, что встречными пучками пока занимаются лишь небольшие группы в основном молодых физиков в СССР, США, Италии, что этому направлению физики высоких энергий принадлежит будущее, что надо поддерживать друг друга как в плане развития и совершенствования метода встречных пучков, так и в плане организационном.

В конце 1965 года мы с Валерием Катковым (в то время аспирант) заинтересовались рождением пар нейтрино при движении электрона высокой энергии. Было видно, что в вероятность процесса будет входить высокая степень энергии (что типично для процесса слабого взаимодействия). Нам представлялось, что эффект может оказаться важным и даже найти практические применения, если продвинуться высоко по энергии. Но такие рассуждения были неправильны. Когда я обсуждал этот вопрос с Андреем Михайловичем, он обратил внимание на то, что эффект должен определяться магнитным полем в системе покоя электрона (инвариантной величиной), т. е. энергия будет входить в результат в виде произведения на величину магнитного поля. Фактически содержащая эту величину безразмерная комбинация была очень малой и входила в вероятность в высокой степени, так что эффект оказался очень слабым. Будкер любил вспоминать и гордился тем, что Л. Д. Ландау назвал его «релятивистским инженером». В упомянутом обсуждении эта характеристика подтвердилась очень рельефно.

Очень часто на Ученом совете Института или просто во время различных обсуждений Андрей Михайлович призывал к нестандартному мышлению и поиску нестандартных решений. Вот одно из них. Когда москвичи переезжали в Академгородок, очень модным было приобретение лодок. Будкер и здесь поступил нестандартно: из двух лодок «Казанка» был сооружен катамаран с высоким помостом. В тех редких случаях, когда Андрею Михайловичу удавалось выходить в море на этом странном сооружении, он обычно стоял на помосте в плавках, широко расставив ноги, как морской волк, и смотрел в бинокль. Зрелище было замечательным.

Г. И. Димов

ЧЕРЕЗ ОБСУЖДЕНИЯ — К ВЫБОРУ

Познакомился я с Андреем Михайловичем в середине 50-х годов, когда на большом подъеме были физика и техника ускорителей заряженных частиц, а также развертывались исследования по управляемому термоядерному синтезу. На первой конференции по ускорителям с участием многих иностранных специалистов, проведенной в ФИАНе в 1956 году, А. М. Будкер и А. А. Наумов сообщили о результатах работ по стабилизированному замкнутому электронному пучку и по безжелезному синхротрону. Эти исследования вызвали чрезвычайно большой интерес своей новизной и смелостью предлагаемых решений. Однако в обсуждении высказывались и большие сомнения в реализуемости предложенных схем ускорителей. Еще до конференции я посетил лабораторию А. М. Будкера в ЛИПАНе*. На меня произвели сильное впечатление творческая атмосфера и большая трудоспособность молодого коллектива. Особенно поражали неистощимая изобретательность Будкера в области ускорительной техники и большое количество новых физических идей.

Однако по-настоящему я узнал Андрея Михайловича, когда стал работать под его руководством в ИЯФе СО АН СССР с середины 1960 года. Он был душой научного коллектива. В 60-е годы он непрерывно обсуждал с сотрудниками практически все вопросы, связанные с созданием экспериментальных установок и проведением экспериментов. И в этих обсуждениях очень часто рождались новые решения. После скрупулезного анализа большинство решений по тем или иным причинам отметалось, но новым предложениям Андрея Михайловича не было конца. Важно, что все достаточно точно оценивалось в числах. И в этом А. М. Будкер был виртуозом. В сложнейших задачах он находил простейшие, физически прозрачные способы вычислений. Поражала неутомимая способность многократно, многосторонне анализировать физико-техническую ситуацию. К обсуждению многих вопросов возвращались снова и снова через месяцы и даже годы. Мне представляется, что именно благодаря этому родилось такое замечательное предложение А. М. Будкера, как электронное охлаждение протонов и антипротонов в кольцевых ускорителях. Участвуя в течение многих лет в длительных и содержательных обсуждениях проблем ускорителей и управляемого термоядерного синтеза, я многому научился. Именно поэтому, прежде всего, я считаю себя учеником Андрея Михайловича.

В 70-х годах Институт значительно вырос. Андрей Михайлович уже не мог, как раньше, привлекать к обсуждениям каждого научного сотрудника, но страсть к этому стилю работы осталась прежней. Когда я оказывался одновременно с ним в Москве, он обычно приглашал меня погулять после рабочего дня. Сделав разминку анекдотом, Андрей Михайлович начинал обсуждать очередной вариант ВЛЭППа**. Тогда он увлекался накоплением энергии для ускорения электронов в мощном замкнутом протонном пучке. Вообще к накопителям энергии Андрей Михайлович был неравнодушен. А замкнутый пучок протонов релятивистской энергии давал новые возможности для быстрой транспортировки и распределения энергии. И здесь фантазия Андрея Михайловича, обоснованная расчетами, была неисчерпаемой.

Несмотря на увлеченность новыми идеями, А. М. Будкер был очень рациональным в постановке экспериментальных работ. Осознав одним из первых в нашей стране чрезвычайно большие возможности встречных пучков в физике высоких энергий, он сосредоточил основные усилия на создании ускорителей со встречными

---

* Лаборатория измерительных приборов Академии наук СССР — название Института атомной энергии им. И. В. Курчатова в 50-е годы.
** Встречные линейные электрон-позитронные пучки.

пучками в ущерб своему любимому детищу — стабилизированному электронному пучку. Он поступился изящными схемами ускорителей для радиационной технологии в пользу простейших, но надежных. Он призвал международное сообщество физиков-плазмистов не ограничиваться физикой плазмы и перейти к активной разработке физических основ термоядерных реакторов.

А. Н. Скринский

ИЗ ВОСПОМИНАНИЙ
ОБ АНДРЕЕ МИХАЙЛОВИЧЕ И ИЯФе

В первый раз я услышал фамилию Будкера в 1956 г. После окончания третьего курса физфака МГУ нужно было прикидывать, куда пойти в дальнейшем на преддипломную практику и диплом, да и где работать после окончания университета. И вот тогда через общих знакомых один из ведущих сотрудников курчатовского ЛИПАНа (вскоре получившего название Институт атомной энергии) посоветовал мне присоединиться к новой, очень живой и интересной лаборатории, организованной набиравшим признание Андреем Михайловичем. В следующий раз, уже весной 1957 г., в нашем общежитии меня неожиданно разыскал Вадим Волосов, уже работавший к тому времени в лаборатории Будкера. Он рассказал мне о разнообразных подходах и идеях, развиваемых молодым коллективом, из которых меня больше всего заинтересовали новые подходы в получении частиц высокой энергии. Вадим подтолкнул меня к принятию решения по поводу места прохождения практики (к тому времени я немного познакомился с НИИЯФ МГУ и заочно с Дубной). В августе, после не слишком удачно пройденного мной собеседования — я не сообразил, как заряженная частица будет двигаться («дрейфовать») в скрещенных электрическом и магнитном полях, — меня приняли в лабораторию Андрея Михайловича в группу Бори Чирикова, и я стал работать у Волосова по экспериментальному исследованию явления виртуального катода в сильноточных электронных пучках в продольном магнитном поле (у Андрея Михайловича и его сотрудников была надежда использовать его для фокусировки сильноточных ионных пучков в циклических ускорителях).

В первые месяцы работы я видел Андрея Михайловича довольно редко и практически не взаимодействовал с ним. Только в конце 1957 года, по-видимому по рекомендации Чирикова, Будкер предложил мне войти в группу, перед которой по инициативе Андрея Михайловича ставилась задача создания установки со встречными электрон-электронными пучками. С этого времени практически 20 лет мне посчастливилось быть одним из близких сотрудников Андрея Михайловича.

Встречные пучки как практический путь к сверхвысоким энергиям взаимодействия только-только начали обсуждаться в середине 50-х годов, причем абсолютное большинство физиков рассматривало их как дело неопределенно далекого будущего. В то же время во многих лабораториях мира появились энтузиасты этого метода, которые в качестве первого этапа рассматривали именно электрон-электронные встречные пучки, во-первых, потому, что для этих легких частиц уже при скромных энергиях в сотню мегаэлектрон-вольт ярко проявляются преимущества метода, а во-вторых, потому, что для накопления пучков необходимой интенсивности с малым поперечным размером можно было использовать незадолго до того «осознанное» радиационное охлаждение. Кроме того, только что появились данные, что в электрон-протонном упругом рассеянии закон взаимодействия отличается от кулоновского взаимодействия точечных зарядов, и нужно было подтвердить, что за это ответственна протяженность протона (то есть доказать справедливость квантовой электродинамики на малых расстояниях, соответствовавших энергии встречных электронных пучков в сотни мегаэлектронвольт).

Взялись за встречные пучки многие, в том числе и в нашей стране, но к успешному финишу — осуществлению экспериментов по электрон-электронному рассеянию — пришли одновременно только два центра — Стэнфордский университет (США) и образованный на базе лаборатории Будкера Институт ядерной физики в Новосибирске.

Но это было уже в 1965 году, когда прошло много лет, самых сложных и, по моему восприятию, самых тяжелых лет становления и «выхода в люди» нашего коллектива. При этом яркие идейные, изобретательские и результативные взлеты совмещались с фантастическим несоответствием наших намерений и внутренних решений реальным достижениям как по срокам, так и по параметрам.

В качестве инжектора для установки ВЭП-1 Андрей Михайлович предложил использовать ускоритель Б-2 со спиральным накоплением и бетатронным ускорением, дополнив его стадией синхротронного ускорения (незадолго до этого на данном ускорителе, созданном по идеям Андрея Михайловича, были получены рекордные электронные циркулирующие токи, приближающиеся к 100 А). Для достижения достаточной энергии около 50 МэВ надо было в камеру поставить разрезной резонатор, запитываемый от импульсного ВЧ-генератора, и сделать дополнительную систему питания для дальнейшего повышения магнитного поля. Первые хорошие результаты по синхротронному ускорению до энергии в несколько мегаэлектронвольт были получены уже в первые месяцы работы (этот материал стал моей дипломной работой, защищенной в конце 1958 г.). Вскоре были достигнуты и первые успехи по однооборотному выпуску электронов из ускорителя (что при времени оборота в 10 нс было по тем временам сложной, ранее никем не решаемой задачей).

Но происходили и неприятные события. Так, в конце 1958 года было решено к Международной конференции 1959 года получить в Б-2 электронный пучок полной энергии, «перепустить» его в экспериментальный однодорожечный накопитель и изучить длительную жизнь пучка в нем. Подобное было бы первым в мире опытом в области накопителей ускоренных частиц, успешная работа которых была ключевым моментом в решении задачи встречных пучков; при этом предполагалось довести циркулирующие токи в накопителе до сотни ампер. Всем этим мы должны были заниматься, пока сам накопитель (уже двухдорожечный) ВЭП-1 спешно конструировался и изготавливался на турбогенераторном заводе в Новосибирске, чтобы затем переехать для экспериментов в Москву.

Работали мы не то чтобы с полным напряжением — большинство из нас, участников, жило практически только этим. Были добыты железо и обмотки от старого, кажется, циклотрона и установлены в том же зальчике бывшей поликлиники рядом с Б-2; изготовлена вакуумная камера накопителя с внутренними формирующими полюсами; разработан и изготовлен электронно-оптический канал от ускорителя до накопителя; созданы все остальные системы ускорителя и всего комплекса в целом. Однако мы не только не получили запланированных результатов к конференции 1959 года, но и оказались формально дальше от достижений, полученных год назад,— практически ничто не работало как надо. В итоге, промучившись с этим комплексом на базе экспериментального накопителя чуть ли не три года и переделав не раз многие элементы и системы, мы были вынуждены отказаться от него: из Новосибирска прибыл ВЭП-1, и все силы были сконцентрированы на запуске (опять срочном, опять к очередной конференции) уже полного комплекса со встречными пучками. Снова всеми были приложены суперусилия, а в результате комплекс во второй половине 1962 года, даже не начав хоть сколько-нибудь «дышать», был перевезен в только еще достраивавшийся защищенный блок № 3 главного здания Института в Новосибирске. И уже летом следующего 1963 года в накопителе был получен такой желанный, такой нужный нам «законно» живущий пучок. Доклад об этом, сделанный параллельно с стэнфорд-принстонской группой на Международной конференции по ускорителям в Дубне, стал для многих из нас, в том числе и для меня, первой настоящей печатной научной работой. И это при самой интенсивной работе в течение почти 6 лет! Многие начинавшие вместе с нами отчаялись и ушли, тем более что работа была связана с переездом из Москвы, из прославленного Института атомной энергии, в Новосибирск, в несуществующий, совершенно «негарантированный» Институт, к тому же при упомянутом вопиющем противоречии намерений и решений с реальными результатами. То, что я, в частности, устоял несмотря на сомнения и соблазны в те годы, считаю одним из главных своих моральных достижений. И только начиная с 1963 года я почувствовал, что мы «донырнули до дна» и действительно сможем справиться с поставленными нами задачами.

Конечно, когда я на предыдущих страницах говорил о «наших» намерениях, решениях и т. д., я прежде всего подразумевал Андрея

Париж, Монмартр... Единственный снимок Андрея Михайловича за рубежом (1966).

Михайловича. Он был центром всей нашей жизни. Его энергия, оптимизм, напор, изобретательность и великолепная «физичность» составляли, быть может, главный для нас на том этапе стимул к продолжению работы, несмотря на все удары и разочарования. А вскоре оказалось, что мы уже многому в работе и жизни научились, и в очень приличном темпе. Привезя в пустой недостроенный зал никогда не работавшее оборудование, потребовавшее самых радикальных усовершенствований, сумели в 1965 году — менее чем за три года — получить первые экспериментальные результаты по электрон-электронному рассеянию. При этом был разработан, создан и «оживлен» принципиально новый ускорительный комплекс, гораздо более сложный, чем все существовавшие где-либо до того времени. И экспериментальные результаты по физике элементарных частиц были получены на нем точно в те же сроки, что и в Стэнфорде.

Андрей Михайлович в нашей с ним поездке по США и Франции на следующий (1966) год любил говорить, что наша работа была сделана, в отличие от стэнфорд-принстонского эксперимента, совсем «зеленым» коллективом, которому к тому же пришлось переехать из Москвы в Новосибирск, в то время как американским физикам не нужно было переезжать из Калифорнии на Аляску. Эти слова неизменно встречались в аудиториях самым дружным и доброжелательным смехом и аплодисментами.

Параллельно с работой по ВЭП-1 в 1959 году началась разработка комплекса с электрон-позитронными встречными пучками ВЭПП-2. Только позже мы узнали, что заниматься подобной тематикой стали и в других центрах. Если создание электрон-электронных встречных пучков абсолютному большинству специалистов представлялось делом очень сомнительным и уж во всяком случае недоступным нашему только еще складывавшемуся коллективу, то разговоры об электрон-позитронных экспериментах были восприняты большинством как доказательство полной несерьезности Андрея Михайловича и всех нас. Когда Андрей Михайлович передал И. В. Курчатову краткую записку по этому проекту, Игорь Васильевич послал ее на отзыв трем считавшимся в то время самыми ведущими специалистам. Все трое дали очень горячие, заинтересованные (поскольку потенциальные возможности электрон-позитронных экспериментов уже тогда представлялись крайне важными) и категорически отрицательные отзывы — предлагаемое абсолютно нереально, а кто даже только говорит об этом, тот беспочвенный фантазер.

Тем не менее И. В. Курчатов поддержал Институт и провел соответствующее решение по созданию комплекса ВЭПП-2. И в 1967 году всего через два года после первых электрон-электронных экспериментов в Стэнфорде и Новосибирске наш стремительно крепнущий и расширяющийся коллектив сумел поставить на ВЭПП-2 (первым в мире!) эксперимент по электрон-позитронной аннигиляции в пионы (область ρ-мезонного резонанса). Правда, к тому времени разработка нашим Институтом метода встречных пучков для экспериментов по физике элементарных частиц уже была удостоена Ленинской премии. Кстати, один (но только один!) из давших отрицательный отзыв — академик В. И. Векслер, приехав в Институт после первых наших результатов, во весь голос, публично признал свою неправоту и поздравил нас с успехом.

Одновременно с продвижением по пути развития электрон-электронных и электрон-позитронных встречных пучков Андрей Михайлович интенсивно искал пути практической реализации встречных пучков протонов. В те времена рекордными были энергии протонов около 10 ГэВ. Андрею Михайловичу хотелось, разработав компактные и сравнительно дешевые импульсные протонные ускорители с полями на порядок выше, чем в обычных «железных» магнитах, поставить эксперименты на встречных протонных пучках с энергией 2×10 ГэВ (такие энергии существенно превышали бы возможности проектировавшегося тогда ускорителя в Серпухове). Реализовать этот замысел не удалось, но зато по ходу работы Андрей Михайлович сделал два интересных и важных предложения. Для достижения достаточной производительности (как потом стали говорить, светимости) импульсной протон-протонной установки нужно было научиться получать большие циркулирующие протонные токи и сжимать такие пучки до очень малых поперечных сечений. Для накопления больших протонных токов Андрей Михайлович предложил использовать переразрядную инжекцию (сначала получить отрицательные ионы водорода, ускорить их в инжекторе, а затем, введя правильным образом на инжекционную орбиту ускорителя, «ободрать» их на газовой мишени; физика позволяет при этом осуществлять инжекцию в течение тысячи оборотов, соответственно выигрывая в циркулирующем токе). Вся эта «перезарядная» программа была с большим успехом реализована в Институте, и теперь все крупнейшие протонные ускорительные комплексы в мире переведены на такой режим работы, позволивший заметно поднять интенсивность и улучшить качество ускоренных пучков.

Второй шаг был еще более революционным. Для сжатия протонных пучков после инжекции и первого этапа ускорения Андрей Михайлович выдвинул идею электронного охлаждения. Как только стало понятным, что уменьшение размеров и разброса по энергиям в протонном пучке с помощью «холодного» интенсивного электронного пучка не противоречит основным законам природы, в Институте было предложено (1965 г.) использовать электронное охлаждение для накопления антипротонов и создания протон-антипротонных встречных пучков. Во время уже упоминавшейся поездки 1966 года этот круг идей и планов был доведен до международной физической общественности. Он вызвал очень большой интерес. Затем в 1971 году Институт доложил на Международной конференции проект протон-антипротонного комплекса, содержавший уже все достаточно детально проработанные физические и технические аспекты. Кроме того, вскоре в ЦЕРНе был изобретен и другой, «стохастический» метод охлаждения. Несмотря на все это, никто, кроме нас, не брался за разработку протон-антипротонных проектов до 1974 года, когда в Институте была экспериментально продемонстрирована осуществимость электронного охлаждения. С того момента произошел взрыв интереса к этому направлению, и в последующие годы крупнейшие протонные ускорители в ЦЕРНе и Фермилабе были преобразованы в протон-антипротонные комплексы, дающие целый поток интереснейшей информации по физике элементарных частиц. И я очень надеюсь, что протон-антипротонная программа будет, наконец, принята как часть, причем приоритетная, программы строящегося в Серпухове крупнейшего ускорительно-накопительного комплекса.

В конце 1969 года Андрей Михайлович тяжело заболел (инфаркт). У него уже давно были нелады с сердцем, но темперамент не позволял обращать внимание на свое здоровье. Около года Андрей Михайлович был, по сути дела, оторван от текущей жизни Института, но чуть только окреп — сразу самым деятельным образом и практически в своем прежнем предельно напряженном и инициативном стиле начал заниматься сиюминутными делами Института и его перспективами. Хоть и чувствовал он себя все время не особенно хорошо, и медики зачастую забирали его в больницу,

Рядом с Учителем. Справа — академик А. Н. Скринский (1973).

он с максимальным энтузиазмом занимался именно научными и организационными делами дальнего прицела, постоянно повторяя, что всегда нужно планировать жизнь, а не угасание.

Здесь, может быть, интересно отметить такой факт. При всем моем уважении (даже почтении) и общем очень хорошем отношении к Андрею Михайловичу некоторые черты его поведения и манер производили на меня тяжелое или неприятное впечатление. В годы же после болезни почти все несимпатичное, казавшееся мне наносным, как-то ушло и самыми бросающимися в глаза чертами стали мудрость и жизненная энергия. Правда, не исключено, что свою роль в этом изменении моего восприятия играл эффект Марка Твена, который говорил, что в двадцать (марктвеновских) лет его отец был весьма ограниченным человеком, но через десять лет значительно поумнел, и этот процесс продолжался и дальше.

Одним из организационно-психологических мероприятий, проведенных по инициативе Андрея Михайловича в Институте в начале этого периода, было резкое расширение системы Круглого стола. С 1963 года все мы, ведущие в то время сотрудники Института, члены Ученого совета, каждый день в 12 часов собирались за Круглым столом и обсуждали все вопросы нашей (и не только нашей) науки, жизни Института, Академгородка, Советского Союза, всего мира и Вселенной. Здесь выкристаллизовывались научные и организационные идеи, обсуждались текущие и перспективные вопросы нашей жизни, включая, казалось бы, и совсем мелкие хозяйственные. Именно эта система позволяла (и, надеюсь, позволяет) нам не закоснеть и не обюрократиться.

Но к 1971 году ситуация существенно изменилась: кроме тех 30—35 человек, что были членами Совета, выросли новые ведущие сотрудники, которые реально стали определяющими для жизни Института. Кроме того, часть членов Совета по разным причинам уже утратили свои позиции. Поэтому после длительных обсуждений было решено Совету Института встречаться раз в неделю (по средам), а в остальные дни недели собирать за Круглым столом тематические секции Совета, в которые мы постарались ввести всех действительно ведущих сотрудников независимо от их возраста (сюда вошли даже некоторые стажеры, только что окончившие университет). Эта операция позволила расширить круг непосредственно оказывающих влияние на жизнь Института почти до 100 человек и сохранить, так сказать, нашу молодость. Еще через десять лет жизнь заставила нас пойти в этом же направлении еще дальше, и сейчас в систему Круглого стола включены уже около 250 исследователей и инженеров-разработчиков. Несмотря на всю, казалось бы, громоздкость такой системы и сложность проведения каждого серьезного дела через обсуждения на каждой из многочисленных уже секций (с учетом, конечно, их специфики), мы рассматриваем ее как наиболее эффективную в наших конкретных условиях, как очень важный и определяющий элемент нашей жизни.

Здесь, наверное, не место, да и не время еще вспоминать о «внешних» и «внутренних» сложных и тягостных моментах в жизни Андрея Михайловича, особенно в последние годы; к тому же, как показал уже десятилетний опыт, многие проблемы и неприятности, с которыми сталкивались Андрей Михайлович и Институт в 1970—1977 годы, не связаны прямо с его личными чертами и особенностями.

В последние годы усилия Андрея Михайловича в области физики высоких энергий концентрировались на поиске путей создания комплексов со встречными пучками на сверхвысокие энергии. Было продумано и обсуждено множество подходов и конкретных решений. Многие из них пришлось отбросить как нереальные или недостаточно эффективные, но даже и они внесли свой вклад в наше продвижение в этом магистральном направлении.

Главным итогом многолетних усилий явился метод встречных линейных электрон-позитронных пучков (проект ВЛЭПП). Уже в середине 60-х годов в Институте «рисовались» и оценивались возможности получения встречных соударений на линейных ускорителях (именно такой вариант сейчас осуществляется в Стэнфорде), а в 1971 году на Международном семинаре по перспективам физики высоких энергий в Швейцарии в докладе Института обсуждались пути реализации настоящих линейных встречных пучков. К сожалению, проект ВЛЭПП, автором доклада о котором был и Андрей Михайлович, Институт предоставил уже без него в 1978 году на Международном семинаре в Новосибирске, посвященном 60-летию Андрея Михайловича. Этот проект является на обозримое будущее главным делом нашего Института в области физики элементарных частиц.

«Очень может быть, что ты прав...» (1974).

На этом нужно пока поставить точку. Множество вопросов — научных, житейских, всяких — и среди них важнейший вопрос о соотношении и единстве фундаментальных исследований и прикладных работ, о народнохозяйственной деятельности Института — осталось даже незатронутым. Я очень надеюсь коснуться их в сборнике, посвященном следующему юбилею Андрея Михайловича.

А. П. Онучин

ОРГАНИЗАТОР ИНСТИТУТА

Зимой 1957/58 учебного года в Московском университете на физическом факультете появилось объявление о лекции Будкера, посвященной релятивистскому стабилизированному пучку. Я в то время учился на пятом курсе. От своих друзей, которые были на практике у Будкера, я слышал об организации им ядерного института в Сибири, о том, что в этом институте будут заниматься экспериментами на встречных пучках. Эксперименты на встречных пучках — это фантастика! Я с нетерпением ждал лекции Будкера, хотел составить о нем свое представление. Каков директор нового института, стоит ли связывать с ним свое будущее?

Большая физическая аудитория, в которой проходила лекция, была переполнена. Вошел Будкер, молодой, энергичный. Произнес несколько фраз, аудитория затихла. Сразу же приковал наше внимание. Он четко, предельно ясно и с большим увлечением рассказывал о релятивистском стабилизированном пучке. Конец его лекции был посвящен организации нового института в Сибири, проблемам и возможностям работы физиков в нем. Была масса вопросов, на которые Будкер отвечал увлеченно и с интересом.

Лекция и личность Будкера покорили меня, появилось желание работать у него в институте. Сибирь меня не пугала, я вырос там, и люди мне нравились. Возможность стать самому одним из участников создания нового института выглядела весьма привлекательной. Но сначала предстояло собеседование. Пройду ли я? К счастью, все прошло хорошо и меня приняли в ИЯФ. С нашего курса попали тогда к Будкеру несколько человек, которые и сегодня работают в институте,— академик А. Н. Скринский, профессор И. Н. Мешков, профессор С. Г. Попов, кандидат физико-математических наук В. Е. Пальчиков.

Только многими годами позже я осознал, какой титанический труд вкладывал Андрей Михайлович в организацию Института. Лекция на физфаке МГУ — один из многочисленных примеров его деятельности. Теперь, оглядываясь назад, становится ясно, что создание Института ядерной физики было основным делом Андрея Михайловича, делом, которому он отдал всю жизнь. Он не только предложил теорию организации научного института, но и реально создал первоклассный Институт, который высоко ценят специалисты во всем мире.

Основное внимание Андрей Михайлович, безусловно, уделял вопросам отбора и подготовки физиков для нового Института. С каждым, кто поступал работать в Институт, он имел довольно подробную беседу и искренне радовался, когда удавалось принять нового человека. Помню 1961 год, когда я переехал из Москвы в Новосибирск. Была довольно сложная ситуация в Институте, в частности в вопросах постановки экспериментов на встречных пучках. Шло изготовление установок ВЭП-1 и ВЭПП-2. Б. Г. Ерозолимский, который заведовал лабораторией в Москве и занимался подготовкой экспериментов на ВЭП-1, решил в Новосибирск не переезжать. Андрей Михайлович уговаривал заняться этими проблемами Б. В. Чирикова, который к тому времени уже жил в Новосибирске. Помню, мы ходили с Борисом Валериановичем по строящемуся защищенному залу и прикидывали, как бы расположить накопитель ВЭПП-2 и его пультовую, а также вместе начали делать оценки фона на накопителе ВЭПП-2. Но Борис Валерианович открыто и откровенно говорил, что ему не хочется заниматься такими большими установками с большим количеством технических и человеческих проблем. И вот однажды, в очередной приезд из Москвы, Андрей Михайлович мне с радостью говорит: «Радуйся. Нашел тебе заведующего лабораторией. Он работал у Нильса Бора. Работает в ЛИПАНе, неплохо о нем отзываются». Это был Вениамин Александрович Сидоров, в то время он еще не защитил кандидатскую диссертацию. Помню также бурные радости Андрея Михайловича, когда ему удалось сагитировать в Сибирь В. М. Галицкого, С. Т. Беляева, Р. З. Сагдеева.

Много времени и сил отдавал Андрей Михайлович подготовке физиков в Новосибирском университете, занимался вопросами приема студентов. Вспоминаю его напутствие нам, молодым физикам, когда мы отправлялись на проведение школьной олимпиады в города и районные центры Сибири и Дальнего Востока. Это был второй тур олимпиады. Первый тур прошел заочно. Нам предстояло отобрать лучших ребят для третьего тура. Андрей Михайлович говорил: «Вы можете встретиться с фактами слабой подготовки ребят. Постарайтесь отделить способность от подготовки. И ни в коем случае не уроните авторитет учителя. Помните, учитель делает великое дело — он просвещает, он поднимает уровень знаний...»

Памятны также его напутствия перед приемными экзаменами в университет членам приемной комиссии по физике. Опять главное внимание он обращал на то, чтобы отделить способность от подготовки. Уровень подготовки в разных школах и в разных семьях сильно различается. Нам нужно отобрать способных физиков. «Постарайтесь, чтобы на Вас ни в ту, ни в другую сторону не действовал внешний вид молодого человека, его манера держаться и разговаривать. Постарайтесь давать задачи, на которых можно проверить физическое мышление, а не вычурные, в которых проявляются способности разгадывать головоломки...»

Андрей Михайлович считал, что Институт должен быть организован так, чтобы физик в нем был главной фигурой. Этому принципу должна быть подчинена вся структура Института. Хорошо известен будкеровский Круглый стол — Ученый совет Института. На нем решались практически все важные вопросы жизни Института — планы научных работ, распределение квартир, прием на работу, состояние работ на установках, новые идеи, работа служб, премии и выговоры, кадры, финансы, результаты экспериментов и т. д. В Ученый совет входили ведущие физики Института и руководители основных служб. Пока Институт был маленький, Круглый стол заседал ежедневно в 12 часов. Когда в Институте выросло число ведущих физиков, появились секции Ученого совета по тематикам.

Силу Круглого стола Андрей Михайлович видел в том, что в Институте созданы условия, где самые сложные вопросы обсуждаются гласно. Директор в любом случае принимает решение. Но при отсутствии Круглого стола он получает информацию в разговорах с отдельными сотрудниками или от аппарата. А в этом случае информация сильно искажена активностью или пассивностью сотрудников. Особенно опасны «активные» сотрудники, поскольку они не только сами зайдут к директору, но еще попросят зайти к нему «случайно» других сотрудников, повлиять на мнение директора.

Андрей Михайлович непрерывно боролся за то, чтобы вспомогательные службы Института были минимальными. Они должны делать только то, что жизненно необходимо физикам. Отдел кадров, бухгалтерия, канцелярия, аппарат ученого секретаря, если они будут большими, создадут такую систему учета, контроля, приемных часов и т. д., то есть такую бюрократию, что физик в своем институте перестанет чувствовать себя главным лицом, будет тратить массу времени впустую. В нашем Институте и по сей день планово-экономический отдел состоит из одного человека, а для того чтобы выписать пропуск гостю в Институт, достаточно звонка заведующего лабораторией.

Но совсем другое отношение было у Андрея Михайловича к экспериментальному производству, к мастерским. Он считал, что экспериментальное производство в Институте должно быть мощным. Количество хороших идей, если собран коллектив способных физиков, практически не ограничено. Основным ограничением в работах являются возможности экспериментального производства. С самого начала организации Института и до последних дней своей жизни Андрей Михайлович очень много занимался экспериментальным производством. Каким-то образом он уговорил директора крупного новосибирского завода Александра Абрамовича Нежевенко перейти работать в наш Институт заместителем директора. Надо сказать, что это была действительно уникальная находка. А. А. Нежевенко организовал мощное производство в Институте. Но самым удивительным было то, что Александр Абрамович прекрасно почувствовал специфику производства в научном институте. Например, идет изготовление какой-то установки, идет уже давно, и физики и директор явно недовольны — хочется иметь быстрее. Александр Абрамович прикладывает массу усилий, чтобы ускорить. Вдруг Ученый совет и директор принимают решение остановить эту установку, так как найдено другое решение — более интересное и перспективное. И Александр Абрамович останавливает производство старой и начинает энергично заниматься новой. Причем именно энергично, без обиды и даже не задав «глупого» вопроса: «А вы достаточно подумали?»

Александр Абрамович имел богатый жизненный опыт, и физикам было с ним тепло и уютно. Мы его иногда называли мамой. По любому вопросу с ним можно было не только посоветоваться, но и получить реальную помощь.

Такое отношение Александра Абрамовича к Институту — безусловно, результат большой и деликатной работы Андрея Михайловича.

Хочется рассказать о некоторых ярких впечатлениях от первого периода работы в Институте в Сибири. Я с женой приехал в Новосибирск в 1961 году. На вокзале нас встретил начальник отдела кадров Иван Ануфриевич Ядров. Такой прием нам был очень приятен — я был совсем молодой, прошло всего два года после окончания университета.

Основное здание института еще строилось, физики работали в корпусе цеха, было много проблем. И вот в этой трудной обстановке Андрей Михайлович завел прекрасный порядок общения отдела снабжения с физиками. Каждое утро сотрудница отдела снабжения обходила нас и спрашивала, что нам нужно. А на следующий день приносила необходимое или звонила нам и просила забрать, если заказанное было слишком тяжелым. Если необходимого не было на складе, она делала заявку и следила за ней.

А насколько важной была для физиков организация экспресс-участка в цеху! По простейшим эскизам заказ, трудоемкостью до 20 часов, выполнял экспресс-участок за срок не более двух суток. При этом достаточно было только подписи руководителя группы.

Вспоминаю также борьбу Андрея Михайловича со «спиртом». Не секрет, что во многих институтах научные сотрудники дают рабочим спирт, чтобы им выполнили заказ. Кое-где складывается такая обстановка, что реально без спирта невозможно что-либо сделать. Андрей Михайлович много занимался профилактическими «проповедями» на эту тему, а некоторое время в Институте существовал необычный такой порядок. Спирт в лаборатории не выдавали, но он всегда был в отделе техники безопасности. Если кому-то был нужен спирт, то по звонку приходил с бидончиком представитель техники безопасности и выдавал необходимое. Такой порядок продержался недолго, но психологически оставил след на многие годы.

* *
*

Хочется остановиться на особом уникальном будкеровском стиле работы над научными проблемами. Здесь было так много оригинального, поразительного, что невозможно обо всем рассказать.

При выборе научной тематики Андрей Михайлович считал, что нужно браться за наиболее важные проблемы. В науке количество проблем неисчерпаемо, но по важности они резко различаются. Решение одних позволит качественно изменить развитие науки и народного хозяйства, решение других окажет некоторую пользу в понимании явлений, а может быть просто бесполезным и забытым. Основной тематикой Института Андрей Михайлович выбрал физику элементарных частиц и управляемый термоядерный синтез. Физика элементарных частиц стоит на переднем крае фундаментальной науки о строении микромира, она дает наиболее глубокие изменения в понимании природы многих явлений. В термоядерных исследованиях Андрей Михайлович считал главным и боролся за то, чтобы заниматься практической проблемой — созданием термоядерных реакторов.

В решении научных проблем наиболее характерным для Андрея Михайловича был поиск нестандартных решений. В науке идет борьба, идет соревнование. В науке нельзя открыть какое-то явление дважды. Если мы будем идти стандартным проверенным путем, мы будем в лучшем случае догонять наших «конкурентов». Если же найдем нестандартные решения, есть вероятность сделать качественный скачок. При этом, естественно, есть риск, что работа закончится неудачно. Если не допускать риска неудачных решений, мы не будем браться за важные, но сложные проблемы. Андрей Михайлович говорил еще и о другой стороне двух подходов. Нестандартные решения создают в Институте дух творчества, объединяют вокруг себя талантливых и изобретательных людей. Стандартный путь собирает людей исполнительных, работающих по принципу начальник — подчиненный.

В выборе нестандартных путей он всегда искал такие, которые были бы перспективными для решения других проблем. Брал те направления, которые были не под силу многим другим институтам или вузам, требовали большого коллектива и увлекали большое число людей.

Андрей Михайлович сам всю жизнь искал нестандартные решения и боролся за то, чтобы в Институте был такой стиль во всем. Но важно найти решение. Он часто говорил, что наша задача не в том, чтобы объяснить, почему нельзя решить данную проблему, а в том, чтобы найти решение.

Можно привести массу примеров нестандартных подходов, за которые брался Институт. Достаточно упомянуть, что Институт был пионером создания встречных электрон-электронных пучков, позитрон-электронных пучков, протон-антипротонных пучков, электронного охлаждения, линейных встречных пучков. Эти работы принесли Институту мировую славу. А метод встречных пучков стал не только общепризнанным, но и дает сейчас основную долю продукции в физике элементарных частиц. При этом заметим, что и сегодня встречные пучки в нашей стране есть только в ИЯФе СО АН СССР, хотя с момента получения первых физических результатов на встречных пучках прошло более 20 лет. Это очень сложные установки, требующие решения многих нестандартных проблем, усилий большого коллектива физиков, инженеров, рабочих и специалистов многих вспомогательных служб.

Поиск нестандартных решений в принципиальных проблемах, в узлах установок, в технологии, в организации лаборатории и института — таков стиль работы Андрея Михайловича. Именно в нашем Институте впервые в мире появились ускорители, которые подвешены к потолку,— обычно ускорители стоят на полу. Подвеска к потолку позволяет использовать тоннель меньшего размера, делает его более дешевым.

Наши ускорительщики и термоядерщики, я думаю, назовут немало примеров нестандартных оригинальных решений, найденных Андреем Михайловичем. Я же хочу поделиться некоторыми воспоминаниями о работе Андрея Михайловича с физиками-детекторщиками, к числу которых я отношусь. Андрей Михайлович не был специалистом в регистрации частиц. Но когда вырабатывались проекты установок ВЭП-1, ВЭПП-2, ВЭПП-3, ВЭПП-2М, ВЭПП-4, он вникал в основные проблемы постановки экспериментов. Помню его слова, что оптимальным вариантом постановки экспериментов на встречных пучках ему видится такой, когда усилия в накопитель и детектор примерно одинаковы. Он часто повторял, что детекторщики должны искать нестандартные решения. Вспоминаю его дискуссию на эту тему с В. А. Сидоровым. Андрей Михайлович говорил, что нестандартных решений в детекторах мало найдено в нашем Институте, существенно меньше, чем в ускорителях. На это Сидоров отвечал, что в мире основное количество физиков работает не над ускорителями, а ставит эксперименты и разрабатывает методику регистрации частиц. Поэтому в ускорителях больше шансов продвинуться вперед. Будкеру такое объяснение не нравилось, и он все время порывался сам заняться методикой регистрации частиц.

И вот однажды, это было в 1971 году, он пригласил меня и говорит: «...давай поработаем по вопросам детектирования частиц. Давно хочу этим заняться, но не хватает времени. У меня нет никаких конкретных идей. Давай поработаем. Поищем таких путей, которыми никто не идет...». Началась работа. Я каждый день приходил к Андрею Михайловичу часов в пять вечера, он с радостью встречал меня, спрашивал, что я придумал и начинал сам излагать свои новые идеи, мысли, спрашивать, а так кто-то делает? А почему так не делают? Трудно, сложно? Или потому, что не пришла эта мысль? Наша главная задача найти такой подход, до которого еще никто не додумался. Иногда мы засиживались с ним до девяти вечера. В тот год он чувствовал себя неважно и иногда не приезжал в Институт, но вызывал меня в коттедж, и там мы работали. Так близко с Андреем Михайловичем я работал впервые и мне было очень интересно общаться с ним. Необычен был его стиль поиска новых решений. Он брал какое-то явление, разбирался в нем качественно и полуколичественно и начинал искать совершенно неожиданные способы его использования. Просматривалось множество вариантов, порой самых сумасбродных. Найденный вариант сравнивали с традиционными подходами, видели, что нового он дает мало или совсем не дает, брались за другой. Бывало, что похороненный вариант всплывал снова в другом виде. Иногда он звонил кому-нибудь из экспертов по тому или иному вопросу. Интересен был найденный вариант фотоприемника, который на современном языке можно назвать планарным электронно-оптическим преобразователем с положительной обратной связью. Это полупрозрачный фотокатод и сцинтиллятор, между которыми приложено постоянное напряжение. Фотоэлектрон ударяется в сцинтиллятор, дает фотоны, которые выбивают новые электроны из фотокатода и т. д. Идет положительная обратная связь. Такой прибор весьма привлекателен, так как занимает мало места, имеет малую толщину материала, дает большой сигнал. В то время в технологии таких приборов было много проблем. Сегодня эта технология заметно продвинулась вперед и не исключено, что в ближайшие годы такие счетчики фотонов появятся в промышленности.

Дальше наша работа прервалась, так как Андрей Михайлович снова увлекся новыми ускорительными идеями. Институт вел запуск накопителя ВЭПП-3 и сооружение ВЭПП-2М и ВЭПП-4, шел поиск способа продвижения в область более высоких энергий. Начали сооружать детекторы для этих накопителей.

Помню обсуждения у Андрея Михайловича проекта нашего детектора МД-1. По тем временам это был громадный детектор — вес 500 тонн, объем магнитного поля 10 кубических метров, напряженность поля 16 килогаусс, 300 пропорциональных камер размером до 2 метров, 16 тысяч каналов электроники, полмиллиона проволочек диаметром 30—100 микрон, большие газовые черенковские счетчики с этиленом под давлением 25 атмосфер, потребляемая мощность 3,5 мегаватта. По сложности и стоимости он отличался на порядок от предыдущего поколения детекторов. По этому проекту Будкер собрал совещание, после короткого рассказа о детекторе он спросил: «Скажите, что здесь заложено нового, необычного?» «Много нового,— ответил Сидоров,— поле направлено перпендикулярно орбите пучка, а у всех оно параллельно. Громадное количество пропорциональных камер, эту методику только начали осваивать физики. Большие черенковские счетчики со взрывоопасным газом — таких нет ни у кого. В детекторе слишком много заложено нового и есть риск, заработает ли он вообще». Будкеру это понравилось. Он спросил Л. М. Баркова о возможности сверхпроводящей обмотки для детектора. Тот ответил, что правильно выбран «теплый» вариант. После этого Андрей Михайлович еще раз напутствовал нас примерно так: «Имейте в виду, что вы идете в новую неизвестную область энергии, там могут быть неожиданные явления. Постарайтесь выбрать детектор достаточно мощным и эффективным. Выберете хороший вариант — Институт будет получать много интересного, необычного. Работа будет на долгие годы. Не забывайте о физиках за рубежом, они скоро включатся в эти проблемы. Ищите и закладывайте новые подходы».

С того времени прошло более 10 лет. Проблем было много и было трудно. Но мы работали с энтузиазмом и удовольствием. Детектор удалось изготовить, запустить, собрать хороший коллектив и провести большое число физических экспериментов. Только в будкеровском Институте можно было создать такой уникальный и сложный детектор.

Э. П. Кругляков

ОСОБЫЙ СТИЛЬ РАБОТЫ

Моя первая встреча с Андреем Михайловичем состоялась в феврале 1958 года. В числе восьми уверенных в себе (если не сказать больше) студентов — выпускников Московского физико-технического института — я был приглашен в Институт атомной энергии для собеседования. Впрочем, то, что произошло, наиболее правильно назвать побоищем. Учиненный нам жесткий экзамен, в котором со стороны экзаменаторов помимо А. М. Будкера и А. А. Наумова приняли участие двое их сотрудников, начался в четыре часа дня, а закончился полным разгромом команды студентов около девяти часов вечера. По причинам, которые так и остались для меня загадкой, в будущий Институт ядерной физики СО АН СССР я был зачислен один. Сегодня среди семерых отвергнутых по крайней мере три доктора наук, два лауреата Государственных премий СССР. Почему я так подробно остановился на этом эпизоде? Он помогает понять, насколько тщательно Андрей Михайлович подходил к формированию Института. Пожалуй, можно сказать, что в те годы ни один сотрудник не был зачислен в Институт без собеседования с директором. При этом Андрей Михайлович считал, что лучше по ошибке отвергнуть сильного, чем пропустить в Институт слабого физика.

В последние годы мне довольно часто приходилось общаться с Андреем Михайловичем, но почему-то в памяти рельефно, с документальной точностью отложились впечатления от мимолетных встреч тех лет, когда я относился к разряду «пацанов».

Весной 1959 года Андрей Михайлович привел в лабораторию А. М. Стефановского, у которого я тогда работал (в то время мы размещались в Институте атомной энергии, в здании старой поликлиники), Председателя Сибирского отделения АН СССР академика М. А. Лаврентьева. За несколько дней до этого события наши лаборанты и механики соорудили большой аквариум и принесли из дома разнообразных рыбок. Итак, Будкер вводит гостя в помещение, замечает аквариум и восклицает: «Какая прелесть!» Если читатель подумал, что нашего директора очаровали рыбки, то он заблуждается. Следующая его реплика все проясняет. Обращаясь к нам, молодым физикам, он произносит: «Вы же теперь топологию полей можете изучать прямо в аквариуме!» А М. А. Лаврентьеву Будкер поясняет: «Если в аквариум опустить электроды и создать между ними разность потенциалов, рыбки обязательно ориентируются поперек электрического поля, чтобы на них падало минимальное напряжение». В тот же день мы проверили идею на деле: ввели в аквариум электроды, подали напряжение. Рыбки, действительно, дружно ориентировались поперек поля, но, к сожалению, не все. Мы немного переборщили...

В этой истории, как и во многих других, поражает удивительная нешаблонность мышления Андрея Михайловича. Именно она позволяла ему быть непрерывным генератором идей, зачастую совершенно безумных с виду. Многие из таких идей выживали не больше суток, но некоторые, наиболее «безумные», жили до своего воплощения в «железе» и экспериментального подтверждения правоты их автора. Конечно, это дело вкуса, но среди множества реализованных предложений Андрея Михайловича меня более всего восхищает своей красотой идея «электронного охлаждения», впервые сформулированная Будкером на Международной конференции в Париже в 1966 году. Как потом рассказывал Андрей Михайлович, идея электронного охлаждения родилась в 1960 году в гостинице «Центральная» во время одной из поездок Будкера в Новосибирск. Чтобы от рождения до ее опубликования прошло 6 лет,— в биографии Андрея Михайловича, похоже, таких случаев больше не было. Идея была столь фантастична, что за ее реализацию не взялась ни одна лаборатория мира. Ее осуществимость была экспериментально продемонстрирована в ИЯФе СО АН СССР Н. С. Диканским, И. Н. Мешковым, В. В. Пархомчуком (ныне докторами физико-математических наук) и академиком А. Н. Скринским с сотрудниками в 1974 году. В настоящее время метод электронного охлаждения имеет мировую известность.

Часто случалось, что Будкер не замечал встречающихся ему сотрудников. Как-то, вскоре после моего зачисления в Институт ядерной физики, мне довелось быть свидетелем такой сцены: в лабораторию А. М. Стефановского входит Будкер и, обращаясь к нему, произносит: «Вы мне нужны, Толя!» Анатолий Михайлович, мой первый наставник в Институте,— блестящий физик, известный еще и тем, что никогда в карман за словом не лез, громко, чтобы все слышали, но, разумеется, шутя (он прекрасно понимал, что мозг Будкера всегда напряженно работал), отчитал директора: «Андрей Михайлович, сколько раз вам повторять, что, входя в помещение, нужно здороваться!» Будкер, не задумываясь, ответил: «Но, Толя, если я не здороваюсь, то тем самым лишний раз подчеркиваю, что мы с вами никогда не расстанемся!»

Быстроте, с какой Андрей Михайлович мог ответить на любой вопрос, не раз приходилось удивляться. Вспоминается случай, происшедший в 1962 году на защите кандидатской диссертации нынешнего заместителя директора Института, члена-корреспондента АН СССР В. А. Сидорова. В то время в Академгородке действовал Объединенный ученый совет по физико-математическим наукам, куда входили ведущие ученые различных институтов. Возглавлял Совет М. А. Лаврентьев. Защита успешно приближалась к концу, уже иссякли вопросы, когда слова попросил А. А. Ляпунов — «чистый» математик. Он задал вопрос, адресованный, по-видимому, не диссертанту: «Если у физиков это называется кандидатской диссертацией, то что же в таком случае у них называется докторской?» «То же самое, но диссертант должен быть постарше, а диссертация похуже»,— последовал мгновенный ответ Будкера.

Лишь однажды довелось мне видеть Андрея Михайловича, озадаченного вопросом. Случилось это в Новосибирске летом 1964 года. К этому времени в Институте полным ходом развернулись исследования по физике плазмы и проблеме управляемого термоядерного синтеза. Мы настоятельно ощущали, что для быстрого продвижения вперед необходима разработка новых, более тонких по сравнению с имевшимися, методов исследования плазмы. Мне довелось участвовать в разработке лазерных методов. Приводя к нам гостей и показывая им различные лазеры, созданные в стенах Института, Андрей Михайлович полушутя, полусерьезно любил говорить, что это самые первые лазеры в Азии, Африке и Австралии. Действительно, в то время лазеры в термоядерных лабораториях можно было встретить лишь в Европе и в Северной Америке, да и там крайне редко. Почти одновременно с лазерами, но чуть раньше у нас был построен оптический интерферометр. В экспериментах по физике плазмы в те годы это был уникальный прибор. В СССР он был первым, а в мире — третьим. Многих гостей приводил к нам Андрей Михайлович. Были среди них президент АН СССР М. В. Келдыш и будущий президент А. П. Александров, лауреат Нобелевской премии Н. Г. Басов — один из трех «отцов» лазеров — и многие другие известные ученые. Встречались и гости-дилетанты: писатели, актеры, журналисты...

Независимо от того, с кем пришел наш директор, пояснения давал он сам. Особенно интересно было слушать объяснения для непрофессионалов: «Вы себе даже представить не можете, какая высокая чувствительность у этого интерферометра. Хотя он и очень тяжелый... Эдик, сколько он весит?» — вопрос ко мне — «Килограммов двести пятьдесят, Андрей Михайлович». Будкер продолжает: «Такой тяжелый, а если муха на него сядет, он это почувствует». Обычно такие гости уходили, унося с собой на память монету, пробитую световым импульсом лазера. В то время это было в диковинку... Какому-то французскому писателю мы пробили отверстие в его же монете. Дырка пришлась на не очень удачное место. «Хулиганы, развеселился Будкер,— ведь это вы нарочно!» Однажды, когда я возился у интерферометра, Андрей Михайлович привел академика Б. П. Константинова. Борис Павлович был профессионалом-физиком, поэтому, несмотря на эмоциональную окраску рассказа, без чего Андрей Михайлович не мог обойтись, разговор шел на профессиональном языке. Когда Будкер закончил, Константинов спросил: «Скажите, а голографией у Вас занимаются?» Напомню, что дело происходило в 1964 году, голография как раздел науки только начала развиваться. Этого термина Андрей Михайлович еще не знал. «Что? Голографией? — переспросил он, явно, чтобы выиграть время, и после паузы, которая длилась примерно две секунды, продолжил: «Только дома».

В первые годы существования Института на плечи Будкера легла огромная нагрузка. Конечно, часть забот была с него снята исключительно умело подобранными заместителями: по научной работе — Алексеем Александровичем Наумовым и по общим вопросам — Александром Абрамовичем Нежевенко. Тандем Будкер — Наумов возник задолго до образования Института. О появлении в Институте А. А. Нежевенко известно со слов Андрея Михайловича. Побывав по делам Института у директора одного из крупнейших в Новосибирске турбогенераторного завода, Будкер был буквально восхищен колоритностью этой яркой личности, его умением руководить людьми. «Я подумал: вот бы мне такого заместителя. Набрался смелости и... сделал Александру Абрамовичу это предложение. Нежевенко подумал и согласился»,— так впоследствии рассказывал об этом событии Будкер. Какие аргументы применил Андрей

Михайлович, чтобы убедить директора крупного завода перейти к нам в Институт, точно неизвестно, зато хорошо известно, что недостатком красноречия Будкер не страдал. Убедить он мог кого угодно и в чем угодно. Одно из множества дел, которые взял на себя новый заместитель директора, состояло в организации экспериментального производства Института. Справился он с этим блестяще.

Несмотря на удачный подбор заместителей, темперамент Будкера часто заставлял его вникать во многие «мелочи». Известно, например, с каким азартом Андрей Михайлович «работал» с проектировщиками. Ведь именно благодаря Будкеру, главный корпус Института — одна из достопримечательностей Академгородка — стал пятиэтажным. По проекту в здании было четыре лабораторных этажа, пятый был техническим. Андрей Михайлович предложил проектировщикам готовое решение по перестройке технического этажа. В результате у Института появились дополнительные площади под лаборатории. По мнению Б. Б. Береславского, проектировавшего в конце 50-х годов главный корпус Института, предложение Будкера улучшило архитектурный облик здания. В 70-х годах к мозговому центру (так окрестил Будкер центральный блок главного корпуса, ориентированный перпедикулярно фасаду) было пристроено здание, так и называемое сейчас «пристройка». Уже в ходе строительства оно из трехэтажного по первоначальному проекту превратилось в пятиэтажное, а затем благодаря неуемной фантазии нашего директора «пристройка» становится шестиэтажной. И все это делалось «с листа», в процессе строительства! Трудно приходилось проектировщикам и строителям, зато в конечном счете Институт получил вдвое больше полезной площади.

В. А. Стекленев, проектировавший корпус № 13, где расположились крупнейшие установки Института со встречными электрон-позитронными пучками ВЭПП-3 и ВЭПП-4, вспоминает такой эпизод. Работа над проектом корпуса затормозилась: вентиляционщики и электрики затребовали сведения, необходимые для проекта вентиляционных систем и освещения. Это означало, что прочие проектные работы должны быть на время приостановлены. Андрей Михайлович, разумеется, не мог этого вынести. Обращаясь к проектировщикам, он произносит: «Зачем тратить время? Запишите: мощность трансформатора для освещения здания должна быть ... кВт, для вентиляции ... кВт, типы вентиляторов ..., а их количество ... штук». Проектировщики возразили, что все эти цифры требуют обоснования. «Вам нужно что-то подписать?» — спросил Будкер. — «Пожалуйста! Я все равно потом скажу, что мне подсунули...» Так в шутку и всерьез велась работа по строительству Института. Через два месяца проектных работ были получены те же цифры, которые предложил Андрей Михайлович.

Справа от фасада главного корпуса Института расположено высокое сооружение необычной формы, вызывающее любопытство гостей Академгородка. История этого сооружения такова. По генеральному плану Института в правом заднем углу территории долж-

Отец А. М. Будкера.

А. М. Будкер (справа) в годы Великой Отечественной войны. Выпускник МГУ стал офицером-артиллеристом.

В первые годы приходилось быть и архитектором... (1962).

С президентом АН СССР М. В. Келдышем на стройплощадке Института (1961).

«А знаете, Петр Леонидович, есть один интересный парадокс!» Старейшина советской физики академик П. Л. Капица (слева) и один из самых молодых директоров институтов А. М. Будкер (1961).

Не рождается ли сейчас новая идея? Беседа с членом-корреспондентом АН СССР В. П. Джелеповым (1961).

Шестой год на посту директора (1963).

Не останавливает даже языковый барьер... Гость Института — председатель комиссии по атомной энергии США профессор Гленн Сиборг (1971).

Первенец Института — установка со встречными пучками ВЭП-1 (1963).

Президент доволен... Андрей Михайлович с М. В. Келдышем на установке ВЭПП-2. Скоро здесь будут позитроны (1964).

В пультовой комплекса ВЭПП-2, ставшего вторым университетом для нескольких поколений физиков Института. На снимке вместе с А. М. Будкером (слева направо) В. А. Сидоров, И. Я. Протопопов, С. Г. Попов, А. Н. Скрипский, В. В. Петров (1964).

Первый в мире электрон-позитронный накопитель на встречных пучках ВЭПП-2 (1965).

Одна голова — хорошо,

а две лучше... (1969). Размышления о будущем встречных пучков. Слева — академик (в то время член-корреспондент АН СССР) А. Н. Скринский.

Я ЛЮБЛЮ ТЕБЯ, ЖИЗНЬ!

Экзамен на лыжне (1961).

Стойка образца 1967 года.　　　　　Еще немного... (1967).

Серенада (1967).

НА ЗАЩИТЕ ОБЫЧНО БЫЛО ДВА ГЕРОЯ: ДИССЕРТАНТ И А. М. БУДКЕР

Редкий кадр: Андрей Михайлович в роли слушателя (1964).

«Скучные формальности». Справа — ученый секретарь Совета член-корреспондент АН СССР (в то время кандидат физико-математических наук) Б. В. Чириков (1966).

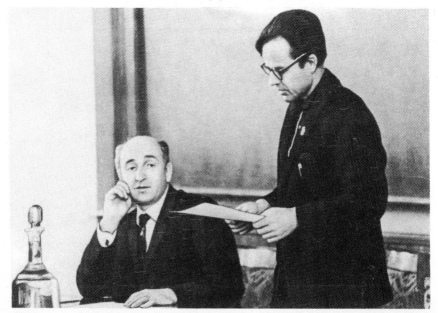

«Слово оппоненту». Слева — член-корреспондент АН СССР А. А. Наумов (1975).

«А теперь я вам объясню, что имел в виду диссертант». Справа — член-корреспондент АН СССР (ныне академик) Л. М. Барков (1975).

Тайное голосование (1976).

Круглый стол — любимое детище А. М. Будкера (1968).

МЕХАНИЗМ ПОИСКА РЕШЕНИЙ ЗА КРУГЛЫМ СТОЛОМ

От всеобщего скепсиса...

Через убеждение...

... к полному согласию. Слева от А. М. Будкера — А. А. Нежевенко, справа — Г. А. Блинов (1975).

«Пятерка по физике». За Круглым столом — лауреаты Ленинской премии 1967 года. Слева направо: В. А. Сидоров, А. Н. Скринский, А. М. Будкер, А. А. Наумов, В. С. Панасюк.

Еще одна «пятерка по физике». В ноябре 1968 года пять сотрудников Института были избраны членами Академии. В президиуме собрания слева направо: член-корреспондент АН СССР В. А. Сидоров, академики Р. З. Сагдеев, А. М. Будкер, М. А. Лаврентьев, член-корреспондент АН СССР Р. И. Солоухин и академик С. Т. Беляев. Член-корреспондент АН СССР А. Н. Скринский — на трибуне (вне кадра).

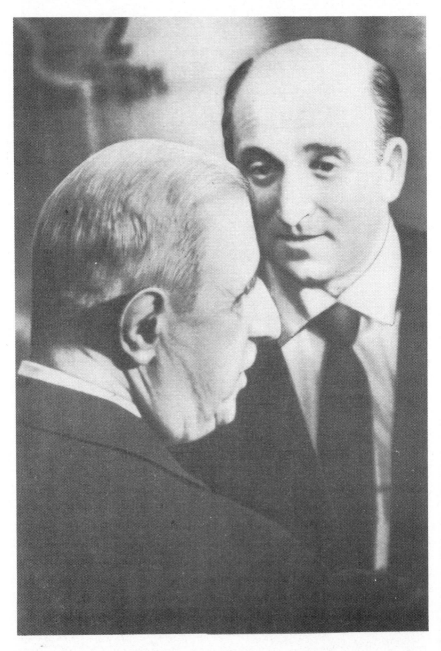

С президентом Франции Шарлем де Голлем (1966).

А. М. Будкер дает пояснения президенту СФРЮ И. Броз Тито (1968).

С президентом Франции Жоржем Помпиду у Института (1970).

Гость Института — президент Национальной академии наук США Филипп Хэндлер (в центре). Справа — академик Г. И. Марчук, ныне президент АН СССР (1973).

Председатель Сибирского отделения академик М. А. Лаврентьев за Круглым столом после вручения А. М. Будкеру Диплома на открытие (1971).

А. М. Будкер знакомит президента АН СССР А. П. Александрова с перспективами метода встречных пучков (1977).

А. М. Будкер (1973).

Метод электронного охлаждения в действии. Установка НАП, на которой впервые в мире продемонстрирована возможность охлаждения пучка тяжелых частиц (1974).

Создание комплекса ВЭПП-4 явилось значительным шагом в развитии физики высоких энергий в СССР (1974).

Беседа с академиком А. Г. Аганбегяном (1973).

А. Н. Косыгин, посетивший Институт, интересовался возможностями использования ускорителей для развития новых технологий (1969).

Ускорители Института широко применяются в промышленности для облучения кабельных изделий.

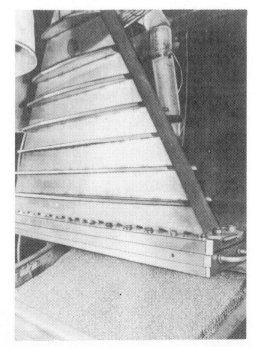

На одесском портовом элеваторе ускорители Института используются для дезинсекции зерна.

Слева направо: профессор В. Ф. Вайскопф (США), профессор Ю. Б. Румер, академик А. М. Будкер (1970).

Гостями Института бывали не только ученые. Справа от Андрея Михайловича Константин Симонов (1972).

Патриархи встречных пучков... С профессором В. Панофским Андрея Михайловича связывала многолетняя дружба (1975).

Воспоминания о прошлом... Его соратник по пятидесятым доктор физико-математических наук Б. Г. Ерозолимский (май 1977).

Размышления о будущем... С учащимися физико-математической школы в пультовой комплекса ВЭПП-4.

ПОСЛЕДНИЕ ПРИЖИЗНЕННЫЕ СНИМКИ (23 ИЮНЯ 1977).

С президентом АН СССР А. П. Александровым.

У входа в Институт.

Жизнь продолжается... (1987).

Мемориальная доска на фасаде главного корпуса Института ядерной физики СО АН СССР.

на была размещаться высокая вентиляционная труба. Строители, не успевавшие сдать в срок очередной объект, обратились к проектировщикам с просьбой разрешить установку трубы ближе к фасаду Института с тем, чтобы уменьшить длину подземного вентиляционного канала. Примерно в это же время архитектор Б. А. Захаров и главный инженер проекта Б. Б. Береславский посетили Будкера для согласования планов дальнейших работ. Когда дела были закончены, Захаров и Будкер начали «двигать» трубу. «Красная, круглая, да еще с каким-то набалдашником... Нет, это никуда не годится!» — размышлял Будкер. Скучавший без дела Береславский шутки ради предложил заменить круглую трубу ромбической. Это была шутка, но Андрей Михайлович уже ухватился за идею. Просмотрели еще треугольное сечение, которое замечательно тем, что «труба становится равнопрочной». В конечном счете Будкер остановился на ромбе со срезанными углами. Впоследствии в Академгородке появились копии этого творения, но наша труба была первой...

Рабочий день Андрея Михайловича продолжался до девяти-десяти часов вечера, зачастую и в выходные. У него был свой, особый стиль работы. В течение многих лет существования Института он знал каждого научного сотрудника, и каждый из них мог быть приглашен в кабинет Андрея Михайловича для обсуждений. Обычно он собирал несколько человек. Состав приглашенных определялся темой предстоящего разговора. «Давайте немного поработаем», — предлагал Будкер, после чего начиналось обсуждение очередной идеи.

Характерно, что на начальном этапе рассуждения велись «на пальцах». Помнится такой случай: во время подобной «работы» один из присутствующих подошел к доске и начал что-то быстро писать. Взглянув на доску, Андрей Михайлович воскликнул: «Уберите этого идиота! Я хочу понять суть дела, а он мне тензоры выписывает!» Реплика, разумеется, сказана в шутку, но она лишний раз подчеркивает, что Будкер вначале предпочитал разбираться в сути рассматриваемых явлений на качественном уровне. Что можно сказать о подобных обсуждениях? Для нас, молодежи (правда, в 1965 году я был удостоен титула «самый младший из самого старшего поколения»), это была великолепная школа. И не беда, что многие идеи «погибали» в течение первых двух-трех часов. Мы учились физике и в этих случаях. После «похорон» очередной идеи Андрей Михайлович заканчивал встречу обычно так: «(Очень) жаль, а ведь хороша была идея!» Случались, правда реже, удачные дни. И тогда финальная фраза была такой: «А ведь старик еще что-то может!»

Обсуждения, проходившие у Андрея Михайловича, приносили обоюдную пользу. Как я уже говорил, мы, молодежь, учились физике, а Будкер получал информацию о научных новостях. Читал он мало, так что многие новости он узнавал именно во время обсуждений. Как-то Андрей Михайлович рассказал о диалоге, который произошел между ним и его наставником, академиком А. Б. Мигдалом. Последний выразил удивление по поводу того, что Будкер ничего не читает. Дальнейший разговор проходил так.

Б у д к е р: Скажите, Кадя (Аркадий), я знаю физику?

М и г д а л: Знаете.

Б у д к е р: Если я ничего не читаю, но тем не менее физику знаю, значит я гениален?

М и г д а л (после некоторого размышления): Нет, Андрей, вы просто знаете физику понаслышке.

Оглядываясь назад, в прошлое, невольно замечаешь, что, несмотря на каждодневную круговерть совершенно неотложных дел, Андрей Михайлович на протяжении многих лет держал в поле зрения проблему, к которой он неоднократно возвращался: это проблема подготовки квалифицированных физиков. Известно, что Будкер был активным участником организации Новосибирского государственного университета. Казалось бы, все в порядке. Создан первоклассный университет, впитавший в себя опыт Московского физтеха. Что еще нужно? Но Андрей Михайлович продолжает искать. Осенью 1961 года в Институте ядерной физики появилась группа молоденьких лаборантов человек в пятнадцать. Вечерами они бегали на занятия в университет, днем добросовестно паяли и «крутили гайки», правда, иногда в рабочее время ведущие сотрудники Института читали им лекции. Так начинался педагогический эксперимент Будкера, проводившийся на студентах четвертых курсов ведущих вузов Москвы, Ленинграда, Томска. Через два года выпускники не без приключений, связанных с организационными неурядицами, защитили дипломы физиков в Новосибирском государственном университете. Не берусь судить, насколько удачным был данный эксперимент: слишком мало выпускников экспериментальной группы осталось в Институте*. Не по этой ли причине несколько лет спустя Андрей Михайлович спросил: «Знаете, кого нужно первым послать на Луну?— Москвича! Его нужно доставить только туда, а обратно он сам доберется!»

Осенью 1961 года начался еще один крупномасштабный эксперимент, о котором полгода спустя узнала вся страна. Каким-то чудом у меня сохранился пожелтевший от времени бланк, на котором написано:

Академия Наук
Союза
Советских
Социалистических
Республик
Сибирское Отделение
Участнику I тура
Всесибирской физико-математической олимпиады
товарищу . . . .

Далее шел текст, объяснявший участникам олимпиады, допущенным ко II туру, условия этого тура. Кончалось письмо так: «Побе-

---

* Всего их в Институте трое: доктор технических наук, заведующий лабораторией Р. А. Салимов, а также кандидаты физико-математических наук, старшие научные сотрудники А. М. Кудрявцев и Б. Н. Сухина.

дители II тура будут приглашены на 45 дней в летнюю школу в Академгородок под Новосибирском на берегу Обского моря». Под письмом стояла подпись:

Председатель Оргкомитета Олимпиады
член-корреспондент Академии наук СССР
профессор   Г. И. Будкер

10 июля 1962 года состоялось открытие школы. Из всех областей Сибири и Дальнего Востока съехались в Академгородок 250 ребят, прошедших жесткий конкурсный отбор. Андрей Михайлович стал душою школы. Я не говорю о том, что он тратил много времени «за кулисами» школы, обсуждая с привлеченными к занятиям с фэмэшатами молодыми физиками и математиками **что** читать детям и **как** читать, решая всевозможные проблемы, в том числе хозяйственные. Эта сторона не была видна юным талантам. Они видели другую сторону. Прошло уже двадцать пять лет, но и сейчас многие участники первой летней школы с большой теплотой вспоминают Андрея Михайловича, его замечательные лекции, непринужденные вечерние «беседы у фонтана». До сих пор они с восторгом вспоминают дискуссию «Может ли машина мыслить?», прошедшую в непринужденной обстановке на берегу Обского моря. Каждый из фэмэшат во время дискуссии мог посостязаться в красноречии (по крайней мере так им казалось) с Будкером. Мне хотелось бы особенно подчеркнуть отсутствие какого-либо барьера между Андреем Михайловичем и ребятами. Общаясь с ними, он не пытался выглядеть мэтром, маститым ученым. Вспоминается такой случай. До начала очередной лекции Будкера остается минут двадцать. У фэмэшат что-то вроде физкультурной паузы. Все в движении, кое-кто играет в волейбол. Мы неспеша прогуливаемся с Андреем Михайловичем возле дома, где живут ребята, и обсуждаем программу ближайших дней. Внезапно Будкер резко бросается вперед, в падении «достает» прилетевший от группы игравших волейбольный мяч, точным пасом направляет его ребятам, приземляется на руки, легко вскакивает, отряхивает ладони и, подмигнув мне, спрашивает: «Ну, что? Может еще старик?» А было «старику» в то время 44 года.

О тепловом загрязнении атмосферы сейчас говорят и пишут много. В то время этой проблемы как бы не существовало. О том, что даже после решения проблемы управляемого термоядерного синтеза человечество будет обязано ограничить свой аппетит по выработке электроэнергии из-за риска серьезных климатических изменений на планете, угрозы таяния материковых льдов Антарктиды и значительного подъема уровня Мирового океана, я впервые услышал в 1962 году на одной из лекций Будкера. В увлекательной форме он обсуждал со школьниками проблемы глобального масштаба. Не берусь судить, принадлежал ли ему приоритет по упомянутой проблеме, но что лекции проходили с блеском и фэмэшата слушали его, затаив дыхание, это точно. Впрочем, и сам Андрей Михайлович получал большое удовлетворение от чтения лекций для ребят. Как-то после одной из них он сформулировал свое отношение к общению с ребятами в довольно необычной форме: «Когда я вижу перед собой сотни умных, пытливых глаз, меня охватывает такое же чувство, какое испытывает молодая мать, кормящая грудью своего ребенка...»

Осенью 1962 года по окончании летней школы в Академгородке образовалась физико-математическая школа — интернат. Эта школа существует до сих пор, пополняясь за счет победителей ежегодных олимпиад. Первые фэмэшата давно окончили вузы, работают во многих Институтах Сибирского отделения АН СССР и за его пределами. Есть они и в Институте ядерной физики. Педагогический эксперимент Будкера оказался удачным, но он продолжал искать... Вспоминаю, что весной 1967 года Андрей Михайлович предложил мне взяться за чтение курса лекций по общей физике. Само по себе чтение такого курса для начинающего лектора — дело довольно сложное. Но что можно сказать о курсе, который Андрей Михайлович предлагал прочесть за год, тогда как на физических факультетах ведущих университетов страны этот курс читается два-два с половиной года. Да и зачем нужна такая спешка? Ответ Будкера на последний вопрос сводился к следующему. «Я давно заметил, что экспериментаторы оперируют формулами из курса общей физики. Почему это происходит? Что, им курсы теоретической физики не читали? Читали! Так в чем же дело?» Встав и походив по кабинету, Будкер продолжал: «Привилегия курса общей физики состоит в том, что он читается в первые годы, когда у вчерашнего школьника есть только одна забота: учиться. Через два-три года у студента мозги девицами заняты. Вот почему первые годы мы должны использовать с максимальной отдачей».

Среди научных проблем, которыми занимался Андрей Михайлович и где он оставил яркий след, есть и проблема управляемого термоядерного синтеза. Его первая работа в этой области относится еще к 1954 году, когда он предложил метод удержания высокотемпературной плазмы с помощью магнитной ловушки *. Экспериментальная проверка расчетов Будкера, относящаяся к поведению частиц в ловушке, была осуществлена сотрудником Института С. Н. Родионовым. Эти опыты стали классическими и вошли в учебники по физике плазмы. Фундаментальный характер предложения Будкера отмечен Дипломом об открытии. Кстати, Андрей Михайлович — едва ли не единственный советский ученый, который дважды удостаивался таких Дипломов (второй Диплом об открытии присужден Будкеру за работы по стабилизированному электронному пучку).

В 1971 году совместно с молодыми теоретиками В. В. Мирновым и Д. Д. Рютовым он предложил ловушку принципиально ново-

---

* Лишь несколько лет спустя, когда с термоядерных исследований спала завеса секретности, стало известно, что американский физик Р. Пост в том же году сделал аналогичное предложение. Впоследствии эта система удержания плазмы стала именоваться ловушкой Будкера — Поста.

го типа, получившую название многопробочной. По иронии судьбы и на этот раз группа американских физиков во главе с А. Лихтенбергом независимо и практически одновременно выдвинула аналогичную идею, однако предложение советских физиков выглядело предпочтительнее: они сформулировали уравнения, описывающие поведение частиц в ловушке, и нашли ряд аналитических решений, в то время как американцы привели лишь результаты машинных расчетов. Автору этих строк довелось заниматься экспериментальной проверкой теории. Эксперимент дал ответ: теория безукоризненно описывает процессы в ловушке!

Андрей Михайлович был одним из тех, кто стоял у истоков мирного «термояда». Мне доводилось слышать его рассказы о том, как начинались эти работы. Исследования по проблеме управляемого термоядерного синтеза развернулись сразу после решения атомной проблемы. У участников работ была полная уверенность в возможности покорения «термояда» в течение двух-трех лет. Лишь много лет спустя академик Л. А. Арцимович скажет, что перед физиками никогда еще не стояло проблем, сопоставимых по своей сложности с проблемой управляемого термоядерного синтеза. Повторяю, в начале пути речь шла всего о двух-трех годах. Разногласия были лишь в способе решения проблемы. Одни были сторонниками медленных процессов, другие видели кратчайший путь к успеху в использовании быстрых импульсных процессов. Как образно выразился Будкер, «на этом этапе шла борьба остроконечников и тупоконечников». Прошло несколько лет. Стало ясно, что до решения проблемы еще очень далеко. Андрей Михайлович был одним из тех, кто предложил остановиться и начать систематические исследования по физике плазмы. Эта субстанция оказалась сложной, коварной, а ее повадки нуждались в тщательном и длительном изучении.

Так возникла наука, именуемая физикой высокотемпературной плазмы. Прошли годы. Выступая на закрытии Международной конференции по физике плазмы и проблеме управляемого термоядерного синтеза 1968 года, Будкер отметил, что, хотя до завершения изучения физики плазмы еще далеко, накопленный международным сообществом физиков опыт достаточен для того, чтобы приступить, наконец, к решению основной задачи — созданию термоядерного реактора. Эта речь Будкера разделила две эры: до нее была эра «чистой» физики плазмы, после началось целенаправленное изучение физики плазмы для реакторов.

В самых различных аудиториях Андрею Михайловичу не раз задавали вопрос о том, как скоро будет решена проблема управляемого термоядерного синтеза. Ответ выглядел так: «Если это будет жизненно важно, проблему будут решать так же, как решалась атомная проблема, и реактор будет построен за 10—20 лет. В противном случае это может тянуться очень долго».

* *
*

Один из советских астрономов, известный открытием вулканов на Луне, издал небольшим тиражом книгу по механике, отличающуюся большой экстравагантностью. Достаточно напомнить, например, что в механике, рассматриваемой автором, время переходило в энергию. Как-то Будкера спросили, что он думает по этому поводу. «Если меня полностью освободить от всех обязанностей, я смог бы создать два десятка таких теорий, притом непротиворечивых. Новая теория должна появляться лишь тогда, когда возникают экспериментальные данные, противоречащие старой теории».

А. Г. Хабахпашев

УЧЕНЫЙ И ДИРЕКТОР

Андрей Михайлович Будкер был яркой, весьма разносторонней личностью, и рассказ о нем, как физике и человеке,— задача весьма интересная и заманчивая, хотя и очень сложная даже для профессионального писателя или журналиста. Тем более она трудна для тех, кто не обладает таким опытом. Поэтому здесь будет сделана попытка рассказать только о двух сторонах многогранной деятельности Андрея Михайловича — о его взглядах на принципы организации и управления научным институтом и об изобретательском таланте Андрея Михайловича. Последний термин очень условен и может быть не совсем удачен. Андрей Михайлович был необычайно плодотворен. Ему принадлежит ряд крупных научных открытий и большое число оригинальных технических решений, изобретений, удачных находок. Все это очень характерно для творческого метода Андрея Михайловича, об этом и пойдет речь.

В конце 50-х годов в только что созданном Институте ядерной физики, который тогда еще целиком находился в Москве, началось конструирование первой установки со встречными электронными пучками. Десятки лет строились ускорители больших и малых размеров, и всегда плоскость орбиты частиц располагалась горизонтально. Это казалось естественным. Андрей Михайлович предлагает поставить установку ВЭП-1 вертикально и обосновывает целесообразность такого необычного подхода. Для физиков, которые непосредственно строили накопитель, вертикальное расположение установки никаких особых преимуществ не давало. Однако для проведения экспериментов по исследованию углового распределения рассеянных электронов вертикальное расположение плоскости орбит, безусловно, дало существенные преимущества. В частности, таким образом был значительно снижен фон космического излучения.

Много лет спустя при строительстве самого крупного в Институте электрон-позитронного накопителя ВЭПП-4 Андрей Михайлович предложил устанавливать магниты не на полу, как это делалось при строительстве всех ускорителей, а подвешивать их к потолку трехсотметрового кольцевого туннеля. Очень непривычно, но туннель при таком решении стал более свободным, и, несмотря на его скромные размеры, по нему легко проходили электрокары, удобно размещались кабельные трассы и т. д. Конечно, эти два примера далеко не самые важные и существенные в творческой деятельности Андрея Михайловича Будкера, но они достаточно характерны для самого подхода к решению каждой задачи, за которую он брался. Утром, днем и вечером, в кабинете и на заседании Совета Андрей Михайлович непрерывно что-то изобретал, придумывал, для реализации каждой задачи искал новые пути. Обычный традиционный подход его не устраивал, более того, вызывал какой-то протест.

В этом отношении интересен взгляд Андрея Михайловича на то, как должен браться за новую работу ученый. Только не с изучения литературы! Сначала обдумай проблему сам, найди одно или несколько своих решений, взвесь их сильные и слабые стороны. И только потом посмотри литературу по этому вопросу, сравни описанные подходы со своим и затем остановись на лучшем. Если начинать все с литературы, то принципиально нового ничего не будет. В лучшем случае, родится модернизация старого.

К этому же следует добавить еще один секрет «изобретательской кухни» Андрея Михайловича. Когда он предлагал какое-нибудь новое решение, тут же делались оценки того эффекта, который может дать предложение. Причем параметры для вычислений Андрей Михайлович брал всегда завышенными, так сказать в пользу автора. У нас, членов Совета, это сразу вызывало возражения. Но мы были не правы. Свой завышенный оптимизм при оценке Андрей Михайлович объяснял очень просто. Если мы вычислим строго гарантированную величину эффекта, то, как правило, новую идею надо будет отбросить, она не даст выигрыша. Причем, скорее всего, так будет выброшена и полезная идея. Завышенная же оценка показывает, что над идеей можно и нужно работать, и только потом удастся получить нужный выигрыш.

Андрей Михайлович неоднократно утверждал, что соревноваться с лучшими зарубежными лабораториями по физике высоких энергий на стандартном пути мы не можем. Зарубежным лабораториям доступно самое различное оборудование, выпускаемое заводами, в том числе мощные высокочастотные и импульсные источники питания, сложное высоковакуумное и электронное оборудование и многое другое. Десятки специализированных фирм с высокоразвитой технологией с удовольствием возьмутся за любую предложенную им задачу и выполнят ее в короткий срок и с высоким качеством. Были бы деньги у заказчика! Наш Институт вынужден все оборудование делать самостоятельно, за исключением ограниченного количества стандартных приборов. И, конечно, в таком соревновании мы проиграем и в сроках, и в надежности. Следовательно, говорил

Андрей Михайлович, для нас единственный способ не отставать, а иногда и обгонять — это искать новые, свои решения, находить подходы, неизвестные сегодня другим лабораториям. Даже если новые решения содержат в себе определенную долю риска, они все равно предпочтительнее стандартного пути, так как последний заведомо обрекает нас на отставание.

Такой подход, несомненно, справедлив, но для его реализации нужно создать условия, которые дали бы возможность осуществлять на практике новые идеи, проекты, технические решения. Эту возможность мог дать только свой институт, такой, каким его представлял себе Андрей Михайлович. А отсюда и естественное желание ехать в Сибирь, где формируется новое Сибирское отделение Академии наук.

Так появился на свет Институт ядерной физики в Новосибирске — прекрасный полигон для осуществления и проверки на практике многих работ и изобретений Андрея Михайловича. Наиболее значительные из них хорошо известны. В первую очередь сюда следует отнести практическую реализацию метода встречных пучков, которая потребовала немало принципиально новых решений и разработки новых технологий. Андреем Михайловичем была предложена схема вывода пучка электронов из ускорителя и захвата его в накопитель. Им же был разработан и осуществлен метод повышения эффективности собирания позитронов с помощью магнитных короткофокусных параболических линз. Вскоре Андрей Михайлович выдвинул новую идею магнитных литиевых линз для фокусировки электронов на мишень и эффективного собирания позитронов. (Кстати, литиевые линзы, изготовленные сотрудниками ИЯФа, сейчас успешно используются для фокусировки протонов и антипротонов в Национальной лаборатории им. Ферми (США) и в ЦЕРНе (Швейцария).) Андрей Михайлович изобрел генератор высокочастотного напряжения для питания ускорителей и накопителей гирокон. Этот генератор, построенный на оригинальном принципе, отличается высоким коэффициентом полезного действия. Позже в Институте было создано несколько модификаций таких генераторов.

Еще в Москве Андрей Михайлович выдвинул идею магнитных пробок для удержания плазмы в аксиально-симметричных ловушках открытого типа (эта работа, а также другая — самостабилизирующийся электронный пучок, были зарегистрированы как научные открытия). В Новосибирске начались работы по исследованию нескольких модификаций ловушек с магнитными пробками. В 60-х годах Андрей Михайлович предложил принципиально новую идею охлаждения протонов или, иными словами, метод уменьшения поперечных колебаний протонов с помощью электронного пучка. Экспериментальная проверка метода электронного охлаждения, проведенная в Институте в 70-х годах, позволила серьезно поставить вопрос о создании установок со встречными протон-антипротонными пучками. Этот перечень можно еще продолжить.

Прошло совсем немного времени после организации Института, и в Новосибирск начали все чаще приезжать многочисленные группы советских и зарубежных ученых. С большим интересом они знакомились здесь со множеством новых работ, осуществленных или еще только задуманных. Андрей Михайлович был, безусловно, честолюбивым человеком в хорошем смысле этого слова. Ему доставляло удовольствие искреннее восхищение коллег-гостей успехами, достигнутыми в Институте, причем достигнутыми, как правило, за счет новых оригинальных решений.

У Андрея Михайловича существовал какой-то спортивный азарт, за что бы он ни брался — придумывать что-нибудь свое и лучше, чем это было сделано до сих пор. Естественно, главным образом это касалось физики, но не только физики. Вот один пример. Андрей Михайлович с удовольствием «изобретал» новую вентиляционную трубу и вместо стандартной трубы круглой формы, которая, несомненно, испортила бы фасад Института, нашел другую, оригинальную форму, хорошо гармонирующую с обликом здания. И очень гордился этим.

Андрей Михайлович любил делиться своими новыми идеями. Обычно местом таких обсуждений был Ученый совет. Но, к сожалению, мы слишком часто омрачали удовольствие, которое испытывал Андрей Михайлович, рассказывая о своем новом предложении. Мы почему-то чаще обращали внимание на слабые стороны решения, трудности, которые встретятся при его реализации и тому подобное, а не на оригинальность и красоту всей идеи в целом. Безусловно, критический анализ необходим при обсуждении нового, но не исключаю, что здесь мы несколько перебарщивали. И все-таки даже наш чрезмерный скептицизм не уменьшал тягу Андрея Михайловича к общению. Если он встречал кого-нибудь из нас на вечерней прогулке (а прогулки появились у него только после инфаркта, в силу необходимости), то тут же начинал обсуждать новую проблему, которая его волновала в данный момент.

Мышление Андрея Михайловича было ярким и оригинальным не только в физике и технике. Часто на Совете обсуждались самые разные вопросы, в том числе и очень далекие от тематики Института. Это могли быть проблемы воспитания детей или какая-нибудь кинокартина, школьное обучение или взаимоотношения в семье, отношения мужчины и женщины, общественная и социальная жизнь и многое другое. Андрей Михайлович с удовольствием принимал участие в таких обсуждениях, а часто бывал и зачинщиком дискуссий. Даже в тех случаях, когда наши мнения расходились с мнением Андрея Михайловича, нельзя было не отметить, что его суждения были интересными, нетривиальными и содержали свой подход, обращали внимание на такие стороны вопроса, без учета которых нельзя найти правильный ответ. Подобные обсуждения были очень увлекательными и полезными для всех нас.

Если выделить главное во взглядах Андрея Михайловича на организацию и управление Институтом, то, наверное, надо остановиться на трех вопросах — управление Институтом через Ученый совет, постоянный приток в Институт научной молодежи и мощное опытное производство.

Андрей Михайлович неоднократно говорил, что еще до создания Института ядерной физики он много лет работал над теорией организации и управления научным институтом. Директор один управлять институтом не может, поэтому он вынужден создать для этой цели аппарат — заместителей по всем основным вопросам, отделы кадров, планирования, снабжения, хозяйственного обслуживания и т. д. На заседаниях Ученого совета и при посещениях лабораторий директор знакомится с основными научными результатами, а всю остальную информацию о жизни института, работе служб, даже о взаимоотношениях в институте он получает через аппарат. И реальное управление институтом также осуществляет директор через аппарат. Однако такой способ управления, говорил Андрей Михайлович, имеет два основных недостатка. Информация о работе института поступает к директору не от тех, кто непосредственно ведет научную работу, а от его помощников, пусть даже самых хороших. Все службы института строят свою работу так, чтобы в первую очередь удовлетворить требованиям директора и его помощников, и в этом, как правило, преуспевают. Вместе с тем они в очень малой степени прислушиваются к запросам научных лабораторий и групп.

В противовес такому способу жизни Андрей Михайлович осуществил на практике другой — управление Институтом через Ученый совет. В качестве первого шага он предложил Совету собираться ежедневно в 12 часов за чашкой кофе за круглым столом, который был специально изготовлен для этой цели. Вначале такое предложение вызвало возражение членов Совета. Каждый день отрываться от дел, заседать — очень плохо! Андрей Михайлович сказал, что для начала можно опробовать в течение месяца такой режим Совета. Если кому-то сегодня быть на Совете очень неудобно по работе — можно пропустить заседание. Можно опоздать или уйти раньше. А через месяц решим, как быть дальше. Через месяц никто не заикнулся о том, чтобы отменить ежедневные заседания. Каждый почувствовал практическую пользу от такой работы Совета.

На Ученом совете, за Круглым столом, как чаще говорят в Институте, обсуждаются все основные вопросы работы и жизни Института. Сюда входят планы новых научных работ, наиболее важные и интересные результаты, полученные в лабораториях Института. Здесь же на Совете рассказывается о поездках на конференции, посещении других институтов как в нашей стране, так и за рубежом, о последних работах лабораторий мира в области физики высоких энергий, управляемого термоядерного синтеза и о наиболее интересных результатах по физике вообще.

Вместе с тем Совет обсуждает многие технические и хозяйственные вопросы — работу опытного производства, отдела снабжения и других служб Института, все, что вызывает трудности в каждодневной работе лабораторий. Такие вопросы, как правило, заранее не планируются и ставятся членами Совета в связи с возникшей необходимостью. Даже строительство жилья, как очень важный социальный вопрос, всегда рассматривается на Совете.

Такая работа Совета дает возможность директору получать всю информацию о том, что делается в Институте не только от своих помощников, но и от руководителей лабораторий и групп, то есть тех, кто непосредственно ведет исследования. Все приказы и распоряжения, прежде чем они издаются, обсуждаются на Совете и часто корректируются. Кадровые вопросы, вопросы повышения заработной платы, премирование не только научных лабораторий, но и технических и хозяйственных подразделений Института также рассматриваются на Совете. Мнение членов Совета о работе служб особенно полезно директору для принятия правильного решения, так как хорошая или плохая работа подразделений обслуживания в первую очередь сказывается на работе научных лабораторий. Кроме того, постоянные контакты и общение между заведующими лабораториями, ведущими научными сотрудниками создают благоприятный климат в Институте, в чем также заинтересован директор.

У Андрея Михайловича не хватало терпения слушать чужие длинные речи, поэтому нередко он прерывал выступающих. Однако его удивительная способность по отдельным репликам, замечаниям, не дослушанным до конца выступлениям точно улавливать ситуацию и мнение членов Совета по обсуждаемому вопросу и позволяла ему находить правильное решение. Можно сказать, что Совет давал ему возможность прослушивать пульс Института. Андрей Михайлович не принимал решения, если его предложение не находило поддержки на Совете. В тех случаях, когда решение, по его мнению, имело важное значение, он начинал агитировать за него, убеждать, обосновывать свою точку зрения. И чаще всего преуспевал в этом. Но бывало, что Совет сдавался, устав от активного, длительного напора директора.

Для заведующих лабораториями и руководителей групп режим работы Совета, предложенный Андреем Михайловичем, тоже несомненно полезен. Время, потерянное на более частые, чем обычно, заседания, полностью компенсируется. Большинство вопросов, для решения которых необходимо было посещать директора или его заместителей и помощников, теперь можно решить тут же на заседании. Заведующий лабораторией знает, что и как делается в других лабораториях и в Институте в целом. Это позволяет ему правильнее строить свою работу, поддерживать единообразный подход в таких сложных вопросах, как перевод на вышестоящую должность, представление диссертаций к защите и др. Говоря о пользе, которую приносило заведующим лабораториями участие в работе Совета, нельзя не подчеркнуть следующее. Управление работой Института Андрей Михайлович осуществлял главным образом на Совете, и участие в нем стало хорошей школой руководства научным коллективом для членов Совета.

Трудно найти другой институт, где аппарат и службы с таким вниманием относились бы к обращениям заведующих лабораториями, как в Институте ядерной физики. Это происходит не только потому, что решающую оценку работы служб и их руководителей дает Ученый совет, но и благодаря тому, что в Институте создана соответствующая атмосфера, при которой все должно быть подчинено созданию наилучших условий для работы научных подразделений. Андрей Михайлович любил напоминать, что лучше всего работает та служба, о которой мы меньше всего слышим. Такой подход действительно являлся важным критерием оценки работы обслуживающих подразделений. Когда Андрей Михайлович хотел объяснить гостям свой принцип управления Институтом, он в шутку говорил так: «Если я окружу себя аппаратом, то аппарат, естественно, повернется ко мне лицом и окажется, мягко выражаясь, спиной к членам Совета. Если я, наоборот, окружу себя членами Совета, то аппарат, находясь снаружи первого круга, все равно повернется лицом ко мне, но теперь он невольно будет повернут лицом и к членам Совета».

Андрей Михайлович отрицательно относился к росту аппарата и служб, считал, что это приведет к бюрократизации, излишней заорганизованности Института, а следовательно, ухудшит творческую атмосферу. По этой же причине в Институте была только одна секретарша, и в течение очень длительного времени явно не хватало машинисток, что вызывало частые задержки с публикацией работ. Правильное в целом положение о необходимости ограничения численности аппарата и служб, в данном случае сыграло отрицательную роль. Ученому совету в конце концов удалось переубедить Андрея Михайловича, и в Институте появилось хорошо работающее машбюро. Теперь разговор о нем заходит только при обсуждении вопросов о премировании.

Андрей Михайлович часто говорил о том, что все институты и научные коллективы, как и живые организмы, подвержены старению. Приводил примеры, когда вновь созданный институт давал блестящие результаты, а затем проходило два десятка лет и он старел вместе со своими научными сотрудниками, его работы становились весьма средними. Андрей Михайлович считал, что этот вполне объективный процесс нужно учитывать и принимать специальные меры для того, чтобы ослабить его действие. Одной из таких мер является постоянный приток научной молодежи и создание «протока» научных работников в институте. С притоком проблем не было — в Новосибирском университете при активном участии сотрудников Института готовились хорошие научные кадры. С «протоком» дело было хуже, хотя в большинстве случаев Институт постоянно тем или иным путем избавлялся от слабых научных работников, и Андрей Михайлович активно поддерживал этот процесс.

Когда среди молодых научных сотрудников появилось заметное число способных ребят, Андрей Михайлович провел реорганизацию Ученого совета для того, чтобы расширить круг лиц, имеющих регулярные и непосредственные контакты с директором и оказывающих влияние на жизнь Института. Для этой цели были образованы три секции Ученого совета — по физике элементарных частиц, физике ускорителей и управляемому термоядерному синтезу. Кроме того, ряд наиболее способных молодых сотрудников был введен в Ученый совет Института. Каждая секция собиралась за тем же Круглым столом в 12 часов один раз в неделю, совет Института — два раза.

Таким образом, круг научных сотрудников, принимавших участие в заседании Совета или секций, был расширен более чем в два раза. Была сделана также попытка активизировать работу общеинститутского семинара, однако полностью она не удалась.

Андрей Михайлович считал, что лаборатории в научном институте должны быть именными, а не тематическими. В его представлении это означало, что, если заведующий лабораторией по какой-нибудь причине уходит или снимается с должности, лаборатория должна расформировываться. Если в этой или другой лаборатории есть сотрудник, который может стать хорошим руководителем, то для него следует создать лабораторию раньше, не дожидаясь освобождения должности. В большинстве случаев этот принцип осуществлялся в Институте. Андрей Михайлович часто обсуждал вопрос о целесообразности введения временных научных коллективов, лабораторий или групп, которые образуются для решения конкретной задачи и распускаются после ее завершения. Такой подход позволяет выбирать руководителя для той или иной работы в зависимости от личных качеств научного работника, которыми он обладает сегодня, а не в силу уже занимаемой должности. Кроме того, временные группы позволяют легче освобождаться от «хвостов» старых работ, которые часто слишком долго тянутся при традиционной организации лаборатории. Временные научные коллективы Андрей Михайлович также считал весьма эффективным способом для предотвращения старения института. Однако эта идея не была осуществлена в Институте ядерной физики.

Отношение Андрея Михайловича к опытному производству Института, как совершенно необходимому условию эффективного ведения научных исследований, достаточно хорошо иллюстрируется несколькими фактами. В 1958 году началось строительство Института ядерной физики в Новосибирске. Конечно же, нетерпеливому Андрею Михайловичу очень хотелось скорее получить первую очередь зданий Института и начать работу по осуществлению своих многочисленных идей. И все-таки, первым в Новосибирске он строит крупное здание экспериментальных мастерских (6 тыс. кв. м), а не лабораторный корпус. И еще характерный пример. В 1960 году Андрей Михайлович едет к директору Новосибирского турбогенераторного завода для того, чтобы договориться об изготовлении на крупногабаритных станках завода магнитов для установки со встречными электрон-позитронными пучками ВЭПП-2. Беседа состоялась, во время разговора Андрей Михайлович видел, как работает директор завода, быстро и четко решает возникающие вопросы, прекрасно разбирается в инженерно-технических проблемах производства. После одной или двух таких встреч Андрей Михайлович, можно сказать, набирается нахальства и предлагает директору крупнейшего новосибирского завода Александру Абрамовичу Нежевенко... перейти к нему в Институт и стать его заместителем! Как всегда Андрей Михайлович активно агитирует, очень ярко расписывает блестящие перспективы, которые открываются перед Институтом ядерной физики, особенно если в нем будет налажено четко работающее крупное опытное производство. И Александр Абрамович соглашается. Говорят, что определенную роль в этом решении сыграло неблагополучие с сердцем у Александра Абрамовича в то время и советы врачей сменить место работы. Но так или иначе он пришел в Институт ядерной физики, наладил мощное производство и многие технические службы. Выбор Андрея Михайловича был весьма удачным.

Уже в последние годы жизни, когда сравнительно большое опытное производство хорошо работало (площадь 22 тыс. кв. м, общая численность около 700 человек, свыше 200 станков), Андрей Михайлович предпринимает энергичные усилия для того, чтобы построить или получить механический завод в Сибири или даже в европейской части СССР. Цель та же: существенно расширить опытное производство Института и получить возможность изготавливать и поставлять народному хозяйству страны, продавать за рубеж ускорители для радиационных технологий, мощные источники синхротронного излучения и другое оборудование, в разработке которого Институт имеет большой научный и технологический опыт. Позже эту задачу удалось решить без дополнительного завода. Производственные площади опытного производства Института были расширены в два раза. Были также приняты решения по строительству жилья, без которого очень трудно набирать необходимую рабочую силу.

Примеры, приведенные выше, подчеркивают значение, которое придавал Андрей Михайлович опытному производству. Он прекрасно понимал, что все или почти все самые лучшие его идеи и идеи его коллег безнадежно устареют и будут лишены всякой ценности, если для их реализации Институт, занимающийся такими проблемами, как физика высоких энергий и управляемый термоядерный синтез, будет рассчитывать при строительстве своих очень сложных и многочисленных установок на промышленность или даже на опытный завод СО АН СССР.

Опытное производство Института к середине 70-х годов имело мощность 1 млн нормо-часов в год. При нем был создан экспресс-участок мощностью 100 тыс. нормо-часов. На экспресс-участке заказы выполнялись за один—три дня. Распределению и тех и других часов между лабораториями уделялось большое внимание. Кроме того, во всех лабораториях работало по нескольку станков — токарных, фрезерных, сверлильных. В лабораториях Института всегда поддерживалось соотношение — число лаборантов и механиков примерно было равно числу научных сотрудников и инженеров. Все это вместе взятое помогало сокращению сроков изготовления, сборки и запуска установок, освобождало научных работников и инженеров от работы, которую с успехом, а подчас и лучше могли выполнять лаборанты и механики.

Принципы организации и управления Институтом, предложенные и реализованные Андреем Михайловичем, полностью себя оправдали. И сегодня они не претерпели сколько-нибудь значительных изменений. В этом не только дань памяти Андрею Михайловичу Будкеру, но и лучшее подтверждение большой эффективности такой организации Института.

Т. А. Всеволожская

КАК БУДТО ВЧЕРА...

Мое первое знакомство с Андреем Михайловичем Будкером произошло во внеслужебной обстановке — на одном из институтских вечеров в Доме культуры Института атомной энергии им. И. В. Курчатова осенью 1959 года. Незадолго перед этим я стала женой одного из молодых сотрудников ИЯФа, сама же еще только заканчивала физфак МГУ. На вечере Гриша — мой муж — представил меня Андрею Михайловичу, который с видом добродушного, но озабоченного отца попенял ему, что тот женился, не посоветовавшись со своим директором. «Смотри,— сказал он,— задумаешь завести сына, поставь заранее в известность». Его слова показались мне посягательством, хотя и шутливым, на мои права, и я сказала, что в этом вопросе решать буду я. «Но, надеюсь, Гриша тоже будет иметь к этому отношение»,— быстро парировал Андрей Михайлович, и я поняла, что в разговоре с ним нужно быть очень осторожной.

Из рабочих эпизодов мне особенно запомнилось обсуждение вариантов системы протон-антипротонной конверсии для проекта НАП. Это было зимой 1967/68 года. К этому времени уже была разработана и осуществлена эффективная система электрон-позитронной конверсии ВЭПП-2 на параболических линзах, которые в разговорах вслед за Андреем Михайловичем мы называли ХА-линзами из-за сходства образующей их поверхности с буквой «х». Эта система, однако, не могла быть просто перенесена на конверсию протонов в антипротоны ввиду большой (порядка 10 см) длины ядерной мишени. За несколько месяцев до разговора с Андреем Михайловичем мы с Г. И. Сильвестровым обдумали и обсудили несколько вариантов конверсионной системы, в том числе конвертер с током. В таком конвертере рождающиеся антипротоны на всей длине мишени удерживаются вблизи ее оси магнитным полем тока, практически не влияющим на движение первичных протонов ввиду большой разницы в энергиях первичных и вторичных частиц. Это позволяет получить выигрыш в эффективности захвата антипротонов в накопитель, однако параметры конвертера — градиент магнитного поля в 100 Т/мм при частоте работы раз в несколько секунд — показались нам совершенно фантастическими.

При обсуждении с Андреем Михайловичем разговор сначала ограничивался возможностью использования соленоида, однако эффективность его оказывалась малой, даже при самых смелых предположениях относительно его электротехнических параметров. Тем не менее сама эта смелость побудила меня предложить токовый конвертер. Андрей Михайлович моментально понял идею конвертера и загорелся ею. Тут же были сделаны необходимые оценки эффективности и параметров конвертера, и началось живое обсуждение возможности их достижения. В результате идея, казавшаяся такой фантастической, приобрела реальные черты, и оказалась интересной для работы над ее осуществлением. Андрей Михайлович пришел в очень хорошее настроение. Все обсуждение проходило весело и непринужденно, с шутками и смехом. Когда зашла речь о том, что параболическая линза для собирания частиц с конвертера должна, как и сам конвертер, работать во взрывном режиме, Андрей Михайлович весело сказал: «Ну и что? Мы поставим автомат, который будет штамповать линзы с нужной частотой. Примерно так: ХА—ХА—ХА—ха—ха—ха» — закончил он смехом.

В последующие несколько лет были проведены лабораторные исследования возможности создания токового конвертера с полем ∼100 Т на поверхности при радиусе 1 мм, давшие положительные результаты. Была разработана и параболическая линза взрывного действия, обеспечивающая возможность замены ее в течение нескольких секунд. А в тот вечер, когда я уходила, оставив Андрея Михайловича, А. Н. Скринского и Г. И. Сильвестрова, продолжающими работу, директор сказал мне: «Ты молодец, приходи к нам почаще. Ты создаешь хорошую обстановку!..».

И. Н. Мешков

НИКАКИХ ШАБЛОНОВ!

Систему отбора и воспитания кадров «по Будкеру» мне довелось прочувствовать на себе. Позднее я не раз слышал его рассуждения о том, как формируется «нормальный» НИИ: назначают директора, он принимает на работу начальника отдела кадров и тот «набирает штат» методом заявок и объявлений.

Северная физическая аудитория нетерпеливо гудела: большой ученый, выступление которого задолго старательно афишировали, явно не отличался пунктуальностью, опаздывая и на встречу с выпускниками физфака МГУ. Наконец, через дверь, которой пользовались только лекторы, вошли трое. А. Н. Скринский, втянувший меня в это «мероприятие», подтвердил, что тот, впереди, и есть Будкер. Это был человек среднего роста, крепко сложенный (позднее я узнал, что в студенческие годы Андрей Михайлович всерьез увлекался гимнастикой: в 50 лет он легко делал стойку на руках, отлично плавал кролем). Его массивную голову «украшала» солидная лысина. Почему-то эта деталь произвела на меня тогда большое впечатление.

Вместо ожидавшегося рассказа о Сибирском отделении АН СССР и агитации ехать в Новосибирск на работу он сразу же заговорил о физике. Темой его беседы был релятивистский стабилизированный пучок — идея Андрея Михайловича, над которой он и добрая половина сотрудников его лаборатории тогда интенсивно работали. После получасовой беседы, в заключение которой Андрей Михайлович немного рассказал об Академгородке («город в лесу, ...коттеджи, но не для вас, вам приготовлены квартиры в хороших домах...»), желающим был предложен... письменный экзамен. Аудитория заметно поредела, а оставшимся сопровождавшие Андрея Михайловича молодые люди (это были, как удалось позднее установить, Е. А. Абрамян, В. И. Волосов, а также пришедшие только на экзамен Б. В. Чириков и Г. Ф. Филимонов, знакомый мне по альпинизму) раздали по три задачи на два часа. Помню, в моем варианте была задача о рассеянии на кулоновском центре. Для выпускника физфака МГУ тех лет (я не был каким-то исключением) теорема о сохранении момента в центральном поле была малоизвестным фактом, а без нее задача не решалась. Но я «выкрутился», дав приближенное решение, и получил правдоподобный ответ. Видимо, поэтому меня в числе еще десяти «соискателей» допустили к устному экзамену. Моих экзаменаторов убедило решение «сходу» задачи о встречных пучках и рассуждение о четырех-векторе энергии-импульса.

Тогда кроме меня экзамен сумел пройти только А. П. Онучин. Что поделаешь — так нас тогда учили. К примеру, А. Н. Скринский, пришедший в лабораторию Андрея Михайловича еще практикантом-четверокурсником, не мог на собеседовании правильно решить задачу о дрейфе частицы в скрещенных полях. Анекдот? Нет. Я рассказываю об этом так подробно, чтобы дать представление о нашей тогдашней подготовке, что Андрей Михайлович и его сподвижники немедленно учли, формируя программу для студентов-физиков Новосибирского университета.

Приближалось распределение, я еще колебался, ехать ли в Сибирь, и потому решил сходить на беседу с представителями одного московского НИИ, расположенного, кстати, неподалеку от моих родных Кузьминок (редкая удача для Москвы — работа рядом с жильем). Ответственные товарищи (что явно было видно по их манере держаться) довольно долго расспрашивали о моей общественной работе на курсе, о занятиях спортом и... ни слова о физике. Это окончательно определило выбор.

Система собеседования-экзамена для поступающих на работу в ИЯФ была распространена на всех без исключения — от рабочих, лаборантов, молодых специалистов до сотрудников с большим опытом работы и стажем. Действует эта система и сегодня. Потом мне не раз приходилось убеждаться, насколько внимателен и осторожен был Андрей Михайлович в «кадровом вопросе»: он многократно советовался с сотрудниками, «взвешивал» и «просеивал» их мнения, сопоставляя со своим.

Однажды, возвращаясь с лыжами в руках и «языком на спине» из лесу, я натолкнулся на Андрея Михайловича, прогуливавшегося по улице Мальцева. «О, ты-то мне и нужен! Как думаешь, вот я хочу сделать Р. завлабом — потянет?» И после этого едва ли не час (пока я окончательно не закоченел) мы обсуждали с ним сильные и слабые стороны моего товарища по работе. Тогда мне, конечно, польстило такое доверие директора, а потом я понял, что был в тот момент для Андрея Михайловича одной из «контрольных точек», по которым он строил «решение».

Еще более яркий пример кадрового метода Будкера. Андрей Михайлович предложил принять в ИЯФ ведущего конструктора Ш. из соседнего института. За Круглым столом вспыхнула горячая дискуссия, участником которой мне довелось быть. Г. И. Димов, имевший сведения о предыдущей деятельности кандидата, дал тому отрицательную характеристику, резко возражая против его перехода. Я присоединился к Геннадию Ивановичу, так как незадолго до этого получил такую же оценку от моего товарища, который работал в том же институте и мнению которого я доверял. Нужно сказать, что Совет довольно решительно поддержал нас — случай был явно сомнительный. Андрей Михайлович продолжал убеждать Совет, настаивая на своем предложении. Постепенно начало казаться, что он прав. На том и разошлись — все равно решать директору. А через два дня стало известно, что Андрей Михайлович отказался от своего предложения. Коллективное мнение послужило индикатором, а чтобы он сработал, и нужен был острый спор.

С вниманием и любовью относился Андрей Михайлович к своим ученикам. У него был особый «нюх» на талантливую молодежь, и он всегда считал большой удачей, достижением, когда удавалось найти способного молодого человека. В 60-х годах я вел в НГУ семинары по физике за Андреем Михайловичем. До ассистентов у него не доходили «руки», нам была предоставлена полная самостоятельность в рамках разработанной лектором программы. Однако на экзамены Андрей Михайлович считал нужным появляться. Обычно спрашивал двух-трех студентов (обязательно одну из девушек), чтобы «прокалибровать» курс, и удалялся. На одном из таких экзаменов, войдя в аудиторию, он увидел меня и попросил: «Ну-ка, дай мне кого-нибудь потолковее». Конечно, реакция ассистента в таком случае очевидна: я «вытащил» В. Пархомчука, по которому и сам всегда «сверял ответы» в группе. Андрей Михайлович беседовал с ним более получаса, и по выражению их лиц (а Пархомчук и тогда уже отличался невозмутимостью) невозможно было понять, как идет дело. Наконец, экзаменатор, вручив студенту зачетку, повернулся ко мне и с явным удовлетворением негромко произнес: «удивительно ясная голова». Лет двадцать спустя этот студент внес решающий вклад в реализацию одной из самых блестящих идей А. М. Будкера — идеи электронного охлаждения. И все эти годы Андрей Михайлович не выпускал его из виду, как и многих других, определяющих сегодня лицо Института.

Андрей Михайлович обладал редкостным даром рассказчика. Когда он бывал в «ударе», слушать его можно было часами. Но однажды мне довелось видеть, как Будкер умеет слушать. Это было в его квартире в Москве, я приехал в командировку и зачем-то был вызван к директору. Почти вслед за мной к нему зашел А. И. Алиханьян*, с которым Андрей Михайлович был дружен много лет. Время было обеденное, за столом Артем Исаакович разговорился.

---

* А. И. Алиханьян (1908—1978) — член-корреспондент АН СССР. Лауреат Ленинской премии и Государственной премии СССР.

И закрутилось! Германия 1945-го и атомная комиссия, поиски немецкого уранового проекта, Роберт (Боб!) Вильсон и виолончелист Р. и пошло, и пошло. Он говорил и говорил, а Андрей Михайлович... слушал (об остальных присутствовавших я уже не говорю). Я посмотрел на директора, на его лице было написано неподдельное восхищение рассказчиком, участником тех далеких, овеянных романтикой прошлого событий. Будкер молча слушал почти час! Такого ни до, ни после я больше не видел.

Будкер — руководитель. Оригинальные принципы, оригинальные методы. И решительность, умение в нужный момент рискнуть, отказаться от одного направления и взяться за другое. Первые годы работы в Институте мне довелось под руководством Б. В. Чирикова заниматься установкой для создания того самого стабилизированного пучка, с которого началась для меня «дорога в Сибирь». Дела шли, хотя и несколько медленно, неплохо: на специальном бетатроне Б-3 получили пучок электронов с током в 300 А ($3 \cdot 10^{13}$ частиц — результат, до сих пор рекордный для подобных ускорителей), вполне можно было продвигаться дальше. Но Андрей Михайлович уже вовсю «болел» электронным охлаждением. Сил для работы не хватало, а наша тема имела неясные перспективы. И в 1967 году он решается на прекращение экспериментов и переформирование коллектива. Этот принцип Будкера «не приваниваться к железкам» (чем традиционно страдает большинство исследователей) действовал в жизни Института не раз.

Два года спустя полным ходом шла подготовка к экспериментам по электронному охлаждению протонов. Уже был получен электронный пучок с нужными параметрами, заканчивалось проектирование экспериментальной установки. Принесли проект на обсуждение к Андрею Михайловичу. Он смотрел, смотрел, а потом разнес нас в пух и прах: соленоид с многослойной обмоткой не позволит получить нужное поле с «запасом», электростатическая система отклонения пучка обещает проблемы с электрической прочностью и т. д. и т. п. А. Н. Скринский, Б. М. Смирнов и я — основные авторы этого варианта — вначале упорно отбивались. Не последним доводом в пользу нашего проекта была почти полная готовность чертежей к запуску в производство.— Но Андрей Михайлович твердо стоял на своем: «Не жалейте бумагу — придется выбрасывать железо!» Его поддержал С. Г. Попов, принимавший тогда участие в этой работе. Мы сдались. И начали все сначала. Так родилась установка ЭПОХА, которой суждена была долгая и результативная жизнь, ее схему повторяли потом другие лаборатории мира.

И еще — принципиальность. Сколько разговоров в научном мире о пресловутом соавторстве и «начальниках», приписывающих свое имя к работам подчиненных. Урок на эту тему я получил от Андрея Михайловича при подготовке одной из своих первых публикаций — препринта о запуске сильноточного бетатрона. В числе авторов был и А. М. Будкер. Подписывая материал, он, видно, заметил какое-то сомнение в моих глазах. Чутье у него в подобных вопросах было необычайное: «Что, сомневаешься в моем участии?

А кто вам этот магнитик придумал?» Он показал на рисунок впускного магнита оригинальной конструкции. И хотя вся изначальная идея ускорителя принадлежала ему, Андрей Михайлович выбрал вариант доказательства, более наглядный и убедительный для молодого специалиста. Помню, с каким удовольствием повторял он поговорку о том, что «авторство отличается от соавторства, как пение от сопения».

Горячая нетерпеливость и рассудительная осторожность несовместимы? Когда в 1973 году начались эксперименты по электронному охлаждению протонов на установке НАП-М, Андрей Михайлович едва ли не каждый день спрашивал, как идут дела. А дела вначале шли неважно: протонный пучок упорно не хотел проходить сквозь промежуток с электронным пучком. Андрей Михайлович даже призвал на помощь одного из плазмистов-теоретиков, но мы разобрались сами. Эффект оказался довольно интересным: в промежутке охлаждения были встроены магниторазрядные насосы; ионы остаточного газа, ускоренные их электрическим полем и нейтрализовавшиеся в столкновениях, уходили в электронный пучок, и он снова их ионизовывал и удерживал своим полем. В результате электронный пучок заряжался до положительного потенциала, порядка напряжения на насосах (понял это как раз В. В. Пархомчук). После этого Н. С. Диканский настоял на переделке вакуумной камеры, и, хотя эксперименты пришлось приостановить, это решение оказалось правильным: через несколько месяцев были обнаружены первые эффекты охлаждения. Работали мы тогда непрерывно, и, помнится, одна из первых убедительных кривых была получена в ночь на понедельник, в смену, в которой работал и я. С трудом дождавшись двенадцати часов дня (час заседания Ученого совета), понес график на Круглый стол — еще бы, наконец-то, «поймали» эффект! Но Андрей Михайлович посмотрел на график, скептически улыбнулся и ... посоветовал не торопиться. Правда, уже через несколько дней мы сумели получить следущее, более веское доказательство — «увлечение» протонов электронами: протоны изменяли свою энергию (и траекторию) под действием электронного пучка.

О физическом способе мышления говорилось не однажды. Для меня предметный урок на эту тему также связан с Андреем Михайловичем. Во время одного из обсуждений с участием директора я ошибся в оценке ионизационных потерь и многократного рассеяния частицы в веществе. «Как ты можешь делать такие ошибки?» — мгновенно отреагировал Андрей Михайлович,— в одном случае это взаимодействие с электронами, значит, «зет», в другом — с ядром, значит, «зет квадрат». Тем самым он показал мне, что физик должен не «зубрить» формулы, а понимать картину явления, тогда формулы запомнятся сами собой.

Но самой яркой чертой личности Андрея Михайловича для меня всегда была необычайная нестандартность мышления, умение увидеть новое в привычных понятиях, суждениях, даже явлениях. Известный анекдот о враче, который интересовался, «потел ли больной перед смертью», в трактовке Будкера звучал как ода специалисту:

врач, несмотря на летальный исход, должен убедиться в правильности своего решения — если больной потел, значит, лекарство было «то»! Вообще, увлечение «практической лингвистикой» было свойственно Андрею Михайловичу. Помню, как он совершенно серьезно обсуждал за Круглым столом разницу между русским «любить» и украинским «кохать» — последнее представлялось ему более приземленным, что ли.

Своеобразие восприятия, умение отделить оригинальное от банального ... В начале 60-х годов Андрей Михайлович приехал в Новосибирск после посещения конструкторского бюро С. П. Королева. С восторгом рассказывал он о корабле «Восток», восхищался совершенством конструкции ракеты, изяществом ее форм, подчеркивающим правильность решения. А потом, как-то вдруг погрустнев, сказал: «А вот спускаемый аппарат, похоже, конструировали другие люди — уж очень топорная работа, только что батарей парового отопления не хватает». И тут же в качестве анекдота рассказал, как паровозостроительному конструкторскому бюро поручили разработать первый тепловоз: на общем виде машины, предложенной конструкторами, впереди красовался ... паровой котел. Лучшей истории об инертности мышления я не слышал. Что же касается спускаемого аппарата, то много лет спустя мне посчастливилось побывать в Звездном городке и видеть там его копию (теперь она экспонируется на ВДНХ) — я сразу же вспомнил рассказ Андрея Михайловича, увиденное произвело на меня такое же впечатление.

Будкер — лектор. Его бывшие студенты до сих пор с удовольствием вспоминают о блестящем стиле рассказа, оригинальности и свежести мыслей, отличавших лекции Будкера. То же было характерно и для его выступлений на семинарах, собраниях. В Новосибирском университете для нас, молодых физиков, его ассистентов, тогда в 60-е годы личность Будкера была окружена неким ореолом большого ученого, перед которым несколько робели и в авторитете которого не смели усомниться. Но однажды, уже во время работы над электронным охлаждением, Андрей Михайлович рассказом об одном эпизоде заставил меня по-другому взглянуть на ореол Великого Будкера. Произошло это в Париже во время одного из первых зарубежных сообщений об идее электронного охлаждения, сделанных А. М. Будкером в 1966 году. После яркого доклада последовали вопросы, и вдруг один из присутствующих спросил, не будет ли «погублен» охлаждаемый пучок в результате рекомбинации тяжелых частиц с электронным пучком. Сейчас-то мы знаем, что это относительно слабый эффект, а в то время о нем еще «не успели подумать». Как рассказывал Андрей Михайлович, вопрос поверг его в состояние шока — неужели просмотрел эффект, закрывающий весь метод? Он не успел ответить, как встал француз Брук и начал задавать следующий вопрос — в свойственной ему тягучей, нудной манере (Андрей Михайлович так и сказал — «зануда Брук», и с тех пор для всех няфовцев автор известного учебника по ускорителям существует только в этом сочетании). Пока Брук задавал свой вопрос и Андрей Михайлович ему отвечал (благо, вопрос оказался

«Кто же это придумал?» (1975).

простым), он успел сообразить, что для антипротонов, об охлаждении которых говорилось в докладе, эффекта рекомбинации просто нет — одноименно заряженные электроны от них отталкиваются. В тот момент было очень важно найти исчерпывающе точный ответ, не оставляющий и тени сомнения в эффективности метода.

Слушая рассказ Андрея Михайловича, я подумал, что вот ведь и такой всегда уверенный в себе (внешне) человек подвержен глубоким сомнениям в собственной правоте. Для меня такая самокритичность, точнее критическая самооценка своих дел, идей, предложений, есть неотъемлемый признак настоящего ученого. И еще я подумал, что ситуация напоминала шахматный цейтнот. (Насколько это типично для лекций и выступлений, мне не раз потом приходилось убеждаться на собственном опыте.) И Андрей Михайлович сумел найти «гроссмейстерский ход».

Он обладал очень тонким чувством юмора, высоко ценил шутку, розыгрыши. Когда «разыгрывали» его самого и розыгрыш удавался, то радовался, быть может, больше, чем авторы и исполнители «хохмы». Любимые анекдоты и шутки Андрея Михайловича до сих пор «на вооружении».

Однажды, в начале 60-х, я попался ему на лестнице. «Как дела?» — «Да, ничего, вот инжектор запустили». Реакция последовала незамедлительно: «Как запустили? Как спутник или как сельское хозяйство?» Что тут ответишь...

И, конечно, Будкер — мечтатель. Он оставался им до самых последних дней. Какие только невероятные проекты не рождались в стенах ИЯФа — как физические, так и социальные. Одно время Андрей Михайлович энергично разрабатывал вариант создания филиала Института... в Сочи, или в районе Красной Поляны. «Понимаете,— рассказывал он после встречи с председателем сочинского горисполкома,— у них проблема занятости молодежи. Нет серьезного производства, летом — пляжные настроения, легкие заработки. А мы можем предложить им завод, выпускающий промышленные ускорители,— чистое производство, требующее высокой квалификации...» Как и во всех своих организационных проектах и делах, он прежде всего был Гражданином.

Последней книгой, которую он читал в больнице, был переданный мною толстый туристический путеводитель по Кавказскому побережью.

С. Г. Попов

ПРИНЦИПЫ БУДКЕРА

То, что Андрей Михайлович Будкер был большим ученым с широким кругом интересов, общеизвестно. Достаточно перечислить несколько физических проблем, вклад в решение которых со стороны Андрея Михайловича был определяющим: релятивистский электронный пучок, «магнитная бутылка», встречные пучки, электронное охлаждение... Каждая из этих проблем в своей области кардинальным образом повлияла на развитие мировой науки. Достаточно посмотреть сборник трудов А. М. Будкера, чтобы обнаружить еще ряд «изюминок» в его научном творчестве, чтобы увидеть его и как физика-теоретика, и как инженера-экспериментатора, находящего смелые и неожиданные решения проблем. Недаром Андрей Михайлович часто вспоминал и гордился тем, что Л. Д. Ландау называл его «релятивистским инженером». Так что об этой стороне деятельности Андрея Михайловича нет нужды говорить специально — его работы говорят сами за себя. Мне кажется важным подробнее сказать о других сторонах личности Андрея Михайловича как научного деятеля — его подходе к организационным проблемам и взаимоотношениям с сотрудниками.

Эти стороны деятельности А. М. Будкера проявились при организации Института ядерной физики Сибирского отделения АН СССР, куда он был приглашен М. А. Лаврентьевым по рекомендации И. В. Курчатова.

Конечно, центром конденсации были научные идеи Андрея Михайловича, но очень важную роль играли и организационные принципы, подход к подбору сотрудников.

Теперь можно сказать, что эти принципы выдержали испытание временем. ИЯФ — организация, имеющая большие научные и научно-технические достижения, где можно отметить ияфовский стиль работы и ияфовский микроклимат в коллективе. Андрей Михайлович говорил, что к проблеме организации Института он с самого начала отнесся как к важнейшей и очень трудной научной проблеме. Он анализировал удачный и неудачный опыт работы других коллективов и формулировал для себя некие организационные принципы, которых придерживался в дальнейшем. Очень жаль, что не сохранилось их полного описания. Но я бы хотел выделить некоторые, особенно запомнившиеся из них.

Андрей Михайлович всегда боялся оказаться окруженным узким кругом сотрудников, через которых он получал бы информацию о внутренней жизни Института. Он полагал, что, как бы ни были эти люди порядочны и доброжелательны, информация была бы узкой и односторонней, выработались бы психологические шаблоны в реакции на события в коллективе. Поэтому Андрей Михайлович ввел правило как можно шире обсуждать интересующие его вопросы, считал обязательным для себя познакомиться с различными точками зрения, подолгу разговаривал и с людьми, лично ему не симпатичными. Главной фигурой научно-исследовательского института Будкер считал научного работника. И не только считал, но всячески поднимал авторитет научного работника в коллективе. Он всегда подчеркивал, что высшим «законодательным» органом Института является Ученый совет — Круглый стол. «Круглый» — это не просто геометрически круглый. Андрей Михайлович воспитывал в ведущих научных сотрудниках, членах Ученого совета, «директорский» подход к решению проблем, когда объединяющим критерием правильности является оптимальность решения с общеинститутской точки зрения.

Решения Круглого стола принимались единогласно, хотя рождались они зачастую после долгих, мучительных споров. В результате вырабатывалось общее мнение, голосовать за которое считал для себя обязательным даже не убежденный, оставшийся при частном мнении член Совета. В тех редких случаях, когда Андрей Михайлович не мог убедить Круглый стол, решение не принималось, хотя он мог принять его как директор Института. «В НИИ научные работники не должны отдавать власть „административному аппарату“,— говорил Андрей Михайлович,— как бы этот аппарат ни был хорош и доброжелателен, он может обеспечить хороший порядок, снабжение и т. д., но не творческую атмосферу». Как мне кажется, проблему примата Круглого стола, научных работников над организационно-хозяйственным аппаратом Андрей Михайлович решал, с одной стороны, тем, что распределял часть административных обязанностей на общественных началах среди тех же членов Круглого стола, с другой — соответствующим воспитанием административно-хозяйственного аппарата, в частности за счет участия его руководителей в заседаниях Ученого совета или созданного позднее Административного совета (с участием заведующих лабораториями). С ростом Института появилось большое число молодых, способных научных работников, «замкнутых» в своей повседневной деятельности на более опытных научных сотрудников и заведующих лабораториями. Для того чтобы иметь от них непосредственную информацию, иметь собственное мнение о новом поколении научных сотрудников и оказывать влияние на их воспитание, Андрей Михайлович создал так называемые секции Ученого совета по различным научным направлениям.

А. М. был чрезвычайно чутким, чувствующим тончайшие нюансы реакции собеседника человеком. Но при всей его деликатности в одном он был непреклонен — в гласном, порой задевающем чье-то самолюбие, продвижении в сознании научной общественности талантливого, на его взгляд, специалиста. Делал это он и в «проповедях» при обсуждении научных проблем и в нелицеприятных беседах с глазу на глаз с возможными «завистниками». В конце концов это оказывалось полезным не только для «здоровья» всего коллектива, но и для конкретных научных сотрудников, начинающих более правильно понимать свое место в науке, коллективе и тратящих в результате свою энергию не на бесплодные эмоции, а на творчество. Этот вариант общения не может, конечно, рассматриваться как некий рецепт. Он возможен был только при наличии непререкаемого научного авторитета и житейской, не побоюсь этого слова, мудрости Андрея Михайловича.

Хочется отметить еще одно собственное будкеровское, ияфовское решение важной научно-организационной проблемы — проблемы сочетания фундаментальных и прикладных работ в Институте. Так как основные научные исследования Института ведутся, как правило, на пределе современных технических и технологических возможностей, иногда с разработкой новых технологий, применение этого потенциала в прикладных целях — для исследований в смежных областях науки, в народном хозяйстве — часто очень перспективно. Известно, что Андрей Михайлович добился соответствующего разрешения на использование средств от внедрения новых разработок в промышленность для развития основных, фундаментальных исследований, премирования сотрудников и т. д. Он ввел «квоту» — 25% ресурсов Института на прикладные работы. Этим решаются две задачи: с одной стороны, исследователи заинтересованы в привлечении средств для своих основных работ, с другой — к решению вспомогательных прикладных работ привлекаются самые квалифицированные силы. Известно, что в капиталистических странах для переманивания высококвалифицированных специалистов фирмы платят существенно более высокую зарплату. Сейчас видно, что ияфовский способ решения этой проблемы заведомо себя оправдал. Но не все знают, что не только меркантильные — с точки зрения привлечения средств для основных исследований — соображения заставили А. М. заниматься прикладными задачами. Утрируя, он говорил, что «занятие научными исследованиями — всегда было удовлетворением любопытства. В наше время это стоит очень дорого и производится за счет народа. Поэтому, когда представляется возможность, нужно возвращать свой долг».

Впервые я увидел А. М. Будкера в свой первый приход на работу 2 февраля 1959 г. тогда еще в Лабораторию новых методов ускорения Института атомной энергии. Должен признаться, что первые впечатления от Института были разочаровывающими: обшарпанные помещения, неопрятный, покрытый местами выщербленной метлахской плиткой пол; неаккуратные, увешанные проводами экспериментальные установки. Директор на этом неприглядном фоне оказался лысым, бритым (бороду А. М. отпустил гораздо позже, в начале 70-х, и это придало ему общеизвестный «библейский» облик), физически некрасивым, на мой взгляд, человеком. Но как только он заговорил, все внешнее стало несущественным. Андрей Михайлович не только любил и умел говорить, но знал о чем, зачем и как говорить. Его «проповеди» никогда не были беспредметными — в них либо оттачивалась, формулировалась какая-то новая научная идея, либо обсуждалась и пропагандировалась важная для коллектива морально-этическая позиция или организационная проблема.

Сейчас я считаю большой удачей свое распределение для работы в ИЯФ в самом начале его зарождения, удачей, что организатором и директором Института был Андрей Михайлович Будкер, оказавший определяющее влияние на формирование личностей многих, теперь хорошо известных ученых; человек, которого с полным правом можно назвать словом Учитель.

И. Б. Хриплович

УВЛЕЧЕННОСТЬ

Не верится, что прошло уже столько лет с тех пор, как Андрея Михайловича не стало. Иногда кажется, что я видел его лишь вчера, настолько ярки и отчетливы воспоминания. Андрей Михайлович сохранил до конца жизни удивительную человеческую мудрость и редкостный дар физика. И все же мне чаще вспоминается не тот седобородый человек, уже отмеченный печатью тяжелой болезни, который изображен на фотографиях последних лет. Вспоминается плотный крепыш, дышащий уверенностью и энергией. Таким я увидел Андрея Михайловича впервые летом 1959 года на Киевской конференции по физике высоких энергий. Увидел его и сразу угадал (он не носил табличку с фамилией), что это и есть Будкер, о котором я уже тогда много слышал.

«Главное, делайте все с увлечением. Это страшно украшает жизнь». Не Будкеру, а Ландау принадлежат эти слова. Но трудно представить себе человека более увлеченного, чем Андрей Михайлович. Именно благодаря увлеченности он в свои неполные шестьдесят лет, отпущенные судьбой, прожил фактически несколько жизней. Тонкий физик, «фонтанирующий» изобретатель, создатель и руководитель крупного института — того, что достиг Будкер в каждом из этих занятий, с лихвой хватило бы на яркую, большую человеческую жизнь.

Андрея Михайловича неизменно тянуло к большим, трудным задачам — стабилизированный пучок и термояд, встречные пучки и электронное охлаждение. Далеко не все удавалось ему, но одно мне кажется несомненным. Если кому и под силу такие задачи и в таких условиях, то отнюдь не тем трезвым скептикам, которые много раз (и порой не без основания) критиковали Андрея Михайловича, они под силу разве что энтузиастам, подобным Будкеру.

Не раз вспоминаются его слова: «Неправильных решений у задачи много, а правильное лишь одно. Поэтому найти его можно, только если хочешь решить задачу».

Удивительная жизнерадостность Будкера: «Оптимисту живется лучше. Он радуется дважды: когда задумывает дело и когда оно получается. А пессимист, в лучшем случае, раз — если дело у него получится».

Чуть наивная гордость: «Я признаю лишь один вид воровства в науке. Это когда воруют у меня».

Непримиримость ко всякому формализму: «Оценка научной деятельности не может быть формализована. Как только вводится новый формальный критерий оценки, тут же находится способ, как его обойти». «Профессия теоретика не сводится к тому, чтобы складывать и умножать». Презрительный отзыв об одном из теоретиков: «Цирковая собака-математик». Однажды увидел у нас на доске слова Стеклова: «Интуиция идет поверх всякой логики». Очень обрадовался, но не преминул сказать: «Вы же не понимаете, насколько это верно».

Андрей Михайлович бывал порой очень резким, но ему можно было ответить тем же, начальник в нем при этом не просыпался. Он иногда обижался, как ребенок, но «никогда не мстить» было одним из его правил. И не только по отношению к противнику в словесной перепалке.

Надо признаться, когда я стал в 1959 году аспирантом Будкера, наши отношения никак нельзя было назвать бозоблачными. Я без особой охоты занимался ускорительными задачами, которые ставил Андрей Михайлович, меня тянуло к другой области физики. Реакция Будкера на недостаток рвения (или той же увлеченности) бывала бурной. Но лишь спустя много лет, уже имея собственных аспирантов, я смог оценить ту терпимость, с которой в конечном счете отнесся тогда Андрей Михайлович ко мне, упрямому юнцу. Надеюсь, я усвоил, хотя бы частично, этот урок доброты.

Но не только яркими человеческими качествами объясняется то, что Будкер смог создать большой и очень сильный научный коллектив. Есть еще одна причина успеха: он считал совершенно необходимым заниматься воспитанием того, что несколько условно можно было бы назвать «духом института». Андрей Михайлович был реальным руководителем — решительным, властным, а временами и жестким. Однако, даже приняв решение, он не жалел ни времени, ни сил для того, чтобы убедить сотрудников, Ученый совет в правильности этого решения, и обычно достигал цели. Впрочем, бывало и так, что, считаясь с мнением сотрудников,

Андрей Михайлович свое решение менял. В результате мы не просто задумывались над обсуждающимися вопросами, а возникало ощущение своей реальной причастности к решению судеб Института.

И, наверное, не случайно из ИЯФа вышло столько руководителей крупных научных организаций разного профиля, предмет полушутливой — полусерьезной гордости Института.

С годами начинаешь понимать, что даже просто знакомство с таким человеком, как Андрей Михайлович, — большая жизненная удача. И только сейчас осознаешь, насколько он был прав в каких-то своих суждениях и оценках. Как тут не вспомнить слова Марка Твена, которые я слышал когда-то от Будкера: «Странно, чем старше становлюсь я, тем почему-то умнее становится мой папа».

В. К. Ентчке

ИДЕИ, ОПЕРЕЖАЮЩИЕ ВРЕМЯ

Я впервые узнал о профессоре Будкере на симпозиуме по ускорителям высоких энергий и физике пионов в ЦЕРНе* в 1956 году. Доклад по стабилизированным релятивистским электронным пучкам Будкера и Наумова вызвал там большой интерес и привел затем к интенсивным исследованиям во многих лабораториях мира. В последующие десятилетия я виделся с Будкером и его сотрудниками на многих международных конференциях и неофициальных встречах в Советском Союзе, Западной Европе и Соединенных Штатах Америки. Меня всегда поражали его новые и смелые идеи. Став директором Института ядерной физики Сибирского отделения АН СССР в Академгородке, он сумел создать весьма самобытный, оригинальный стиль проектирования и сооружения ускорителей и, в частности, электрон-позитронных накопителей.

Будкер с его яркой индивидуальностью всегда прямо высказывал свое мнение. В беседе о физиках и их ускорителях он убежденно говорил о том, что для исследований на переднем крае науки физики должны сами строить свои установки. По возможности основные элементы ускорителя следует также производить самим. Ему совершенно не нравилось простое увеличение размеров стандартных ускорителей.

В Институте Будкера ощущалась атмосфера интенсивного творчества, было немало смелых технологических решений, правда, не всегда успешных, поскольку некоторые из нововведений не оправдывали ожиданий. Его идеи часто опережали время. Благодаря всему этому визит в Институт Будкера был всегда особенно интересным. После конференции по физике высоких энергий в Тбилиси в 1976 году я посетил по его приглашению Институт ядерной

---

* Европейский центр ядерных исследований в Женеве.

физики. Я провел в Академгородке несколько дней и имел очень приятную встречу с Будкером, его женой и сыном у них дома. Во время прогулки на катере мы обсуждали возможности расширения сотрудничества между нашими лабораториями в области физики элементарных частиц и ускорительной техники.

Осматривая Институт, я увидел накопители электрон-позитронных встречных пучков от ВЭП-1 до ВЭПП-4. Установки ВЭПП-2 и ее вариант с высокой светимостью ВЭПП-2М внесли важный вклад в физику элементарных частиц, особенно в точное определение масс и ширин распадов векторных мезонов. Эти эксперименты были проведены небольшой группой физиков, возглавляемой профессором Сидоровым. На установке ВЭПП-4, где энергия e^+e^- может достигать 14 ГэВ, были получены точные значения масс Ψ, Ψ', Y, Y', Y'', при этом использовался метод резонансной деполяризации, предложенный в Институте много лет назад.

Продолжая знакомство с Институтом, я увидел завод для производства ускорителей низкой энергии, которые создавались для различных потребителей как внутри страны, так и за рубежом. Это давало Будкеру дополнительные средства для научных исследований.

В Институте было много необычного: перезарядная инжекция в ускорители, специальные безжелезные магниты с очень малым фокусным расстоянием для получения интенсивных пучков античастиц из мишени, удивительные эксперименты по электронному охлаждению.

Идея электронного охлаждения, предложенная Будкером в 1966 году, заключается в том, что при совместном движении электронного и протонного пучков с совпадающими скоростями благодаря кулоновскому рассеянию происходит обмен поперечными импульсами между протонами и электронами. В конечном счете фазовый объем протонного пучка уменьшается, и пучок становится плотнее. На меня произвела сильное впечатление демонстрация этого эффекта, которую провел для меня профессор Скринский на небольшом накопителе НАП-М. Основной результат состоял в том, что протонный пучок с энергией 85 МэВ можно было охладить за 80 мс, уменьшив его диаметр от начального значения 1 см до 0,5 мм после охлаждения. При этом энергетический разброс уменьшился до 10^{-5}, а угловой разброс — до 5×10^{-5}.

Совсем недавно эксперименты, проведенные в Новосибирске, дали время охлаждения 40 мс, равновесный диаметр пучка 100 мкм и относительную ширину разброса по импульсам 10^{-6}. Такое конечное состояние эквивалентно температуре протонного пучка в несколько градусов Кельвина.

Новый метод охлаждения пучков (электронное охлаждение, а также предложенное Ван-дер-Меером (ЦЕРН) стохастическое охлаждение) оказался в ускорительной и пучковой технологии самым важным достижением за многие годы.

После осмотра Института мы сели за знаменитый Круглый стол для беседы. За столом собралось много замечательных уче-

ных — тех, кто делил с Будкером ответственность за основные
решения. Будкер сказал, что за этим столом часто возникают разногласия. Но его сотрудники говорили мне, что с помощью убеждения он способен каждого «обратить в свою веру».

Приятно, что дух высокой творческой активности продолжает
жить в Институте.

Дж. О'Нил

Я ЦЕНИЛ ЕГО ДРУЖБУ

Я впервые встретился с Андреем Будкером в 1960 году на
Международной конференции по физике высоких энергий в Рочестере. До этого, в 1956 и 1959 годах, я выступил с докладами по
накопителям на конференциях в Женеве, и Андрей разыскал меня
в Рочестере, чтобы обсудить эту тему. Еще тогда на меня произвели
сильное впечатление его большая энергия, активность, чувство
юмора, жажда жизни. Узнав через переводчика, что мне 33 года,
он бросил реплику, показавшуюся мне забавной для советского
гражданина, да еще еврея: «Возраст Христа на кресте».

Следующая встреча состоялась в 1963 году в Дубне. Во время
конференции Андрею внезапно пришла мысль пригласить небольшую группу физиков (насколько я помню, трех человек) в Новосибирск. С характерными для него энергией и стремительностью
он перешел от слов к делу. Мы сели на Ту-104 и через несколько
часов были в Сибири. Аэропорт в Новосибирске был небольшим и
скромным, но уже два года спустя, когда я снова посетил Новосибирск, здесь был огромный аэропорт с мраморными полами и
современной мебелью в зале ожидания. Как оказалось, всего за
несколько недель до нас Академгородок посетили первые зарубеж-
ные гости — делегация математиков.

С большой гордостью Андрей показывал нам свой Институт.
Здесь сооружался накопитель электронов, велись работы по созданию электрон-позитронных накопителей. Мы увидели огромный цех,
где изготавливалась каждая деталь установок, создаваемых в Институте.

Было лето, и я особенно запомнил наши прогулки по широким
улицам Академгородка и путешествие по Обскому морю. На борту
катера мы с Андреем затеяли оживленную дружескую дискуссию
об относительных достоинствах советской и американской политических систем. Это напоминало атмосферу спортивного матча.
Было много смеха, сотрудники Андрея, собравшиеся в тесной каюте
судна, подбадривали нас.

Мой следующий визит в Институт состоялся в конце 1965 года,
когда Андрей проводил специальную конференцию по накопителям.
В свободное от заседаний время мы отдыхали, катаясь на лыжах.

В то время наша принстон-стэнфордская группа столкнулась на своем электрон-электронном накопителе со многими неустойчивостями, которые были постепенно преодолены в теоретических и экспериментальных исследованиях шестидесятых годов. Одну из лучших теоретических работ по неустойчивостям встречных пучков на этой конференции представил А. Н. Скринский. По вечерам сдерживаемый лишь необходимостью перевода Андрей обменивался смешными историями и шутками со своим старым другом Бруно Тушеком, которого уже тоже нет с нами. Людмила, жена Андрея, принадлежала к более молодому поколению, и я вспоминаю ее живость, чувство юмора и иронию по адресу очень дорогой, но чересчур старомодной, на ее взгляд, мебели в доме Андрея. В 1966 году Андрей и Людмила посетили США, и мы встретились в Пало Алто * и Принстоне **. В свободное от научной программы время они оба с удовольствием посещали магазины и рестораны Стэнфорда, а уикэнд, мы провели в приморском городке Кармел. Было много шуток и смеха. Андрей рассказывал истории о своих гимнастических подвигах в юности. Чтобы показать, что былое мастерство еще не утрачено, он сделал в моем саду стойку на руках.

Если попытаться выразить мое впечатление об Андрее Будкере, этом удивительном, необыкновенном человеке, я бы сказал о его энергии и напористости, юморе и неиссякаемом фонтане красноречия, сильном чувстве независимости. И, наверное, прежде всего следует сказать о его гордости. Он очень гордился своей страной, гордился тем, что создал Институт ядерной физики, где теперь работают тысячи сотрудников. Он испытывал особую гордость за талантливую, творческую молодежь, которую привлек к исследованиям и которая продолжает работу в Институте и сейчас. Каждое мгновение, проведенное с Андреем, было удивительным, приятным и полезным. Я ценил его душевную теплоту и дружбу. Он был одним из крупнейших людей, которых мне посчастливилось знать.

Н. С. Диканский

«КАРТЫ НА СТОЛЕ»

В конце июня 1977 года я встретился с Андреем Михайловичем в Москве. Ему нездоровилось. Он лежал в постели. Было около пяти часов вечера. Телефон стоял на тумбочке рядом с подушкой. В тот момент никто не звонил: в Новосибирске уже не работали,

---

* Город в Калифорнии, рядом с которым находится Стэнфордский университет с ускорительным центром (СЛАК).
** Университетский городок на востоке США с центром по физике высоких энергий.

да и в Москве рабочий день тоже заканчивался, а Андрею Михайловичу, как воздух, нужен был собеседник.

Мы заговорили об электронном охлаждении, и Андрей Михайлович стал рассказывать о том, как родилась идея этого метода. Зимой 1960 года Будкер каждую неделю прилетал из Москвы в Новосибирск читать лекции по физике в университете и контролировать ход строительства Института. Однажды он прилетел в Новосибирск с С. Н. Родионовым (сейчас сотрудник ИКИ). Остановились в гостинице «Центральная», так как в то время в Академгородке гостиницы еще не было. Было около одиннадцати часов вечера, но спать не хотелось — сказывалась разница во времени. Слава взял детектив Агаты Кристи «Карты на столе». Сюжет был захватывающим, и Слава стал читать вслух, переводя сразу с английского на русский. Уже час разворачивались события в детективе, но что-либо понять было невозможно, убийца все еще был неизвестен. У Славы пересохло горло, он налил стакан воды. И в это время мысли Андрея Михайловича заработали в привычном направлении: фазовый объем у легких частиц может быть уменьшен, поскольку есть потери энергии, то есть радиационное трение. Как нарушить запрет теоремы Лиувилля, если это не электроны, а тяжелые частицы — протоны или ядра, которые вращаются в кольце накопителя? Есть же ионизационные потери, когда частица движется в веществе. Сталкиваясь с электронами в веществе, протон передает им свой импульс, возникает сила трения и довольно большая. Вот, казалось бы, нужный механизм потерь. Действительно, сила трения направлена против полной скорости. Компенсируя средние потери, можно предотвратить уход с равновесной орбиты, а поперечный импульс не восстанавливается. Таким образом, угловая расходимость будет уменьшаться.

Андрей Михайлович изложил свои мысли Славе. Тот выслушал и сразу же возразил: есть рассеяние на ядрах. Пи-мезон, рождаясь при столкновении протона с ядром, унесет большой импульс, и установившийся размер будет очень большим. Это действительно препятствие, как же его обойти? И снова загадки, кто преступник, где логика взаимодействия людей... А что, если выбросить ядра, оставить одни электроны, тогда все положительное сохраняется. Возьмем облако электронов; через него движутся протоны, есть трение. Не решение ли это? Нет, разве можно создать плотность свободных электронов такую же, как в твердом веществе? Если нет компенсации пространственного заряда, электроны без ядер разлетятся под действием собственного поля. А плотности электронов в электронных пучках — 10^8—10^7 частиц в кубическом сантиметре, то есть на шестнадцать порядков меньше, чем в твердом веществе.

Да, нет идеи! Снова загадки Агаты Кристи. Ничего не понятно. Мысль уводила в сторону. А если взять не покоящийся электронный газ, а электронный пучок в стабилизированном пучке? Электроны можно заставить двигаться во внешних фокусирующих полях, тогда они не разлетятся. Но плотности все равно малы. Как увеличить их взаимодействие? Уменьшить относительные скорости?

Резерфордовское сечение сильно растет как функция относительной скорости. Четвертая степень! Если сделать относительную скорость протонов и электронов на уровне 10^{-3}—10^{-4} от средней скорости, можно увеличить сечение на двенадцать, шестнадцать порядков. Вот, наконец, решение!...

Мы компенсируем потерянные порядки в плотности. Мысль заработала четко, и начала вырисовываться схема. На участке кольца протонного ускорителя протоны и электроны движутся в одну сторону с равными средними скоростями. Это еще более привычная картина, если перейти в систему координат, движущуюся со средней скоростью частиц. Здесь мы имеем обыкновенную двухкомпонентную плазму электронов и протонов. Сталкиваясь, протоны и электроны передают друг другу энергию. Должна произойти температурная релаксация — выравнивание температур. Электроны будут холоднее, так как они при равенстве поперечных скоростей имеют в две тысячи раз меньшую температуру, чем протоны. Ему уже ясно, кто убийца. Рождалась конструкция. Наступало утро. Пора ехать в Академгородок, пришла машина. Всю дорогу обсуждалась новая идея...

На лекции Андрей Михайлович говорил неясно, сбивался и, когда окончательно запутался в выводе волнового уравнения для двухпроводной линии, попросил Славу, сидящего у двери, помочь найти ошибку. Слава густо покраснел, пытаясь что-то сказать, стал заикаться. Потом выдавил, что тоже не понимает. Он был смущен, на него смотрели студенты, а в руках у него была книга с яркой обложкой. Лекция явно не удалась...

Слушая ее тогда, я, конечно, не подозревал, что в эту ночь родился метод электронного охлаждения, которому предстояло сыграть решающую роль в развитии физики высоких энергий, в моей судьбе и судьбе моих товарищей.

Р. А. Салимов

ОН ПРОПОВЕДОВАЛ КУЛЬТ РАБОТЫ

В первые годы своего формирования Институт ядерной физики испытывал острую потребность в быстром притоке молодых специалистов. Для этой цели при активном участии Андрея Михайловича в Академгородке был создан университет и организована физико-математическая школа. Однако он не стал ждать, когда университет выпустит первых физиков (мне кажется, что состояние ожидания было одним из самых невыносимых для деятельной натуры Андрея Михайловича), а придумал «длительную производственную практику». Суть этой практики состояла в следующем. По конкурсу отбирались студенты, окончившие три курса в ведущих вузах страны, которые сразу же начинали работать лаборантами в Институте. При этом они продолжали числиться студентами своих вузов. Занятия по профилирующим предметам с ними проводили сотрудники Института, а остальные занятия происходили в университете. По такому принципу в 1961 году было отобрано около 15 человек из Ленинградского и Московского университетов и Томского политехнического института. Помимо Андрея Михайловича с этой группой «возились» нынешние академики — С. Т. Беляев и Р. З. Сагдеев. В те годы наш Институт был еще мал (около 300 человек), и почти всех, включая нас, лаборантов, Андрей Михайлович знал в лицо. При случайных встречах он обычно интересовался нашими делами, что оказывало на нас огромное стимулирующее воздействие.

Большое воспитательное значение имели выступления Андрея Михайловича перед сотрудниками Института. Выступал он по самым разным поводам: торжественные собрания, производственные совещания, семинары. Аудитория тоже собиралась различная — от научных сотрудников до рабочих. На этих выступлениях, как мне кажется, он формулировал свои представления о том, что естественно для человека и что нет. Например, Андрей Михайлович проповедовал культ работы. На одном из собраний в начале шестидесятых годов, не помню по какому поводу, он внушал аудитории примерно в 200—300 человек, что для мужчины нет ничего важнее работы. Ничто — ни женщины, ни спорт, ни коллекционирование, ни вообще любое хобби — не может дать мужчине такого внутреннего удовлетворения и самоутверждения, как успех в труде, работе.

Даже при выступлении в широкой аудитории создавалось впечатление, что он делится глубоко внутренним, почти сокровенным. Когда тезис о том, что работа для человека первична, становится убеждением, формируется соответствующий стиль жизни этого человека. Я уверен, что Андрею Михайловичу удалось привить этот тезис довольно широкому кругу молодых сотрудников Института, что явилось основой того особого духа, который называется ияфовским. Среди ведущих сотрудников Института никогда не было активно занимающихся большим спортом, они долго не обзаводились дачами, садами и автомобилями. Андрей Михайлович гордился этим.

Э. М. Трахтенберг

ГЛАВНЫЙ ТЕЗИС ЕГО ШКОЛЫ

Формально я не могу считать себя учеником Андрея Михайловича Будкера. Я поступил на работу в ИЯФ в 1962 году, уже имея за плечами шестилетний стаж работы в станкостроении и один «собственный» станок. Но работа рядом с Андреем Михайловичем в течение почти 15 лет была не только счастливым подарком судьбы, но и очень многому меня научила. Да и не только меня, все инженеры-конструкторы, «плотно» взаимодействовавшие с А. М. Будкером, наверное, скажут то же самое.

Каждой новой разработкой А. М. Будкер увлекался как первой, и на начальном этапе обсуждения шли непрерывно день за днем. Андрей Михайлович привлекал к обсуждению очень широкий круг людей, имеющих отношение к данной проблематике. Будущая установка сначала несколько месяцев «проговаривалась» — выяснялись все основные проблемы, трудности, пути и конкретные способы их решения. Для меня подобные обсуждения и были «школой Будкера». Это была необычная школа. Андрей Михайлович мыслил очень быстро, его реакция на реплики участников была мгновенной, следить за ним, особенно сначала, было довольно тяжело, и после двух-трех часов таких бесед обычно чувствовал себя полностью измочаленным. Обсуждения напоминали театр одного актера — Андрей Михайлович одновременно и удивлял, и покорял, и подавлял, и учил. Главный тезис его школы я бы сформулировал так: «Бога нет!» Мы сами творцы, нам все подвластно, мы все можем, только мы должны открывать, а не закрывать, не искать опровержений для его самых неожиданных и порой казавшихся безумными предложений, а найти способы их реализации. От Андрея Михайловича я впервые не только понял, но и «почувствовал печенкой», что вся физика — это единый, соразмерный и взаимоувязанный организм. Исходя из самых общих посылок, Андрей Михайлович с точностью до констант очень быстро выводил любую формулу. Он был физиком в полном смысле этого слова, физиком широчайшего диапазона, и это сразу становилось ясно даже неспециалисту. Андрей Михайлович гордился тем, что Л. Д. Ландау назвал его «релятивистским инженером», потому что для него инженерная реализация его физических идей была таким же кровным делом. Можно спорить о том, каким инженером был Андрей Михайлович. Может быть, слишком многие решения принимались «в страстях», может быть, он напрасно хотел, чтобы и с технической стороны каждая новая установка не повторяла предыдущую и несла на себе печать его индивидуальности. Наверное, что-то нужно было создавать попроще, понадежнее, с большими запасами. Но в технике, как и в физике, Будкер мыслил не приземленно, он парил и увлекал за собой всех сотрудников. «Мы должны все время быть в возбужденном состоянии», — было одним из его девизов. «Нельзя забывать о трудностях существования такого физического института в Сибири. Наше стабильное состояние — это не Москва, не Серпухов и не Дубна. Наше стабильное состояние — это Томск».

Андрей Михайлович очень боялся, как он говорил, образования «маленьких удельных научных княжеств», он все время стремился к большой, сложной, комплексной тематике Института, объединяющей различные лаборатории. Если он видел признаки такой болезни, то легко шел на всякие административные реорганизации, перетасовывание людей, перевод их с одной тематики на другую. А все «сепаратистские» тенденции также пресекал очень решительно. Будкер очень ценил способных и самостоятельных сотрудников, но в то же время, если он считал, что в их действиях есть наруше- ние «основ», то быстро прибегал к крутым мерам вплоть до «хирур- гических», правда, почти всегда из ИЯФа его сотрудники уходили со значительным повышением.

Андрей Михайлович был удивительно живой человек в самом широком смысле этого слова. Его интересовало всё и все. Каких только гостей не было у нас в Институте за Круглым столом! Спектр их был чрезвычайно широк — от глав государств и мини- стров до сборных СССР по биатлону и фигурному катанию. И всех их Будкер принимал не только «по протоколу», они, действительно, вызывали у него живейший человеческий интерес. Очень хорошо помню, как во время гастролей в Новосибирске в ИЯФ приехала большая группа артистов Московского театра им. Моссовета, человек семьдесят, наверное. В конференцзале Института Андрей Михайло- вич рассказывал им о нашей жизни, наших проблемах, о том, чем мы занимаемся. Я не знаю, как назвать это выступление. Это была не речь, не доклад, что-то другое. Он завладел аудиторией, казалось бы столь необычной для него, мгновенно, был очень неожидан, артистичен, остроумен... Потом, когда артистов водили по Институту, показывая им наши установки, они не уставали повторять: «Ах, ка- кой у вас директор!..» Не могу точно сказать, но, кажется, все инте- ресные люди, приезжавшие в Академгородок, бывали у Будкера дома в гостях. Он притягивал людей, как магнит, и не только своим обаянием, остроумием, эрудицией. Уже при первом знакомстве с ним каждый ощущал масштаб личности этого человека, его абсолют- ную нетрадиционность, раскованность. Кстати, о раскованности. Андрей Михайлович любил анекдоты и относился к ним с большим уважением (к хорошим, разумеется), как к одному из оставшихся в живых виду фольклора в условиях всеобщей грамотности. Знал он их великое множество и рассказывал прекрасно, всегда вовремя, к месту, и очень часто они становились последним аргументом при решении подчас спорных и болезненных вопросов.

Сила обаяния личности Будкера была поразительна. Самый убе- дительный пример — это история появления в нашем Институте Александра Абрамовича Нежевенко. Он сам личность легендарная, о нем тоже надо писать и писать... В момент их знакомства (1960 год) Нежевенко был директором Новосибирского турбогенера- торного завода — одного из крупнейших заводов не только города, но и страны. Там изготавливались детали первого в мире накопителя электронов, работающего на встречных пучках (ВЭП-1). Естест- венно, что во время своих командировок в Новосибирск (ИЯФ находился еще в Москве) Будкер встречался с Нежевенко, об- суждал с ним ход совместных дел. И вот, по рассказу Андрея Михайловича, присутствуя один раз на планерке, которую проводил Нежевенко, наблюдая за четкостью его распоря- жений, его буквально дирижерской «властью» над громадным и сложным механизмом завода, Будкер подумал: «А хорошо бы у ме- ня был такой заместитель! Как бы он смог организовать и возгла- вить производство и все инженерно-технические службы». Подумать,

«Сложный вопрос». Справа — заместитель Андрея Михайловича А. А. Нежевенко (1974).

конечно, было нетрудно. Но вот как Андрей Михайлович сумел осуществить свою идею, как опытный директор и уже далеко не юноша
Нежевенко не только поверил в Будкера, но и круто изменил свою
судьбу, стал первым и ведущим заместителем Андрея Михайловича,—
это, откровенно, для меня до сих пор загадка. Сила поля тяготе-
ния Будкера была, конечно, непреодолима для обычного человека,
но Нежевенко не был таким... Тандем Будкер — Нежевенко получился блестящим. Они абсолютно верили друг в друга и друг другу,
очень уважали и даже любили друг друга. Нежевенко сразу взвалил
на свои плечи громадный воз забот, связанных со становлением
Института: строительство, оснащение опытного производства, организацию всех вспомогательных служб, кадровые вопросы (кроме
набора научных сотрудников), жилье и т. д. В становлении и росте
как производственном, так и человеческом наших инженеров роль
Нежевенко почти так же велика, как и Андрея Михайловича.
   Чрезвычайно большое внимание Андрей Михайлович уделял
созданию в Институте такого морального климата, при котором бы
хотелось идти на работу. Этим проблемам он уделял, может быть,
не меньше времени, чем физике. С самого начала жизни Института
он, как никто другой, понимал и старался донести до сознания каждого, что нравственная ситуация в Институте, добрые взаимоотношения между лабораториями и людьми могут удесятерить достижения.
И в то же время при потере контроля над ситуацией эти же проблемы могут полностью затормозить работу, отбросить Институт дале-

ко назад. Как Будкер был прав и мудр, мы все не раз чувствовали при его жизни (со знаком плюс) и, увы, позже ощутили его правоту и со знаком минус.

Он не уставал повторять чуть ли не на каждом заседании Ученого совета, что успех товарища — эта твой успех, потому что ты тоже работаешь в этом институте, что «играть надо на того, кто гасит», тогда выигрывает вся команда. Неэтично, все время повторял Андрей Михайлович, одной лаборатории ругать другую — это может делать только директор. Часто он возвращался к проблемам взаимоотношений учителя и ученика, рассматривая их, говоря высоким стилем, во всей их диалектике. Жалко, что никто не записывал его речь на Советах — живая и неповторимая в передаче речь Будкера сама по себе действовала завораживающе. Главный смысл его тезисов был в том, что хотя талантливый и способный ученик может пойти дальше учителя, но выступать против него он не должен никогда! Высшая форма протеста ученика — это уход от своего учителя. Мы все, работавшие с ним и учившиеся у него, были гораздо моложе, и многим, по-моему не одному мне, подобные рассуждения казались не очень актуальными, особенно у нас в Институте, где авторитет Будкера был непреклонен и высок. Но вот прошло 10—15 лет и оказалось, что это и наши проблемы, а иногда и проблемы номер один.

Его реакция на то, что Андрей Михайлович считал нарушением нравственных норм, была быстрой, резкой, однозначной и порой неожиданной. Хочу рассказать об одном конкретном случае. На Всемирной выставке в Монреале в Советском павильоне демонстрировалась одна из наших плазменных установок, кажется УН-4. По итогам работы выставки Госкомитет по атомной энергии предложил премировать сотрудников Института, причастных к ее созданию. Некая сумма была выделена и на конструкторский отдел. Но так как согласно указанию премировать можно было только участников этой работы, то руководство НКО решило от денег отказаться вообще. В это же время очень интенсивно шли конструкторские работы по накопителю ВЭПП-3, по другим темам, и выделять группу работников только потому, что их работа попала на выставку в Монреаль, сочли нецелесообразным. Возможно, это решение было спорным. Во всяком случае, оставшиеся без премии написали жалобу на имя Будкера и... подписали ее еще у всех научных сотрудников и работников цеха, получивших премию за УН-4. Когда эта жалоба с более чем 200 подписями поступила к Андрею Михайловичу, он был предельно возмущен. Нет, не самим фактом жалобы, а именно количеством собранных подписей. «Вы считаете, что на 20 подписей я реагировать не буду, а на 200 буду?» — спрашивал он на специально собранном в отделе собрании. «Откуда такое неверие и в собственную правоту и в меня — директора?» Попытка добиться своего всеми средствами, включая самую «тяжелую артиллерию» — 200 подписей, привела к прямо противоположным результатам. КБ было расформировано, а его сотрудники включены в штаты тех лабораторий, с которыми они работали. Еще раз хочу подчеркнуть, что для расформирования не было никаких деловых причин, а только «морально-этические», но и эти моменты для дела, для работы Будкер считал не менее важными.

Вообще, отношение Андрея Михайловича к инженерам было необычным и нетрадиционным. С одной стороны, понимая лучше, чем кто-либо, что современное оборудование для физических экспериментов очень сложно, что никто не будет делать для нас (в приемлемые сроки) те уникальные установки, которые он задумывал, Будкер постоянно заботился о развитии инженерной и производственной базы Института — именно поэтому и появился в ИЯФе Александр Абрамович Нежевенко. Трудно назвать другой академический институт, в котором было бы столь крупное и многопрофильное производство с очень широкими технологическими возможностями, как в ИЯФе. В Институте очень тщательно и долго создавался весьма квалифицированный конструкторский отдел. Ни один человек не был принят без подробнейшего и очень «настырного» собеседования (знаю это и как объект такого собеседования и впоследствии как его участник). С людьми, претендовавшими на должность старшего инженера и выше, обязательно беседовал или сам Андрей Михайлович, или кто-то из его заместителей — А. А. Наумов или А. А. Нежевенко.

С другой стороны, Будкер все время повторял, что у нас Институт физический, он создан для физиков и организован так, чтобы главной фигурой были физики, чтобы именно им было максимально удобно работать. Инженеры должны всегда это помнить. Полемически заостряя свою мысль, он однажды сказал: «Для меня нет никакой разницы между инженерами и уборщицами — и тех, и других мы держим только из необходимости». Это дословная цитата, я запомнил ее потому, что в свое время она меня очень шокировала. Он часто говорил, что «инженерам нельзя давать воли, что они люди очень деловые и энергичные и быстро подомнут физиков под себя».

Будкер все время добивался того, чтобы квалифицированный инженерный корпус четко понимал свои задачи и поле своей деятельности в конкретных условиях Института ядерной физики.

И тут я позволю себе привести еще одно воспоминание очень личного характера. В апреле 1973 года одновременно происходила защита двух диссертаций: М. М. Карлинер, заведующий радиотехнической лабораторией ИЯФ, защищал докторскую диссертацию и я — кандидатскую. Так как мы оба по образованию и по сути выполняемой в ИЯФе работы были инженеры, Будкер не мог пройти мимо этого. И свое заключительное слово он посвятил именно этой проблеме. Я не смогу точно процитировать, но смысл его слов был тот, что инженерам не надо становиться физиками, хорошие инженеры, как правило, превращаются в плохих физиков. Единственное исключение, которое он знает, — Кристофилос, но оно только подтверждает правило. А вот когда инженеры занимаются своим делом, то тогда они и добиваются успехов и защищают диссертации. Закончил он речь типично по-будкеровски, «Если тебе корова имя, то у тебя должно быть и молоко, и вымя!»

А. Г. Аганбегян

УДИВИТЕЛЬНЫЙ ОРГАНИЗАТОР

В 1982 году на прилавках магазинов «Академкнига» появился солидный том, посмертное издание трудов Андрея Михайловича Будкера, академика, директора Института ядерной физики Сибирского отделения Академии наук СССР. Статьи невозможно понять неспециалисту: формулы, чертежи, графики, основательность изложения. Все вызывает уважение, смешанное с почтением. Еще бы, речь идет о самых сложных проблемах ядерной физики, науки, ставшей эмблемой нашего века. Но нет в этой книге многого, что обязательно нужно рассказать о ее авторе, который был не только выдающимся ученым, но и удивительным организатором.

Ему, лауреату Ленинской премии и Государственной премии СССР, принадлежит ряд радикальных физических идей: разработаны способы удержания плазмы в магнитной ловушке, идея создания ускорителей на встречных пучках, метод электронного охлаждения и многое другое. Говорили, что он был «физик божьей милостью». Но не это привлекает сейчас наше внимание. Будкер-физик неотделим от Будкера-хозяйственника.

Его организаторские способности были хорошо известны еще в Институте атомной энергии, в котором Будкер возглавлял лабораторию до переезда в Сибирь. Сам легендарный Курчатов, именем которого впоследствии был назван институт, величал Андрея Будкера не иначе как ГэДэ — господин директор. За шутливым тоном скрывалось действительное уважение к подчиненному, умеющему руководить.

Расцвет научного и организационно-хозяйственного творчества академика Будкера приходится на годы становления новосибирского научного центра. Он — один из основателей Академгородка, кому в первое время приходилось заниматься самыми разнообразными проблемами организации нормальной жизни на новом месте: заседать в жилищной комиссии, создавать клубные учреждения, широко известный в стране новосибирский Дом ученых, налаживать обучение физиков в университете и т. д. Но несомненно, что любимое и наиболее знаменитое детище А. М. Будкера — созданный им в Сибири Институт ядерной физики.

Каждый приезжающий из-за рубежа физик не преминет удивиться миниатюрности этого одного из ведущих мировых центров изучения атомного ядра. Разумеется, миниатюрности относительной, познаваемой лишь в сравнении. Трудно представить себе человека, который бы более, чем Андрей Михайлович, чутко, можно сказать болезненно, относился к расходованию народных средств.

Современная атомная физика — непрекращающееся состязание в скорости освоения капиталовложений. Для очередного прорыва в экспериментальной проверке теории необходимо быстро спроектировать и построить экспериментальную установку, прове-

Заседание Президиума Сибирского отделения АН СССР. Слева направо: Д. К. Беляев, А. Г. Аганбегян, А. М. Будкер, М. А. Лаврентьев, А. А. Трофимук, С. Т. Беляев (1973).

сти опыты. Зазевался, отстал — можешь уже не спешить, будь уверен, тебя обошли. А при создании средств научного эксперимента в ядерной физике счет идет на сотни миллионов рублей и выше. Магистральный путь развития — не самый дешевый, нынешний синхрофазотрон по размерам больше среднего поселка, а по стоимости они просто несопоставимы.

В таких условиях научное противоборство сибирских ядерщиков с учеными американских научных центров или европейского ЦЕРНа, казалось, было обречено на неудачу. А они выигрывали, и не раз. Выигрыш достигался в первую очередь не за счет ресурсов, а благодаря новым идеям и умелой, виртуозной организации дела.

Академия наук СССР — организация, работающая на основах бюджетного финансирования, доля проводимых ею хозрасчетных работ невелика. А то, что объем бюджетных средств не беспределен, наглядно видно при их распределении. Сказанное особенно верно в отношении Сибирского отделения АН СССР, финансирование которого осуществляется через Госплан Российской Федерации. По какой линии мог бы начать действовать академик А. М. Будкер, директор Института ядерной физики? Престиж представляемой им науки максимален. В отделении полсотни институтов, не все же они равноценны. Пусть потеснятся археологи или биологи и дадут ядерщикам еще больше места под солнцем.

Именно так бы поступил человек, пренебрежительно относящийся к государственным интересам, радеющий только за свое узко понимаемое дело. Андрей Михайлович Будкер ни разу этим приемом не воспользовался и был просто от него очень далек по складу своего мышления. Этот «источник» получения дополнительных средств на проведение научных исследований для него не существовал.

Сейчас, когда спустя годы мы оцениваем путь, избранный А. М. Будкером, видим, что это была линия на создание НПО — научно-производственного объединения. Но тогда, в начале 60-х годов, не существовало самой идеи НПО и тем более самого термина.

Начинать следовало с нуля, то есть с подбора людей, с которыми придется в дальнейшем работать. Ставка была сделана на молодежь, и она полностью оправдалась. Сейчас, когда видишь одного из ведущих советских физиков, директора Института космических исследований, академика Р. З. Сагдеева, слушаешь его выступление, с трудом представляешь, что всего четверть века тому назад он пришел совсем молодым физиком в небольшой коллектив, возглавляемый А. М. Будкером, ядро будущего ИЯФа.

Найти талантливую молодежь — начало дела. Талантливыми людьми труднее управлять, у каждого из них свои научные идеи и интересы. Академику Будкеру удалось их сплотить вокруг одной центральной темы исследований. Без этой сплоченности было бы невозможно решить поставленные перед Институтом грандиозные задачи. Добрая часть этих задач даже близко не напоминала те, которые решаются ученым с мелом у доски, когда он выводит формулу, доказывает теорему или убеждает собеседника в собственной правоте. Предстояло в рамках академического НИИ создать мощную проектно-конструкторскую организацию и первоклассную базу точного машиностроения. Задачи сугубо хозяйственные, не типичные для научного работника, продолжающего внимательно следить за новыми идеями в теории, преподающего, участвующего в семинарах и конференциях и т. п.

Люди работали день и ночь, не замечая выходных. Именно к тому времени относится решение Президиума Сибирского отделения о запрете работы в воскресные дни. Направленный, сконцентрированный энтузиазм сделал свое дело. Производственные подразделения ИЯФа создавали вакуумные установки, обеспечивающие разрежение 10^{-9} торр в то время, когда лучшие заводы страны могли поставить оборудование, дающее только 10^{-6}. Создана современная вычислительная система, в составе которой отдельная ЭВМ функционирует будто винтик в сложном механизме. Спроектирована и изготовлена электронная кинокамера, способная делать сотни миллионов снимков в секунду. Одним словом, верхняя грань, предел развития техники. Все это делалось ради науки, для обеспечения более широких возможностей проведения научных экспериментов. Первая оригинальная установка для получения встречных пучков электронов имела периметр всего 6 м. А одна из последних (ВЭПП-4) — уже 300 м.

Необходимая производственно-техническая база физического эксперимента была построена и начала приносить плоды. Но одновременно в распоряжении А. М. Будкера оказалось созданное в Институте опытное производство высочайшего технического уровня, которое вместе с институтским конструкторским бюро могло быстро и оперативно выполнять различные заказы.

Может показаться, что наш рассказ об организационных талантах предприимчивого сибирского ученого-физика подошел к концу. Завод разыскивает заказы повыгоднее, Институт, в состав которого он входит, складывает деньги в общую кассу и тем самым получает возможность вести исследования в более широких масштабах, чем позволяют бюджетные ассигнования. Но не будем спешить. Все-таки Андрей Михайлович Будкер — выдающийся организатор науки, ученый с мировым именем.

Производственная база Института ядерной физики СО АН была твердо сориентирована на профильные проблемы, которыми занимались исследовательские лаборатории. Академический институт стал производить промышленные ускорители элементарных частиц. Именно производить. Какие другие варианты были возможны? Перечислим их в порядке возрастания хлопотности: консультации, составление технического задания для отраслевых институтов, создание технической документации и передача ее для дальнейшей доработки или использования, изготовление опытного образца с последующей демонстрацией на какой-нибудь выставке. В конце концов, можно же вообще ничего не предпринимать и просто быть довольным средствами, какие удалось получить из бюджета, следуя совету «по одежке протягивать ножки».

А вместо этого — производство машин, направляемых на промышленные предприятия. Повышенные требования к технике безопасности: рядом с установкой будут работать уже не научные сотрудники. Необходимо обучать будущих эксплуатационников, поскольку больше некому заниматься наладкой, вести авторский надзор в период освоения. При всем при том, что основная задача Института и личный интерес его руководителя — проникновение в самые сокровенные тайны природы. Но пожалуй, как раз проблемы, стоящие перед Институтом, заставляли его руководителя идти не самым легким путем.

Когда начиналось освоение первых промышленных ускорителей, перспективы развития радиационной технологии не были вполне определенными. Назначение первого ускорителя сводилось, вроде бы, к решению важной, но одиноко стоящей технической проблемы: повышению долговечности и теплостойкости кабельной изоляции. Лабораторными опытами было установлено, что под воздействием радиации пластмасса, входящая в оболочку кабеля, резко улучшает свои свойства, становится способной выдерживать высокие температуры. Но одно дело — лабораторный стол и совсем другое— масштабный технологический процесс. Сейчас можно вполне определенно говорить, что без А. М. Будкера судьбы радиационной технологии в советской промышленности были бы существенно менее радужными. Сейчас упрочнение кабельной оболочки — лишь одна из многих задач, решаемых с помощью радиационной технологии. Здесь и дезинсекция пищевых продуктов (первые эксперименты с дезинсекцией зерна проводились по личной инициативе Андрея Михайловича), и задача обеззараживания сточных вод, активная реализация которой началась уже после его смерти. Широкий спектр разнообразнейших технических проблем, десятки полезных применений.

Промышленные ускорители ИЯФа — мощные установки, способные работать как источник радиации, действуют на многих промышленных предприятиях нашей страны, а также продаются за рубеж. Доходы от их реализации покрывают более половины затрат на ведущиеся в Институте фундаментальные исследования.

Организационно-экономическим идеям А. М. Будкера мог позавидовать любой экономист. Он, например, предложил ввести внутри Института специальные боны: права исследовательских лабораторий на трудозатраты производственной базы, своеобразные внутренние, трансфертные деньги. Концепция внутриинститутского хозрасчета встала на четкую, наглядную основу. А еще задолго до нее в сознание сотрудников Института последовательно внедрялась мысль о том, что главная задача все-таки — фундаментальные исследования.

В организаторский талант А. М. Будкера естественным образом входила его способность к коллективной работе, к коллегиальному принятию решений. Восстановим в воображении тогдашнюю ситуацию. Заслуженный ученый, с идеями, знает, что и как делать. Кругом молодежь, у которой его авторитет предельно высок. Идеальные условия для того, чтобы отдавать приказания и следить за их выполнением.

Но Андрей Михайлович стремился избежать подобного стиля управления даже в мелочах, во внешних проявлениях. Он заказывает знаменитый большой круглый стол со столешницей из темного оргстекла. Он не хотел даже по тому, кто где сидит, дифференцировать участников совещания, не хотел выделяться сам. Какой бы вопрос ни обсуждался, он старался воздействовать на будущего исполнителя убеждением, не боялся расходовать на это свое время. Если требовалось, он по одному и тому же вопросу выступал пять раз, столько, сколько было необходимо для того, чтобы человек считал поручение своим. Результаты его воспитательной работы советская физика ощущает и в настоящее время.

Его не стало неожиданно, когда ему еще не было шестидесяти. В некрологах про такие случаи пишут «скоропостижно скончался». Известно, что при неожиданном уходе лидера научного коллектива не всегда находится сразу новый. Но руководство Института ядерной физики благодаря стилю управления А. М. Будкера представляло собой сплоченную группу единомышленников. Трагическое событие не могло нарушить течение общего дела.

Д. Д. *Рютов*

ДВА ФРАГМЕНТА ИЗ ВОСПОМИНАНИЙ ОБ А. М. БУДКЕРЕ

1. АНДРЕЙ МИХАЙЛОВИЧ И «ТЕРМОЯД»

Андрей Михайлович активно участвовал в начальном этапе работ по управляемому термоядерному синтезу. Наиболее известным и впечатляющим его результатом этого периода было предложение новой схемы удержания плазмы, основанной на использовании так называемых «магнитных пробок». Идея пробкотрона лежит сегодня в основе практически всех типов открытых ловушек — одного из наиболее перспективных путей к осуществлению «термояда».

По воспоминаниям Андрея Михайловича, в первые годы после начала термоядерных исследований у многих из участников возникла иллюзия возможности быстрого успеха, что определяло конкретно-техническую направленность работ. Андрей Михайлович говорил, что он и сам отдал дань этой тенденции, выполнив расчеты по индукционному способу снятия энергии, выделяющейся в термоядерном реакторе на основе пробкотрона.

Но жизнь показала, что первоначальный оптимизм не был обоснован. Плазма начала преподносить физикам сюрприз за сюрпризом, ее поведение оказалось невозможным понять на основе того стиля мышления, который восходил к задачам о движении отдельных частиц в электромагнитном поле.

Андрей Михайлович позже любил отмечать, что в то время он был одним из первых, кто ясно осознал и начал активно пропагандировать ту мысль, что без постановки чисто физических исследований плазмы, не связанных прямо с изучением работы конкретных термоядерных установок, дальше обходиться нельзя. Ограничиваться только общими призывами было не в стиле Андрея Михайловича. Он начал действовать в нужном направлении. В частности, размышляя над тем, как создать удобный объект для исследования колебаний слабонеравновесной плазмы, Андрей Михайлович предложил использовать термическую ионизацию паров щелочных металлов. Эксперименты на щелочной плазме с температурой всего в 2—3 тысячи градусов (в термоядерном реакторе температура должна быть в 50 тысяч раз выше!) оказались действительно очень продуктивными в смысле «производства» новой физической информации и позволили продвинуться в решении ряда принципиальных вопросов физики плазмы. При создании в конце 50-х годов Института ядерной физики Андрей Михайлович принял меры к тому, чтобы плазменные работы в Институте имели общефизическую направленность. Но самого Андрея Михайловича «копание в потрохах» плазмы, по-моему, все же не очень привлекало. В последующее десятилетие он начал отдавать явное предпочтение задачам по физики высоких энергий и несколько отошел от плазменного сообщества.

Молодежь (в том числе и я), пришедшая в физику плазмы в конце 50 — начале 60-х годов, росла в условиях, когда приоритет был уже прочно отдан чисто физическим исследованиям. Каждодневно возникало множество интересных задач, связанных с «коллективными» свойствами плазмы, рождались новые физические идеи (которые позже оказались очень полезными не только в физике плазмы), кипели споры вокруг теории плазменной турбулентности. Наш энтузиазм поддерживался активным участием в работе таких крупных физиков старшего поколения, как Л. А. Арцимович, М. А. Леонтович, Е. К. Завойский. Мои сверстники всегда вспоминают об этом времени, как об очень счастливом.

За всеми этими спорами, игрой красивых теорий, интерпретацией тонких экспериментов, конечная цель нашей работы оказалась почти забытой, и говорить о ней стало чуть ли не неприличным. Вспоминаю, как один из молодых теоретиков с гордостью заявил, что он даже по порядку величины не знает сечения реакции слияния дейтрона и тритона, потому что ему это совершенно не нужно (и в то время это было правдой!).

Как уже говорилось, Андрей Михайлович тогда несколько отошел от физики плазмы, но продолжал следить за ее состоянием, получая информацию от своих сотрудников и коллег по старой работе. Наблюдая за ходом дел как бы со стороны, он в конце 60-х годов заметил то, что, по-видимому, ускользало от непосредственных участников работы, а именно, что увлечение чистой физикой плазмы зашло слишком далеко и что накопленных знаний на самом деле вполне достаточно, чтобы плазмисты вспомнили о своих прямых обязанностях. Подходящий случай выступить с изложением этой точки зрения представился Андрею Михайловичу в связи с проведением в Новосибирске летом 1968 года конференции Международного агентства по атомной энергии. В своем выступлении при закрытии конференции он, в частности, сказал:

«Мне кажется, что успехи, достигнутые за прошедший период физиками в данной области, заставляют нас вернуться к идее создания термоядерного реактора. Физику не обязательно начинать дело только тогда, когда он будет знать все. Чтобы вступить в бой, ему не обязательно ждать, когда будет пришита последняя пуговица к шинели последнего солдата». И далее:

«Очень часто ставится вопрос о том, как скоро будет создан термоядерный реактор. Ответ на этот вопрос аналогичен известной истории с путником и мудрецом. Однажды к мудрецу подошел путник и спросил, как долго ему идти до ближайшего города. Мудрец ответил: „Иди, иди вперед!" Путник недоуменно пожал плечами, но мудрец повторил: „Иди, тогда я тебе скажу". Тот пошел, потом обернулся. Тогда мудрец сказал: „Иди, не оборачивайся". И путник пошел прямо вперед. „Вот теперь я могу сказать, как долго тебе идти,— изрек мудрец,— теперь я знаю, как быстро ты ходишь". Когда мы рассмотрим всю проблему в целом и будем знать, сколько на ее решение отводится материальных средств, людских ресурсов и какое уделяется ей внимание, тогда мы сможем ответить на вопрос, как долго будет создаваться термоядерный реактор».

Опубликованный текст доклада намного короче фактически произнесенного Андреем Михайловичем. Дело в том, что Андрей Михайлович говорил «без бумажки», импровизируя, многократно возращаясь к той или иной мысли, как бы рассматривая ее с разных сторон. Я первый раз слышал выступление Андрея Михайловича «на общие темы» (не конкретный научный доклад) и сначала испытал некоторое разочарование: я привык к более сжатым и словесно отточенным выступлениям, мастером которых был Л. А. Арцимович, и мне даже показалось, что Андрей Михайлович просто не готов к докладу. Но постепенно Андрей Михайлович увлек меня (так же, как и большинство слушателей). Позже я понял, Андрей Михайлович поступал так всегда, не делая исключений для самых ответственных выступлений. Ему было просто необходимо размышлять во время доклада, выверяя свою мысль и доводя ее до полной ясности. Он именно «додумывал» свою мысль во время выступления, вовлекая в этот процесс и слушателей (это же было характерно и для его выступлений на Ученом совете, о чем я еще скажу).

Теперь, когда мы знаем, как развивались события в дальнейшем (а на рубеже 60-х и 70-х годов в «термояде» действительно начался быстрый прогресс), его выступление кажется естественным и логичным, но тогда оно вовсе не казалось таким, и вызывало у многих сильное внутреннее противодействие. Требовалась смелость, чтобы сказать так, как сказал Андрей Михайлович.

В том же выступлении Будкер коснулся еще одной стороны дела. Он сказал: «Проблема, термоядерной реакции — это не обычная физическая проблема. Это проблема, которая должна преобразовать общество и мир. Наше поколение, которое дало людям атомную энергию и термоядерную энергию во взрывном виде, несет ответственность перед человечеством за решение основной энергетической задачи — получения энергии из воды. Люди ждут решения этой проблемы. Наш долг — решить ее при жизни нашего поколения, и поэтому мы должны вступить на этот путь».

Мысль о том, что физики его поколения — поколения, создавшего ядерное оружие, — в долгу перед человечеством и просто обязаны решить задачу управляемого термоядерного синтеза, по-видимому, была важна для Андрея Михайловича, и он часто к ней возвращался.

В начале 70-х годов в связи с описанными событиями интерес Андрея Михайловича к проблеме управляемого термоядерного синтеза снова усилился. Возник вопрос о выборе для нашего Института конкретного направления работ по данной проблеме. Тогда уже было ясно, что токамаки опережают остальные типы термоядерных установок, и имелось искушение подключиться к этому наиболее модному направлению. Такое решение для Андрея Михайловича не было бы неестественным, поскольку в свое время он внес важный вклад в физику токамаков, обратив внимание на некоторые особенности диффузии плазмы в этих установках (позже из его замечания выросла так называемая «неоклассическая» теория процессов пере-

Принципиально новая схема удержания плазмы предложена в 1971 году А. М. Будкером и его учениками. На этой маленькой модели предсказания теории нашли полное подтверждение.

носа). Но после некоторых размышлений он пришел к заключению, что для академического института правильнее будет взяться за работу над задачей, относящейся к какой-либо менее освоенной области «термояда», где акцент был бы смещен на поисковый характер исследований. В результате было принято решение заняться открытыми ловушками. По ряду своих свойств они имеют значительные (потенциальные) преимущества перед токамаками, но физика их менее разработана. Кроме того, в начале 70-х годов было известно, что плазма слишком быстро утекает из них через пробки, что может сделать создание на их основе термоядерного реактора вообще невозможным. Основные неприятности в этом пункте связаны с крайне «неравновесным» состоянием плазмы в пробкотроне, приводящем к неустойчивости плазмы.

Андрей Михайлович предложил поискать решение проблемы посредством резкого повышения плотности плазмы — до значений, при которых длина свободного пробега составляющих плазму электронов и ионов станет много меньше длины установки. При этом неравновесность плазмы сильно уменьшится. Но при плотности, допустимой по условиям механической прочности удерживающего плазму сосуда, длина установки получалась слишком большой. Еще несколько обсуждений — и начинают вырисовываться контуры решения задачи: всю установку нужно разбить на отдельные пробкотроны, правильно подобрав длину каждого из них. Так возникла схема многопробочной ловушки.

В первые месяцы 1971 года, когда велась эта работа, Андрей Михайлович еще не вполне оправился от инфаркта и по целым неделям не мог приходить в Институт. Однако желание поскорее разобраться в задаче было столь велико, что он приглашал нас — молодых физиков — к себе домой и в азартных дискуссиях с нами забывал о времени и о своей болезни.

Авторитет Андрея Михайловича и обаяние его личности были таковы, что уже сам факт его неподдельного интереса к задаче явно выделял ее в наших глазах среди многих других. В результате сложилась ситуация, когда проблемой усовершенствования открытых ловушек увлеклось сразу много сотрудников Института. Поэтому не удивительно, что в середине 70-х годов, уже без прямого участия Андрея Михайловича, в Институте был предложен еще ряд новых схем открытых ловушек, которые сегодня вместе с многопробочной системой и определяют место ИЯФа в «термояде».

Конечный исход этих работ еще не вполне ясен, но наличие нескольких взаимно подстраховывающих друг друга направлений исследований дает хорошие шансы на успех.

2. АНДРЕЙ МИХАЙЛОВИЧ
НА ЗАСЕДАНИЯХ УЧЕНОГО СОВЕТА

Заседания Ученого совета, проходившие каждую среду, не сводились только к обсуждению текущих вопросов типа планов работ, избраний по конкурсу и т. п. Очень часто, когда Андрей Михайлович бывал «в настроении» разговор незаметно переходил в то, что теперь многие вспоминают как «проповеди». Они начинались спонтанно, часто под влиянием того или другого замечания члена Совета. Любимой темой Андрея Михайловича были отношения внутри научного коллектива. Все знают, что они далеко не всегда развиваются гладко. Столкновения характеров и амбиций, борьба за лидерство и признание научного приоритета, стремление к самоутверждению — все это, по-видимому, неизбежные спутники научного процесса. Если эти явления разрастаются, работа становится трудной, особенно когда речь идет о решении крупных задач, требующих согласованных усилий большого числа участников, а именно такие задачи и составляют основу научной программы ИЯФа.

Начиная разговор, Андрей Михайлович, как мне казалось, не имел заранее заготовленных формулировок, он как бы размышлял вслух. При этом ему требовалось активное и благожелательное участие слушателей, их заинтересованное внимание и возражения. Если же возражающих становилось слишком много, а разговор делался чересчур шумным, Андрей Михайлович решительно обрывал оппонентов. Это не вызывало обид, так как Андрей Михайлович был намного старше остальных членов Совета (по крайней мере в тот период, когда его участником был я) и был его неоспоримым лидером. К тому же ему никогда не изменяла доброжелательность. Стилю разговора Андрея Михайловича соответствовал и его внешний облик, вызывавший ассоциации с мудрым библейским пророком.

Слаженный научный коллектив Андрей Михайлович любил сравнивать с хорошей семьей, в которой каждый — осознанно или неосознанно — чувствует, на какую часть общих благ он может претендовать, в которой блага эти делятся без длинных дебатов, как бы автоматически. Андрей Михайлович подчеркивал, что такая модель жизни реальна, если у членов коллектива есть готовность уступать в мелочах.

Часто Андрей Михайлович обращался к теме личной ответственности. Он говорил примерно следующее: «Все мы очень любим «ругать начальство», причем каждый начинает счет «начальства» с того, кто стоит непосредственно над ним, и забывает, что для многих «начальство» — это он сам. Так что прежде чем начинать ругаться, надо поразмышлять о своих собственных действиях».

Еще одна волновавшая его проблема — взаимоотношения учителя и ученика. Здесь он придерживался той — возможно, не бесспорной — точки зрения, что ученик ни при каких обстоятельствах не имеет права выступать против своего учителя. Крайняя допустимая степень протеста — это уход ученика от учителя.

Для меня радость общения с Андреем Михайловичем во многом была связана с возможностью прикоснуться к его житейской мудрости, быть свидетелем того, как он готовится к принятию ответственного решения, рассматривая предмет с самых разных сторон и обсуждая возможные, часто довольно неожиданные, последствия. Мне кажется, что в решении житейских задач он находил не меньшее творческое удовлетворение, чем в физике.

В. С. Панасюк

ИЗОБРЕТЕНИЕ ГИРОКОНА

Обстановка была обычной: Андрей Михайлович искал слушателя, без которого (не важно, кто он) творческий процесс не доставлял ему удовольствия.

Так состоялась вечерняя прогулка по дорожкам Золотой долины. Сначала было несколько обязательных анекдотов, потом интересная история с участием женщины. Я начал думать, что дальше будет в том же духе и прогулка обретет легкий характер, может быть, даже выльется в отдых. Но мне редко везет, а в таких ситуациях особенно. Неожиданно на лице Андрея Михайловича появилось выражение озабоченности: не был решен вопрос о мощном высокочастотном генераторе для питания линейных ускорителей линейных встречных пучков. Тут же началось творческое «музицирование», в котором он с небольшими перерывами спрашивал: «Понимаешь?» Говорить, что «нет» было бесполезно и невыгодно. Во-первых, это его раздражало. Во-вторых, останавливало творческий процесс для разъяснений, по его мнению, очевидных положений. К тому же понимать его «промежуточные» модели было не только не обязательно, но и вредно. Уже у слушателя нарастало раздражение по поводу их иногда очевидной фантастичности. «Понимаю», почти автоматически повторял я, ожидая конца тяжелой прогулки. Вдруг на лице Андрея Михайловича отразился испуг. Он высказал очень простую мысль, которую поняли сразу оба. Это была идея гирокона. Потом, правда, выяснилось, что подобные устройства были известны. Но тогда мы думали по-другому.

На следующий день он вызвал Олега Александровича Нежевенко и попросил его составить текст авторской заявки. На меня, как я думаю, он положиться не рискнул.

Г. П. Фюрт

НЕВЕРОЯТНЫЙ ТВОРЧЕСКИЙ УМ

Эксперименты по физике плазмы и физике высоких энергий имеют много общего: главным моментом является электромагнитное удержание и увеличение энергии заряженных частиц, как в том, так и в другом случае поведение частиц определяется совокупностью классического рассеяния и коллективных эффектов.

В пятидесятых годах — в самом начале широкомасштабных исследований по физике плазмы — естественно было ожидать появления общего научного руководства, которое бы сформировало новую программу термоядерных экспериментов на основе опыта в физике высоких энергий, используя одновременно познания в области физики плазмы при планировании последующих экспериментов на ускорителях.

Вообще говоря, подобное конструктивное взаимодействие двух наук не было реализовано: наиболее видные исследователи в области физики высоких энергий не смогли внести сколько-нибудь значительного вклада в эксперименты по управляемому термоядерному синтезу, и наоборот. Имеются, однако, существенные исключения из этого правила, и наиболее заметным среди них, несомненно, является Андрей Михайлович Будкер. Одни только эксперименты с электрон-позитронными встречными пучками или его идеи по удержанию плазмы в зеркальных ловушках уже могли бы сделать его ведущей фигурой в современных исследованиях по физике. Совокупное понимание концепций физики высоких энергий и физики плазмы в сочетании с невероятным творческим умом Будкера породило нескончаемый поток его новых идей, оказавшихся плодотворными в обеих областях.

Возможность лично познакомиться с Будкером представилась мне лишь летом 1967 года во время конференции по ударным волнам в Новосибирске. Будкер и его коллеги собрали вместе большую группу ученых из различных стран. Некоторые из этих физиков занимались ударными волнами в плазме, другие — электронными пучками, третьи — стеллараторами, остальные — широким кругом исследований, соответствовавших далеко распространявшимся интересам хозяев конференции. В перерывах между обсуждениями проблем позитронных и антипротонных пучков, астрофизических гипотез и новых подходов к теории переноса в токамаках были вечера отдыха на Обском море — незабываемо веселые и интересные вечера. Новосибирская конференция по ударным волнам вспоминается ее американскими участниками как уникальное явление всеобщего единения творческих сил и сотрудничества.

В последующие годы было немало встреч с Будкером, и меня вновь и вновь поражали широта его интересов, богатство и смелость его воображения, тепло его души. Известие о его смерти глубоко меня огорчило.

В. В. Пархомчук

УВЛЕЧЕННОСТЬ, КОТОРОЙ ЗАРАЖАЛИСЬ ВСЕ

Первая моя встреча с Андреем Михайловичем произошла в 1962 году. Он выступал с лекцией о физике высоких энергий и физике плазмы на летней физико-математической школе в Академгородке под Новосибирском, куда съехались школьники, отобранные по результатам двух туров I Всесибирской олимпиады. Лекция произвела на меня огромное впечатление, открыв новую, совершенно незнакомую область знаний. Изложение было простым и наглядным. Так, преимущества метода встречных пучков излагались на примере столкновения двух встречных паровозов. Нельзя сказать, что я полностью понял все идеи, так как даже паровоз я увидел впервые при этой же поездке в школу, но запомнилось изложение физики как процесса познания. Было ясно, что, закончив школу и поучившись в университете, можно принять непосредственное участие в этой захватывающе интересной охоте за новыми знаниями.

Следующие, уже более регулярные встречи происходили в НГУ, где Андрей Михайлович читал лекции по механике. В устах человека, которого называли, как он не без удовольствия рассказывал, релятивистским инженером, сложнейшие проблемы теории относительности становились не только понятными, но мы, студенты, привыкали к мысли об их практическом использовании. Посещая Институт ядерной физики, я мог видеть, как эти идеи, возникающие на стыке теории относительности и физики плазмы, реализовывались, например, в работе по созданию релятивистского стабилизированного электронного кольца. Во время экзаменационной сессии произошла уже личная встреча с А. М. Будкером при сдаче экзамена. Вопросы экзаменационного билета послужили только поводом для активного выяснения моих знаний по широкому кругу проблем. Завершилась беседа выяснением, откуда я родом и кто мои родители.

В 1972 году развернулись работы над одной из идей А. М. Будкера — электронным охлаждением, и мне посчастливилось принять участие в них в качестве аспиранта Андрея Михайловича. Активное обсуждение проблем и полученных результатов происходило не только в стенах Института, но и дома у Андрея Михайловича. Если у него вдруг появлялась новая идея или он узнавал о каком-либо новом результате, а находился в это время дома, он немедленно вызывал всех участвующих в работе к себе и с увлечением обсуждал возникшие идеи. Своей увлеченностью он заражал всех, кто был с ним рядом. Вспоминая те годы, я могу только удивляться его дару предвидения в отсутствие, казалось бы, каких-либо предпосылок. В качестве примера хочу привести его отношение к обнаруженному мною эффекту малой продольной температуры электронного пучка. Осознав этот факт, я сумел объяснить некоторые наблюдавшиеся в экспериментах явления, что было, конечно, приятно. Но даже я удивился энтузиазму, с которым Андрей Михайлович отнесся к этой идее. В дальнейшем из данного, как казалось мне, не столь уж значительного факта родилось совершенно новое направление в физике электронного охлаждения.

Осенью 1976 года Андрей Михайлович находился в Крыму, по-видимому, уступая настойчивым требованиям врачей. К этому моменту электронное охлаждение было экспериментально опробовано, кроме того, обнаружилось, что осуществление встречных протон-антипротонных пучков в ИЯФе противоречит необходимому развитию встречных электрон-позитронных пучков. Стало ясно, что необходима совместная с другими институтами работа в рамках программы УНК * в Серпухове. Нетерпение по продвижению данной идеи в жизнь у Андрея Михайловича было столь велико, что он потребовал прислать кого-либо в Крым для разработки и конкретизации своих предложений. Я был послан в эту странную командировку от Института ядерной физики в Дом творчества писателей в Коктебеле, где находился Андрей Михайлович. Сняв маленькую комнату в поселке, где обычно проживают крымские «дикари», я каждый день ходил к Андрею Михайловичу, и он, вместо того чтобы отдыхать, работал над обоснованием превращения серпуховского ускорителя в накопитель со встречными протон-антипротонными пучками. Мне в основном отводилась роль оппонента его фантастических идей и секретаря. Андрея Михайловича не смущали ни мегагауссовые магнитные поля, ни сверхкороткие сгустки частиц, ни килоамперные электронные

---

* Ускорительно-накопительный комплекс.

токи. Мои робкие сомнения вызывали только дополнительные поиски обоснования этих идей. Результатом командировки стали 15—20 страниц рукописи, послужившие основой для предложения, с которым ИЯФ выступил на Всесоюзном совещании по ускорителям в 1976 году. Надо сказать, что выдвинутые идеи еще до сих пор не реализованы, и только сейчас, кажется, настало их время. Андрей Михайлович, требуя срочной разработки этого предложения, конечно, понимал, что реализация его — дело не завтрашнего дня, но не в его натуре было откладывать работу, если есть идея.

Э. Л. Гинзтон

ОН ОБОГАТИЛ МОЮ ЖИЗНЬ...

Мне приятно, что меня пригласили поделиться воспоминаниями в сборнике, посвященном семидесятилетию профессора Будкера.

Едва ли необходимо, наверное, даже невозможно оценить должным образом вклад профессора Будкера в технологию. Не только я, но и многие другие напишут о ведущей роли, которую он играл в становлении Института ядерной физики СО АН СССР. Его взгляды на развитие накопительных колец встречных пучков во многом созвучны с концепциями, разрабатываемыми в СЛАКе *. Этим объясняются как визиты профессора Будкера и его коллег в СЛАК, так и посещения Института ядерной физики сотрудниками центра.

Для Будкера было бы легко следовать по пути развития физики высоких энергий, принятому в США и Европе, но это было не в его стиле. Он стремился к новым путям достижения желаемого результата. Неудивительно поэтому, что ряд идей, выдвинутых Будкером, привел к новым изобретениям, за которые он получил немало патентов в Соединенных Штатах **.

Профессор Будкер не был удовлетворен тем важным вкладом, который он внес в физику высоких энергий. Ему хотелось также использовать свой многоплановый опыт и уникальные возможности Института для применения радиационной технологии в промышленных целях, в частности для облучения пищевых продуктов, таких как пшеница и другие зерновые культуры.

Он считал, что идеи практического использования радиационной технологии не следует ограничивать пределами СССР, что их можно распространять и на другие страны. Внедряя машины для радиационной технологии вне СССР, он смог получать валюту, которая позволяла обеспечивать Институт зарубежной аппаратурой.

_____

* Стэнфордский ускорительный центр (США).
** Г. И. Будкеру принадлежит 13 авторских свидетельств. За рубежом им получено 35 патентов.

Будкер всегда искал оригинальные решения для осуществления своих целей, и это делало его контакты с зарубежными учеными особенно плодотворными. Для многих гостей, приезжавших в СССР, посещение Института ядерной физики было делом первостепенной важности. Многие из нас не забудут нетерпеливость и удовольствие, с которыми он описывал свои замыслы и достижения. Я помню, какое сильное впечатление произвел на группу представителей Академии наук США во время визита 1973 года его безграничный энтузиазм.

В 1975 году я переписывался с Будкером по поводу возможности моего посещения Новосибирска вместе с семьей. Профессор Будкер не только поддержал эту идею, но даже предложил встретить нас в Хабаровске на пути в Новосибирск. Так случилось, что он не смог отложить свои дела, тем не менее его помощь по организации моего визита в Новосибирск вместе с семьей оказалась весьма значительной.

Один из моих коллег по фирме «Вариан», Крэйг Ньюнэн, участвовал в конференции по синхротронному излучению, проходившей в июле 1982 года в Новосибирске. Во время банкета он предложил тост, который мне хотелось бы повторить: «Я хочу предложить тост за человека, которого здесь нет, но чье присутствие ощущается во всем. Поднимем наши бокалы в память об академике Будкере». Мне кажется, что этот тост был чрезвычайно уместен на встрече физиков-ускорительщиков и инженеров, ибо вклад профессора Будкера в эту область науки неоценим.

Я рад, что мне довелось знать профессора Будкера, он обогатил мою жизнь и жизнь моих коллег. Убежден, что многие ученые в разных странах разделяют это чувство.

СВЕДЕНИЯ ОБ АВТОРАХ

Аганбегян Абел Гезевич. Академик, академик-секретарь Отделения экономики Президиума АН СССР. Директор Института экономики и организации промышленного производства СО АН СССР с 1967 по 1985 г. В настоящее время председатель Комиссии по изучению производительных сил и природных ресурсов при Президиуме АН СССР.

Александров Анатолий Петрович. Академик, президент АН СССР (1975—1986), трижды Герой Социалистического Труда, лауреат Ленинской премии и четырех Государственных премий СССР. Окончил Киевский университет в 1930 г. Директор Института атомной энергии им. И. В. Курчатова с 1960 г. Основные работы в области ядерной физики, физики твердого тела, ядерного реакторостроения.

Байер Владимир Николаевич. Доктор физико-математических наук, профессор, заведующий лабораторией Института ядерной физики СО АН СССР. Окончил Киевский государственный университет в 1954 г. Работы в области теории элементарных частиц и физики высоких энергий. В ИЯФ СО АН СССР работает с 1959 г.

Барков Лев Митрофанович. Академик. С 1967 года заведующий лабораторией ИЯФ СО АН СССР. Окончил МГУ в 1952 г. Специалист в области нейтронной и ядерной физики, физики элементарных частиц.

Беляев Спартак Тимофеевич. Академик. Окончил физико-технический факультет МГУ в 1952 г. В 1962—1978 гг. заведующий лабораторией, заведующий отделом Института ядерной физики СО АН СССР. В настоящее время директор Отделения Института атомной энергии им. И. В. Курчатова. Основные работы в области теории релятивистской плазмы, квантовой теории многих тел, теории ядра.

Всеволожская Татьяна Алексеевна. Кандидат физико-математических наук, старший научный сотрудник. Окончила МГУ в 1960 г., специалист в области физики пучков заряженных частиц и ускорительной техники. В ИЯФ СО АН СССР работает с 1962 г.

Гинзтон Эдвард Л. Председатель научного совета фирмы «Вариан» (США). Крупный специалист в области мощной СВЧ-электроники и техники измерений в СВЧ-диапазоне.

Головин Игорь Николаевич. Доктор физико-математических наук, лауреат Ленинской премии и Государственной премии СССР. Окончил МГУ в 1936 г. С 1944 г. работал в Лаборатории № 2 АН СССР, с 1950 по 1958 г. первый заместитель И. В. Курчатова по Лаборатории № 2 (Институт атомной энергии). В настоящее время начальник отдела Института атомной энергии им. И. В. Курчатова.

Диканский Николай Сергеевич. Доктор физико-математических наук, заведующий лабораторией Института ядерной физики СО АН СССР, декан физического факультета Новосибирского государственного университета. Окончил НГУ в 1964 г. Специалист в области физики пучков заряженных частиц и ускорительной техники. Один из создателей метода электронного охлаждения. В ИЯФ СО АН СССР работает с 1964 г.

Димов Геннадий Иванович. Член-корреспондент АН СССР, заведующий лабораторией Института ядерной физики СО АН СССР. Окончил физико-технический факультет Томского политехнического института в 1951 г. Основные работы в области ускорителей заряженых частиц и проблемы управляемого термоядерного синтеза. В ИЯФ СО АН СССР работает с 1960 г.

Енчке Виллибалд К. Директор физического центра ДЭЗИ в ФРГ (1959—1970), генеральный директор ЦЕРНа (1971—1975), профессор Гамбургского университета (1956—1970 и 1976—1980). В настоящее время консультант, почетный член директората ДЭЗИ. Основные работы в области физики высоких энергий и ускорительной техники.

Ерозолимский Борис Григорьевич. Доктор физико-математических наук, профессор, лауреат Государственной премии СССР. Окончил в 1947 г. физический факультет МГУ. Работал в ИЯФ СО АН СССР с 1958 по 1962 г. Принимал участие в создании установки со встречными пучками ВЭП-1. В настоящее время работает в ЛИЯФ им. Б. П. Константинова.

Зельдович Яков Борисович. Академик, трижды Герой Социалистического Труда, лауреат Ленинской премии и четырех Государственных премий СССР. Работы по химической физике, теории горения, физике ударных волн и детонации, физической химии, физике ядра и элементарных частиц, астрофизике и космологии. Создал школу релятивистской астрофизики. Скончался 2 декабря 1987 г.

Кадомцев Борис Борисович. Академик, лауреат Ленинской премии и Государственной премии СССР, почетный член Шведской академии наук. С 1973 г. директор Отделения физики плазмы Института атомной энергии им. И. В. Курчатова. Окончил МГУ в 1951 г. Основные работы в области физики плазмы и проблемы управляемого термоядерного синтеза, магнитной гидродинамики.

Коган Владимир Ильич. Физик-теоретик, кандидат физико-математических наук, старший научный сотрудник. Окончил Московский инженерно-физический институт в 1947 г. Основные работы в области физики плазмы и проблемы управляемого термоядерного синтеза. В настоящее время работает в Институте атомной энергии им. И. В. Курчатова.

Кругляков Эдуард Павлович. Член-корреспондент АН СССР, лауреат Государственной премии СССР, заведующий лабораторией Института ядерной физики СО АН СССР. Окончил Московский физико-технический институт в 1958 г. Специалист в области физики плазмы и проблемы управляемого термоядерного синтеза. В ИЯФ СО АН СССР работает с 1958 г.

Логунов Анатолий Алексеевич. Академик, вице-президент АН СССР, Герой Социалистического Труда, лауреат Ленинской премии и Государственной премии СССР. Окончил МГУ в 1951 г. В 1963— 1974 гг. директор Института физики высоких энергий (Серпухов). С 1977 г. ректор МГУ. Основные работы в области квантовой теории поля и физики элементарных частиц.

Марков Моисей Александрович. Академик, академик-секретарь Отделения ядерной физики АН СССР, Герой Социалистического Труда. С 1934 г. работает в ФИАН СССР им. П. Н. Лебедева, с 1951 г.— и в Объединенном институте ядерных исследований (Дубна). Окончил МГУ в 1930 г. Основные работы в области квантовой механики, классической электродинамики, квантовой теории поля, теории гравитации, нейтринной физики.

Мешков Игорь Николаевич. Доктор физико-математических наук, профессор, заведующий лабораторией Института ядерной физики СО АН СССР. Окончил МГУ в 1959 г. Основная область научной деятельности — физика пучков заряженных частиц и ускорительная техника. Один из создателей метода электронного охлаждения. В ИЯФ СО АН СССР работает с 1959 г.

Мигдал Аркадий Бейнусович. Академик, физик-теоретик. Окончил Ленинградский государственный университет в 1936 г. Работы в области атомной и ядерной физики, квантовой теории поля, теории металлов и других проблем современной теоретической физики. Вместе с Л. Д. Ландау основал новое направление в теоретической физике — применение методов квантовой теории поля к проблеме многих тел. Создал школу физиков. В настоящее время работает в Институте теоретической физики АН СССР.

О'Нил Джерард. Профессор физики Принстонского университета (США). Основная область научной деятельности — ускорители, космические исследования.

Окунь Лев Борисович. Член-корреспондент АН СССР, заведующий лабораторией Института теоретической и экспериментальной физики. Окончил Московский инженерно-физический институт в 1953 г. Основные работы в области физики элементарных частиц.

Онучин Алексей Павлович. Доктор физико-математических наук, заведующий лабораторией Института ядерной физики СО АН СССР. Окончил МГУ в 1959 г. Основная область научной деятельности — физика элементарных частиц, эксперименты на встречных электрон-позитронных пучках. В ИЯФ СО АН СССР работает с 1959 г.

Панасюк Вадим Семенович. Доктор технических наук, лауреат Ленинской премии и Государственных премий СССР. Окончил в 1944 г. радиофакультет Московского института инженеров связи. Работал в Институте ядерной физики СО АН СССР с 1958 по 1968 г. В настоящее время работает во Всесоюзном научно-исследовательском институте оптико-физических измерений. Основные работы в области ускорителей заряженных частиц.

Панофский Вольфганг Курт Герман. Директор Стэнфордского ускорительного центра СЛАК (США). Член Национальной Академии наук США. Основная область научной деятельности — ядерная физика, ускорительная техника, физика элементарных частиц. Впервые измерил спин и четность π-мезона, один из создателей метода встречных пучков. С 1974 г. президент Американского физического общества. Премия Э. Лоуренса (1961), медаль Б. Франклина (1970) и др.

Пархомчук Василий Васильевич. Доктор физико-математических наук, ведущий научный сотрудник Института ядерной физики СО АН СССР. Окончил Новосибирский государственный университет в 1968 г. Основные работы в области физики пучков заряженных частиц. Один из создателей метода электронного охлаждения. В ИЯФ СО АН СССР работает с 1968 г.

Попов Станислав Георгиевич. Доктор физико-математических наук, профессор, заведующий лабораторией Института ядерной физики СО АН СССР. Окончил в 1959 г. физический факультет МГУ. Основные работы в области ускорителей и экспериментальной ядерной физики. В ИЯФ СО АН СССР работает с 1959 г.

Рютов Дмитрий Дмитриевич. Член-корреспондент АН СССР, заместитель директора Института ядерной физики СО АН СССР. Окончил Московский физико-технический институт в 1962 г. С 1962 по 1968 г. работал в Институте атомной энергии им. И. В. Курчатова. Специалист в области физики плазмы и проблемы управляемого термоядерного синтеза. В ИЯФ СО АН СССР работает с 1968 г.

Салимов Рустам Абельевич. Доктор технических наук, лауреат Государственной премии СССР, заведующий лабораторией Института ядерной физики СО АН СССР. Окончил Новосибирский государственный университет в 1964 г. Ведет исследования в области физики пучков заряженных частиц и ускорительной техники. В ИЯФ СО АН СССР работает с 1961 г.

Сидоров Вениамин Александрович. Член-корреспондент АН СССР, лауреат Ленинской премии, заместитель директора Института ядерной физики СО АН СССР. Окончил МГУ в 1953 г. Специалист в области физики высоких энергий. Один из создателей метода встречных пучков. В ИЯФ СО АН СССР работает с 1962 г.

Скринский Александр Николаевич. Академик, лауреат Ленинской премии, директор Института ядерной физики СО АН СССР с 1977 г. Окончил МГУ в 1959 г. Основные работы в области физики элементарных частиц и атомного ядра, физики пучков заряженных частиц и ускорительной техники. Один из создателей метода встречных пучков, метода электронного охлаждения. В ИЯФ СО АН СССР работает с 1959 г.

Трахтенберг Эмиль Михайлович. Кандидат технических наук, старший научный сотрудник, начальник КБ Института ядерной физики СО АН СССР. Окончил Московский станкостроительный институт в 1956 г. Принимал участие в создании накопителей ВЭПП-2, ВЭПП-3, ВЭПП-4, ведущий конструктор накопителей ВЭПП-2М, «Сибирь». В ИЯФ СО АН СССР работает с 1962 г.

Файнберг Яков Борисович. Академик АН УССР, заведующий отделом Харьковского физико-технического института. Работы в области физики плазмы.

Фюрт Гарольд П. Директор лаборатории физики плазмы Принстонского университета (США). Член Национальной академии наук США. Основные работы в области физики плазмы и проблемы управляемого термоядерного синтеза.

Хабахпашев Алексей Георгиевич. Доктор физико-математических наук, профессор, заведующий лабораторией Института ядерной физики СО АН СССР. Окончил Московский инженерно-физический институт в 1952 г. Основные работы по физике элементарных частиц и применению методов ядерной физики в смежных областях науки и техники. В ИЯФ СО АН СССР работает с 1960 г.

Хриплович Иосиф Бенционович. Доктор физико-математических наук, профессор, главный научный сотрудник Института ядерной физики СО АН СССР. Окончил Киевский государственный университет в 1959 г. Основные работы в области теории элементарных частиц. Один из авторов работы по несохранению четности в атомных переходах. В ИЯФ СО АН СССР работает с 1959 г.

Чириков Борис Валерианович. Член-корреспондент АН СССР, заведующий теоретическим отделом Института ядерной физики СО АН СССР. Окончил физико-технический факультет МГУ в 1952 г. Основные научные работы в области классической и квантовой динамики и статистической физики. Один из основателей теории физического хаоса. В ИЯФ СО АН СССР работает с 1958 г.

СОДЕРЖАНИЕ

АКАДЕМИК Г. И. БУДКЕР

Очерки
Воспоминания

Редакторы издательства *Л. П. Голышева,*
М. Б. Успенская
Художественный редактор *В. И. Шумаков*
Технический редактор *Л. П. Минеева*
Корректоры *О. А. Зимина, Н. М. Горбачева*

ИБ № 30191

Сдано в набор 11.12.87. Подписано к печати 25.03.88.
МН-01817. Формат 60×90¹/₁₆. Бумага люксоарт. Обык-
новенная гарнитура. Высокая печать. Усл. печ. л. 12+
+2 на офс. Усл. кр.-отт. 15,5. Уч.-изд. л. 15,2.
Тираж 4500 экз. Заказ № 1217. Цена 3 р. 40 к.

Ордена Трудового Красного Знамени издательство
«Наука», Сибирское отделение. 630099, Новосибирск,
ул. Советская, 18.

4-я типография издательства «Наука». 630077,
Новосибирск, ул. Станиславского, 25.

УВАЖАЕМЫЕ ТОВАРИЩИ!

Для получения книг почтой заказы просим направлять по адресу: 117192 Москва, Мичуринский проспект, 12, магазин «Книга — почтой» Центральной конторы «Академкнига»; 197345 Ленинград, Петрозаводская ул., 7, магазин «Книга — почтой» Северо-Западной конторы «Академкнига» или в ближайший магазин «Академкнига», имеющий отдел «Книга — почтой».

480091 **Алма-Ата,** ул. Фурманова, 91/97 («Книга — почтой»)

370005 **Баку,** ул. Коммунистическая, 51 («Книга — почтой»)

232600 **Вильнюс,** ул. Университето, 4

690088 **Владивосток,** Океанский проспект, 140 («Книга — почтой»)

320093 **Днепропетровск,** проспект Гагарина, 24 («Книга — почтой»)

734001 **Душанбе,** проспект Ленина, 95 («Книга — почтой»)

375002 **Ереван,** ул. Туманяна, 31

664033 **Иркутск,** ул. Лермонтова, 289 («Книга — почтой»)

252030 **Киев,** ул. Ленина, 42

252142 **Киев,** проспект Вернадского, 79

252030 **Киев,** ул. Пирогова, 2

252030 **Киев,** ул. Пирогова, 4 («Книга — почтой»)

277012 **Кишинев,** проспект Ленина, 148 («Книга — почтой»)

343900 **Краматорск,** Донецкой обл., ул. Марата, 1 («Книга — почтой»)

660049 **Красноярск,** проспект Мира, 84

443002 **Куйбышев,** проспект Ленина, 2 («Книга — почтой»)

191104 **Ленинград,** Литейный проспект, 57

199164 **Ленинград,** Таможенный пер., 2

196034 **Ленинград,** В/О, 9 линия, 16

220012 **Минск,** Ленинский проспект, 72 («Книга — почтой»)

103009 **Москва,** ул. Горького, 19а

117312 **Москва,** ул. Вавилова, 55/7

630076 **Новосибирск,** Красный проспект, 51

630090 **Новосибирск,** Морской проспект, 22 («Книга — почтой»)

142284 **Протвино,** Московской обл., ул. Победы, 8

142292 **Пущино,** Московской обл., МР, «В», 1

620161 **Свердловск,** ул. Мамина-Сибиряка, 137 («Книга — почтой»)

700000 **Ташкент,** ул. Ю. Фучика, 1

700029 **Ташкент,** ул. Ленина, 73

700070 **Ташкент,** ул. Шота Руставели, 43

700185 **Ташкент,** ул. Дружбы народов, 6 («Книга — почтой»)

634050 **Томск,** наб. реки Ушайки, 18

634050 **Томск,** Академический проспект, 5

450059 **Уфа,** ул. Р. Зорге, 10 («Книга — почтой»)

450025 **Уфа,** ул. Коммунистическая, 49

720000 **Фрунзе,** бульвар Дзержинского, 42 («Книга — почтой»)

310078 **Харьков,** ул. Чернышевского, 87 («Книга — почтой»)